HISTOIRE
DES
ROIS D'ALGER

PAR

Fray Diègo de Haëdo, abbé de Fromesta

(*Epitome de los Reyes de Argel.* — Valladolid, 1612)

TRADUITE ET ANNOTÉE

PAR

H.-D. DE GRAMMONT

ALGER

ADOLPHE JOURDAN, LIBRAIRE-ÉDITEUR

4, PLACE DU GOUVERNEMENT, 4

1881

HISTOIRE

DES

ROIS D'ALGER

OUVRAGES DU MÊME AUTEUR :

LE R'AZAOUAT EST-IL L'OEUVRE DE KHEÏR-ED-DIN (BARBEROUSSE) ? 1 brochure in-8°, Villeneuve-sur-Lot, 1873.

RELATION DE L'EXPÉDITION DE CHARLES V CONTRE ALGER. 1 volume in-8°, Paris et Alger, 1874.

HISTOIRE DU MASSACRE DES TURCS A MARSEILLE EN 1620. 1 brochure in-16, Paris et Bordeaux, 1879.

RELATIONS ENTRE LA FRANCE ET LA RÉGENCE D'ALGER AU XVIIe SIÈCLE :

1re partie : *Les deux canons de Simon Dansa*. 1 brochure in-8°, Alger, 1879.

2e partie : *La mission de Sanson Napollon*. 1 brochure in-8°, Alger, 1880.

La mission de Sanson Le Page. 1 brochure in-8°, Alger, 1880.

PRÉFACE

Dans le savant article biographique qu'il a consacré à Haëdo (1), M. Ferdinand Denis apprend au lecteur que la *Topographia e Historia general de Argel* (2) est demeurée à peu près inconnue, malgré sa grande importance historique. Cela n'a rien de très étonnant, lorsqu'on considère d'un côté l'extrême rareté du livre lui-même, et, de l'autre, le peu de personnes qui veulent se donner la peine d'apprendre une langue pour lire un seul ouvrage. Depuis le jour où l'érudit biographe écrivait, la *Topographia* a été traduite (3) et mise ainsi à la portée de tous. C'est cette œuvre que je viens compléter aujourd'hui ; l'*Epitome de los Reyes de Argel* est la partie capitale du travail d'Haëdo, et sa connaissance est indispensable à tous ceux qui s'occupent de l'histoire d'Alger ; car c'est le seul livre qui fasse le récit des événements qui y sont survenus pendant le XVIe siècle. Sans lui, la nuit la plus noire régnerait sur toute cette période, obscurité à peine interrompue par de rares chroniques indigènes, souvent menteuses, et par le récit de quelques-uns des faits les plus saillants, qu'il faut aller chercher à grand'peine dans vingt ouvrages divers, espagnols ou italiens (4). Ayant été forcé par mes recherches de le traduire pour mon propre usage, je n'ai pas voulu que

---

(1) *Biographie générale* (Firmin Didot).
(2) Valladolid, 1612, petit in-folio à deux colonnes.
(3) *Revue africaine*, tomes XIV et XV. — Traduction de MM. Monnereau et Berbrugger.
(4) Je n'oublie pas De Thou, ni le président Hénault : mais ceux-là ont pris dans les auteurs espagnols et italiens tout ce qu'ils ont dit d'Alger ; parfois la traduction est littérale : j'ai eu l'occasion de le constater.

ce labeur ne profitât qu'à moi seul, et telle est la seule raison qui me porte à entreprendre aujourd'hui cette publication. Le récit d'Haëdo est très clair, et généralement très exact ; on sent que le savant Bénédictin y a mis toute sa conscience ; il relate rarement un fait de quelque importance sans invoquer l'autorité de témoins oculaires. Quelquefois il est lui-même ce témoin ; car, malgré des affirmations hasardées, auxquelles on a ajouté trop de foi, Haëdo avait séjourné à Alger pendant plusieurs années (1), de 1578 à 1581.

Je me suis attaché à rendre le texte le plus fidèlement possible ; néanmoins, sous peine de fatiguer le lecteur, j'ai été quelquefois obligé d'élaguer le style par trop touffu de l'auteur Espagnol (2). J'ai ajouté à la traduction quelques notes qui ont le plus souvent pour objet de comparer les allégations de l'*Epitome* à celles des historiens du temps, cherchant en cela beaucoup plus à faire une chose utile qu'une œuvre littéraire, et c'est par ces mots que je terminerai une préface déjà trop longue.

---

(1) M. Ferdinand Denis, avec sa sagacité habituelle, avait déjà soupçonné la vérité, et avait conclu de la lecture de certains passages d'Haëdo que l'auteur avait dû parler *de visu* ; mais le fait est aujourd'hui mis hors de doute par la découverte d'un manuscrit du Père Dan : *Les illustres captifs*, manuscrit de la Bibliothèque Mazarine, n° 1919. Dans le livre II, qui traite : *Des chrétiens pris en mer par les infidèles musulmans*, le chapitre XII est consacré à l'histoire de la captivité à Alger de *Fray Diego de Haëdo, abbé de Fromesta*.

(2) Le style d'Haëdo a deux grands défauts, qui seraient insupportables en français : il abuse des épithètes, et n'en met jamais moins de deux à la fois : il ne dit pas *un tel était brave*, mais *brave et plein de courage* ; et ainsi de suite. De plus, il semble se méfier toujours de l'intelligence et de la mémoire de son lecteur ; par exemple, dix lignes après avoir dit : *Charles V venait de quitter les Flandres et de rentrer en Espagne*, s'il a de nouveau à parler de ce souverain, il ouvre une parenthèse et renouvelle son renseignement ainsi qu'il suit : *Charles V, qui, comme nous l'avons dit précédemment, venait de quitter les Flandres, etc., etc.* On concevra sans peine qu'il a été nécessaire de supprimer tout cela ; mais je tenais à exposer les raisons que j'ai eues de le faire.

HISTOIRE
DES ROIS D'ALGER

CHAPITRE Ier

Aroudj Barberousse, premier roi d'Alger

§ 1.

Le premier qui porta le nom de Barberousse fut aussi le premier des Turcs qui régnèrent sur le pays et la ville d'Alger, dont il s'était emparé par violence et par trahison, ainsi que de plusieurs autres royaumes et seigneuries en Barbarie ; il se nommait de son vrai nom Aroudj, et non Arox, ni Omicho, comme quelques-uns l'ont appelé. Il était Grec, natif de l'île de Métélin, la Lesbos de l'antiquité, et d'un petit hameau nommé Mola, situé à la pointe septentrionale de cette île. Son père, qui était chrétien, se nommait Jacob (1), nom fort répandu encore aujour-

---

(1) D'après le R'azaouât, Iacoub était musulman et capitaine d'un

d'hui parmi les Grecs ; il exerçait la profession de potier. Je n'ai pu savoir jusqu'ici quel était le nom chrétien d'Aroudj ; mais les récits de Turcs et de renégats très vieux qui furent élevés dans le palais du second Barberousse, son frère, m'ont appris que son existence fut très certainement la suivante. Enfant, il aida d'abord son père dans sa profession de potier ; celui-ci était pauvre et la famille nombreuse ; le tribut qu'il payait au Sultan était lourd pour lui comme pour ses compatriotes, et il se voyait, comme eux, perpétuellement opprimé par les Turcs ; le pauvre homme, accablé de travail, se plaignait, et, selon la coutume, endurait ses maux comme il le pouvait. Le jeune homme, voyant son père si pauvre et si malheureux, tant d'enfants dans la maison (trois garçons et quatre filles, tous plus jeunes que lui), sachant que son départ allégerait les charges de la famille, et que son absence ne nuirait en rien, puisque les autres enfants étaient déjà grands, se décida à tenter la fortune, et à chercher aventure à la première occasion. Comme il était dans ces dispositions, une galiote de corsaires turcs vint mouiller dans un petit port de l'île, à environ une lieue de Mola. Lorsqu'il apprit cette nouvelle (1), il jugea que le moment était venu ; sans rien dire à ses parents, il fut trouver le Reïs et le pria très instamment de le recevoir dans son équipage, ajoutant qu'il désirait se faire mahométan. Le Reïs, voyant en lui

navire de commerce ; mais il y a lieu de se méfier de la flatterie orientale. Rappelons, en passant, que l'auteur, Sinan-Chaouch, écrivait postérieurement à la mort de Kheïr-ed-Din, et que son livre est bien loin d'être une autobiographie de ce dernier. Pour les détails, voir notre brochure : *Le R'azaouât est-il l'œuvre de Kheïr-ed-Din ?* (Villeneuve-sur-Lot, 1873, in-8º).

(1) Les débuts d'Aroudj sont racontés tout autrement par Sinan Chaouch. (R'azaouât). Arrivé à l'âge d'homme, il arme un navire, combat les chrétiens, se fait prendre par les chevaliers de Rhodes, après deux campagnes heureuses ; Kheïr-ed-Din offre *dix mille drachmes d'argent* pour sa rançon. Nous voilà loin de la boutique du potier ! Mais le récit d'Haëdo nous inspire beaucoup plus de confiance.

un garçon de belle allure, intelligent et de bonne volonté, le reçut très volontiers à son bord ; quelques jours après il le fit circoncire et le nomma Aroudj ; il avait alors environ vingt ans. Pendant quelques années, il pirata sur toutes les mers en compagnie de ce Reïs et de plusieurs autres. Comme il était naturellement fier, courageux et intrépide, il se signala en maintes occasions de guerre et ne tarda pas à se faire un nom parmi les corsaires; cette réputation fut cause que des marchands Turcs, qui armaient à frais communs une galiote destinée à la course (tel était alors, et tel est encore aujourd'hui l'usage), lui offrirent le commandement de ce navire, en lui promettant sa part des prises et du butin. Aroudj accepta avec joie ; mais il avait d'autres projets que ceux des armateurs, comme l'avenir le prouva. Peu de jours après son départ de Constantinople, il entra en pourparlers avec quelques-uns des Levantins et soldats d'équipage, qu'il avait embauchés après les avoir reconnus pour d'anciens compagnons de piraterie ; il leur persuada qu'il y avait avantage pour eux tous à passer en Barbarie avec la galiote, et qu'ils feraient ainsi de grosses prises sur les terres des Chrétiens voisins ; les ayant ainsi séduits par l'espoir d'un grand profit, il se dirigea sans opposition sur Tunis. En passant à Métélin, il apprit la mort de son père, et emmena avec lui ses deux frères cadets, lesquels, très misérables, ne demandèrent pas mieux que de partager le sort de leur aîné ; ils se firent musulmans quelques jours après; l'un d'eux reçut le nom de Kheïr-ed-Din et fut plus tard le célèbre Barberousse ; l'autre fut nommé Isaac-ben-Iacob, ce qui veut dire Isaac fils de Jacob.

§ 2.

Peu de temps après qu'Aroudj eut quitté Métélin, en emmenant ses frères, il rencontra une autre galiote montée par des corsaires de ses amis, et leur dit qu'il avait l'intention de passer en Barbarie et l'espoir de s'y enrichir rapidement ; il fit si bien, qu'il les décida à le suivre, à le reconnaître comme leur chef, et à marcher sous sa bannière. Ce fut ainsi, et à la tête de deux galiotes, qu'Aroudj débarqua à La Goulette de Tunis ; ce n'était alors qu'une petite tour, qui servait de poste de douane, et où les marchands qui négociaient par mer avec le pays déchargeaient leurs cargaisons. Aussitôt après son arrivée, qui eut lieu au printemps de l'année 1504, il alla trouver le roi de Tunis qui lui accorda, moyennant le payement de la dîme, l'entrée des ports du royaume et l'autorisation d'y acheter ce qui lui serait nécessaire pour la course. Peu de jours après, il sortit avec une seule des galiotes, munie d'une forte chiourme et d'un bon nombre de soldats ; il laissait l'autre bâtiment, qui n'était pas en très bon état, à la Goulette, où quelques-uns de leurs compagnons s'occupaient à le réparer. A sa première sortie, Aroudj eut le bonheur de s'emparer de deux des galères du Pape Jules II, de la manière suivante : elles venaient de Gênes, ne se méfiant de rien, mal armées (comme de coutume), chargées de marchandises pour Civita-Vecchia ; Barberousse se tenait dans les eaux de l'île d'Elbe, en face de Piombino, pays toscan ; il aperçut une des galères qui se trouvait isolée, s'étant écartée de l'autre de plus de trente milles, et ordonna aussitôt de s'apprêter à l'attaque. Les Turcs, considérant la force de l'ennemi, et la faiblesse de leur galiote qui n'était que de dix-huit bancs, et craignant en outre que l'autre bâtiment ne vint à la rescousse pendant le combat, étaient d'un avis contraire et disaient que non-seulement il ne fallait pas attaquer, mais qu'on devait se hâter de s'enfuir. Mais Aroudj leur déclara très vigoureusement qu'il ne commettrait jamais une pareille lâcheté ; bouillant de fureur, il ordonna à la chiourme de jeter immédiatement à la mer toutes les rames, les privant ainsi du moyen de fuir, pour les forcer à combattre ;

les rameurs, qui étaient presque tous Turcs et braves, lui obéirent. Cependant la galère du Pape approchait tranquillement, ne se doutant guère qu'elle était guettée par les corsaires, parce que, à cette époque, les mers n'étaient pas infestées comme elles l'ont été depuis et le sont encore ; l'équipage ne pouvait donc pas penser que ce petit bateau était un ennemi qui allait l'attaquer ; mais, quand ils furent arrivés tout près de la galiote, et que du tillac ils reconnurent les Turcs à leurs vêtements, ils prirent les armes en grand désordre, ce qui excita le courage de l'ennemi ; au moment même ils furent accostés et assaillis très vivement par une décharge d'arquebuses et de flèches qui tua plusieurs Chrétiens et épouvanta le reste ; et la galère envahie se rendit après une courte résistance, en sorte que la prise ne coûta que des pertes légères. Aroudj fit enfermer soigneusement ses captifs et se décida à attaquer aussi l'autre galère ; il fit un bref discours à ses soldats, leur remontrant combien les conquêtes coûtaient peu à des hommes de courage et d'audace ; il leur représenta que ce bâtiment arrivait sans défiance, et qu'ils n'avaient qu'à se montrer hardis et audacieux pour s'en emparer presque sans coup férir. Quelques-uns s'effrayèrent de cette témérité ; mais la plupart promirent à leur chef de le suivre partout où il irait ; celui-ci leur commanda alors de se revêtir des habits des captifs ; en même temps il fit arborer le pavillon du Pape sur sa galiote pour tromper les chrétiens de la deuxième galère et leur faire croire que leur conserve avait été victorieuse ; ce stratagème lui réussit. Lorsqu'il vit le vaisseau assez rapproché de lui, il vira de bord, l'aborda très impétueusement avec une décharge d'arquebuses et de flèches qui fit quelques victimes, et le prit en peu d'instants. Sans perdre un moment, il s'assura de la personne des Chrétiens, et en fit mettre la plus grande partie à la rame, où ils remplacèrent un bon nombre de Mores et quelques Turcs qui composaient la chiourme des deux prises ; il cingla ensuite vers Tunis, où il arriva quelques jours après. Il est impossible de décrire l'étonnement que causa cet exploit dans Tunis et dans la chrétienté, et quelle célébrité commença, dès lors, à s'attacher au nom d'Aroudj, dont tout le monde parla comme d'un heureux et vaillant chef d'aventures. Comme sa barbe était très rousse (1), on commença dès ce moment à le nommer Barberousse, surnom qui passa plus tard à son frère. Avec le butin qu'il acquit dans cette expédition, la faveur et l'aide du Roi et d'autres personnes désireuses de participer aux prises, il put armer l'automne suivant ses deux galiotes et une des galères. Il se mit alors à écumer les côtes de Sicile et de Calabre, prit un grand nombre de vaisseaux et de barques, fit beaucoup de captifs, et rentra à La Goulette chargé de prisonniers et de butin.

§ 3.

Au commencement du printemps de l'année suivante, 1505, Barberousse sortit de La Goulette avec sa galère et ses deux galiotes et rencontra près de Lipari, île voisine de la Sicile et de la Calabre, un grand vaisseau chargé d'infanterie espagnole que le Roi catholique envoyait d'Espagne au Grand Capitaine Gonzalve Fernand, qui était alors à Naples. Il fut assez heureux pour capturer ce bâtiment sans mettre la main à l'épée et sans verser une goutte de sang ; il le reçut à merci et y trouva cinq cents soldats Espagnols, parmi lesquels il y avait beaucoup de gens de noblesse et de condition, qui lui payèrent plus

---

(1) On voit qu'Haëdo n'est pas partisan de l'étymologie (toute moderne, du reste) de *Baba-Aroudj*. Nous croyons qu'il est dans le vrai, et qu'on s'est laissé séduire par le rapprochement de ce vocable avec le surnom espagnol *Barbaroja*. Mais, au même moment, les Italiens disaient *Barbarossa* et les Français *Barberousse*, ce qui ne ressemble plus du tout à *Baba-Aroudj*. D'ailleurs, il faut remarquer qu'Aroudj avait à peine trente ans, et que l'appellation de *Baba* n'est donnée qu'aux vieillards, comme marque de respect affectueux.

tard une grosse rançon. Les uns disent que le patron du navire qui était Esclavon, saborda lui-même son vaisseau, et le laissa se remplir d'eau pour le livrer aux corsaires par trahison ; les vieux Turcs et renégats content autrement la chose et disent que le navire avait beaucoup souffert de la tempête, qu'il était ouvert et crevé en plusieurs endroits, que la chiourme et les soldats étaient inondés, ne pouvant quitter la pompe un seul instant sous peine de périr ; ils ajoutent qu'il y avait en ce moment calme plat, et que ce fut cette impossibilité de combattre qui mit l'équipage dans la cruelle nécessité de se rendre plutôt que de couler à fond. Aroudj gagna là un énorme butin, en marchandises, en vêtements et en argent que le Roi catholique envoyait au Grand Capitaine pour les dépenses de la guerre et pour celles du royaume de Naples ; les passagers et les soldats lui rapportèrent aussi un bon profit. De retour à Tunis, il se servit de cet argent pour faire transformer les deux galères du Pape et quelques autres prises en deux galiotes légères, parce qu'il lui parut plus avantageux d'avoir des bâtiments très maniables, que de pesantes galères ; il en composa la chiourme, ainsi que celle des deux galiotes qu'il possédait déjà, avec les captifs qu'il venait de faire. Pendant cinq ans, à la tête de ces quatre vaisseaux, il parcourut les mers d'Italie, dont il ravagea et pilla les côtes, et se procura ainsi huit galiotes armées entièrement à lui ; il en mit deux sous le commandement de ses deux frères Kheïr-ed-Din et Isaac. En 1510, à la suite du célèbre désastre de Don Garcia de Tolède, fils du Duc d'Albe, qui fut vaincu et tué aux îles Gelves avec beaucoup de gentilshommes et de soldats espagnols, le Roi de Tunis, auquel appartenaient alors ces îles, en offrit le gouvernement à Barberousse, dans la crainte que les Chrétiens ne voulussent tirer vengeance de leur défaite et de leurs pertes ; ce souverain pensait qu'Aroudj avait suffisamment accru sa puissance pour se défendre facilement contre les forces qui pourraient être envoyées par l'ennemi. Celui-ci accepta d'autant plus volontiers cette charge que La Goulette n'offrait plus qu'un asile insuffisant à la grande quantité de monde et de galiotes qu'il possédait, et il s'installa immédiatement à son nouveau poste. Étant donc devenu caïd (ou gouverneur) des Gelves, il continua à pirater et à ravager de tous côtés, infestant tellement les mers d'Italie, qu'aucun vaisseau ne naviguait sans de grandes appréhensions. Au commencement de 1512, il opérait avec douze galiotes, dont huit lui appartenaient; les quatre autres étaient la propriété de corsaires, ses amis et compagnons; toutes étaient construites avec les matériaux des navires qu'ils prenaient chaque jour; car les Gelves ne produisent pas d'arbres propres à la construction navale; on n'y voit que des palmiers et des oliviers.

En 1510, le comte Pedro Navarro avait pris aux Mores la ville de Bougie, dont le Roi s'était enfui dans les montagnes voisines. Se voyant ainsi privé de ses biens et de sa puissance, et ayant appris les exploits d'Aroudj, il lui envoya des ambassadeurs en 1512; il le priait très instamment de l'aider à reprendre Bougie, sa capitale, et lui promettait non-seulement de rémunérer ses services, mais encore de le faire seigneur de Bougie, dont le port, qui est très grand et commode, lui assurait la sécurité toute l'année (1), et lui permettrait d'hiverner sa flotte tout près de l'Espagne et des Baléares, et de sortir à volonté pour prendre beaucoup de navires et de richesses.

§ •4.

Barberousse, qui était décidé depuis longtemps à faire

---

(1) Il s'agit, comme la phrase suivante le prouve, de la sécurité des galères pendant la mauvaise saison; encore l'éloge accordé au port de Bougie est-il exagéré; la flotte de Charles V put le constater à ses dépens en 1541. La prise de la ville avait eu lieu à la fin de 1509.

ce que le Roi venait de lui demander, avait alors sous ses ordres plus de mille Turcs, qui, au bruit des grandes richesses et de la gloire qu'Aroudj avait acquises en Barbarie, y étaient accourus avec le même empressement que mettent les Espagnols à aller aux mines des Indes ; il espérait, ce qui arriva en effet peu à peu, qu'une fois affriandés par les pillages du Ponent, il en viendrait chaque jour davantage. Ces forces lui parurent suffisantes, non-seulement pour reprendre Bougie, mais encore pour se conquérir un royaume en Barbarie ; et, nourrissant déjà des ambitions plus grandes que celles d'un simple corsaire, il répondit au Roi qu'il allait partir à l'instant même. Il arriva au mois d'août avec douze galiotes, chargées d'artillerie, de munitions, de mille Turcs et de quelques Mores. Il ouvrit d'abord le feu contre la principale défense de la place ; c'était une grande et forte tour, que le comte Pedro Navarro avait refaite à neuf ; elle s'élevait près de la mer, à la pointe de l'arsenal, qui était la principale défense de la place ; en même temps le Roi de Bougie descendit des montagnes pour venir à son aide avec plus de trois mille Mores. Au bout de huit jours de feu, la tour était déjà presque détruite et l'assaut était ordonné, lorsqu'un des projectiles chrétiens vint frapper Aroudj au bras gauche et le lui emporta presque entièrement. L'armée perdit courage à la vue du malheur arrivé à son chef, qui fut lui même contraint de se retirer pour se faire soigner, et d'abandonner momentanément son entreprise. Le Roi de Bougie s'en retourna aux montagnes d'où il était venu, et Barberousse, bien souffrant de sa blessure, revint à Tunis avec sa flotte. En passant devant Tabarque, où les Gênois avaient l'habitude de pêcher le corail depuis longtemps (comme ils le font encore aujourd'hui), il rencontra par hasard une de leurs galiotes qui se rendit sans résistance. De là, il vint débarquer à La Goulette et se rendit à Tunis pour y guérir sa blessure. Ne voulant pas être éloigné de sa flotte et de son monde, il ordonna à son frère Kheïr-ed-Din, qui commandait à sa place, de désarmer les vaisseaux et de les conduire dans le canal en n'y laissant que la chiourme enchaînée ; une partie des Turcs se logea dans la tour, avec la permission du Roi de Tunis, et le reste s'établit dans la ville avec lui. Peu de jours après on apprit à Gênes la prise de la galiote ; à cette nouvelle, André Doria partit en course avec douze galères bien armées ; en passant à Tabarque, il y apprit que Barberousse se faisait soigner à Tunis et que son frère était à La Goulette, chargé de la garde des navires. Il s'y rendit immédiatement, débarqua son monde à portée de canon, et marcha sur les vaisseaux, pendant que ses galères le suivaient en côtoyant la plage. Kheïr-ed-Din, voyant la marche audacieuse d'André Doria, donna l'ordre immédiat de saborder et de couler les galiotes, pour que les chrétiens ne pussent ni les brûler ni les prendre. En même temps, il se jeta rapidement en avant avec quatre cents Turcs pour arrêter l'ennemi ; mais sa troupe ne put soutenir l'élan des chrétiens, ni le terrible feu de leurs galères ; elle se débanda tellement qu'elle ne put même pas rentrer dans la tour et se précipita en désordre vers Tunis. Doria put donc entrer dans le fort, qu'il saccagea et brûla ; il reprit la galère génoise et s'empara de six des vaisseaux de Barberousse, que les Turcs n'avaient pas encore eu le temps ou l'audace de couler à fond ; il se rembarqua victorieux, et prit joyeusement la route de Gênes (1).

§ 5.

Quoique Kheïr-ed-Din eût eu le temps d'emmener sa chiourme et qu'il n'eût perdu par le fait que quelques carcasses de navires et un peu de butin, il n'osait pas

---

(1) Il est presque inutile de dire qu'il n'est pas fait mention de cet échec dans le R'azaouât, dont l'auteur supprime systématiquement presque toutes les défaites qu'ont essuyées les Barberousses.

rentrer à Tunis ni paraître devant son frère, surtout depuis qu'on lui avait dit qu'il était très indigné contre lui à cause de cette défaite, qu'il attribuait à sa couardise et à son manque d'énergie, Kheïr-ed-Din n'avait pourtant rien à se reprocher, ayant fait tout ce qu'un homme peut faire. Donc, excité par son dépit et par la crainte qu'il avait de son frère, il partit pour les Gelves avec la galiote dont il était le reïs ; là, pour apaiser la colère de son aîné, il fit construire en grande hâte trois galiotes avec des matériaux, ferrures et agrès de toute sorte, qu'Aroudj lui avait donné jadis ; la colère de celui-ci se calma, et il fit savoir qu'il ne conservait plus aucun ressentiment. Pendant qu'il était retenu à Tunis par sa blessure, il avait permis à quelques-uns de ses reïs d'aller rejoindre Kheïr-ed-Din aux Gelves, et ils s'y occupèrent activement de la construction des navires. En 1513, les nouvelles galiotes et les six anciennes qui avaient échappé à l'attaque d'André Doria partirent en course sous le commandement de Kheïr-ed-Din ; Isaac-ben-Jacob resta aux Gelves en qualité de Caïd pour faire achever à la hâte d'autres bâtiments, suivant les ordres envoyés par Aroudj, qui était encore convalescent à Tunis, et disait que, tout estropié qu'il était, il voulait avoir encore quelque éclatant succès ; car son esprit ne se reposait jamais, et son inaction forcée le faisait souffrir de ne pouvoir rien entreprendre de remarquable. A peine guéri, il partit pour les Gelves où il arriva au mois de mai 1513 ; il y passa le reste de l'année et la moitié de la suivante à achever la construction de ses vaisseaux, et à amasser de la poudre et des munitions. Enfin, au mois d'août 1514, il partit avec ses douze galiotes, montées de plus de onze cents Turcs et vint de nouveau assiéger Bougie, sans attendre l'invitation du Roi, qui s'était enfui dans les montagnes, comme nous l'avons dit. Quand celui-ci apprit l'arrivée de Barberousse, il le rejoignit avec beaucoup de Mores alliés, et le ravitailla en provisions de toute espèce. A l'aide de ce secours,

Aroudj commença à battre la tour devant laquelle il avait perdu le bras, la rasa presque entièrement et força la garnison de rentrer dans la ville ; il ouvrit ensuite le feu contre une autre tour que le comte Pedro Navarro (1) avait nouvellement bâtie tout près de la mer, à l'endroit où il y a une belle plage. Après quelques jours de feu, les Turcs donnèrent plusieurs assauts, et rencontrèrent plus de résistance qu'ils n'en attendaient ; dans la première attaque seulement, ils perdirent cent Turcs et cent Mores des principaux et des plus vaillants. Le temps s'écoulait ; la mi-septembre était passée ; les grosses pluies commencèrent. De plus, cinq navires arrivèrent du Pénon de Velez sous les ordres de Martin de Renteria, brave capitaine Espagnol, qui avait été invité par le Roi Catholique à se porter immédiatement au secours de Bougie. Il y arriva avec bon vent, et força Barberousse à se retirer sans coup férir et à lever le siège. Cependant quelques vieux Turcs m'ont raconté que la véritable cause de l'abandon de l'opération avait été le départ du Roi de Bougie et des Mores ses alliés. D'après leur récit, Aroudj aurait demandé à ceux-ci s'ils voulaient tenir jusqu'au bout ; eux, qui désiraient ensemencer leurs champs (car il venait de pleuvoir beaucoup et les semailles doivent se faire en Barbarie après les premières pluies) répondirent qu'ils ne pouvaient rester plus longtemps en campagne et s'en retournèrent chez eux les uns après les autres. Barberousse s'embarqua donc avec ses Turcs, fort mécontent d'avoir échoué deux fois devant la même place après avoir fait beaucoup de pertes. Sa colère fut telle, qu'il se détermina à ne plus retourner à Tunis ni aux Gelves ; il se dirigea avec tout son monde vers une petite ville nommée Gigelli, qui se trouve sur la côte, à 70 milles à l'est de Bougie ; comme c'est une forte position, qui possède un port suffisant, quoique

---

(1) Voir, dans les *Documents espagnols*, le pouvoir donné par le Roi Ferdinand à Antonio de Ravaneda (*Revue africaine*, tome XIX, p. 75).

petit, il jugea qu'il pourrait s'en accommoder pour quelque temps ; les habitants, au nombre de mille environ, qui le connaissaient de réputation, l'accueillirent fort bien.

§ 6.

Barberousse passa à Gigelli tout l'automne et tout l'hiver. Dans ce temps-là, les habitants du pays supportaient une grande famine, n'ayant récolté que très peu de blé et d'orge ; les Turcs n'étaient guère mieux approvisionnés. A l'été de la saint Martin, les premiers jours de novembre amenèrent un très beau temps ; Aroudj en profita pour partir en course avec ses douze galiotes, se dirigeant vers la Sicile et vers la Sardaigne, dans l'espoir d'y rencontrer quelques vaisseaux remplis de céréales. Le succès couronna son entreprise ; il s'empara en quelques jours de trois vaisseaux chargés de blé qui allaient de Sicile en Espagne, retourna immédiatement à Gigelli, et y distribua libéralement sa capture aux habitants, et aux montagnards voisins, qui souffraient aussi cruellement de la famine ; cette action lui valut une popularité immense et universelle, et accrut d'autant sa réputation et son autorité. Lui, qui aspirait sans cesse à de grandes choses, ne voyait pas encore bien comment il arriverait à trouver une bonne occasion ; car, à cette époque, tous ces Mores étaient libres, ne reconnaissaient pas de roi, et s'étaient toujours servis des fortifications naturelles de leurs montagnes pour défendre leur indépendance (comme l'écrit Jean Léon) contre les Rois de Tunis, au moment même de leur plus grande puissance, et contre des Rois voisins très puissants. Ils se soumirent pourtant à Aroudj, et de leur pleine volonté le choisirent pour Roi et Seigneur. Cela fait, comme ces mêmes Mores étaient depuis longtems ennemis du Roi de Kouko, leur voisin, il lui fit une rude guerre au commencement de l'année 1515, voulant l'empêcher de s'agrandir, et de l'entraver lui-même dans l'accroissement de son pouvoir, qu'il trouvait déjà trop petit pour son ambition. Il marcha à sa rencontre avec des fantassins et des cavaliers Mores et quelques arquebusiers ; le choc eut lieu sur une grande montagne, située à douze lieues de Gigelli, qu'on nomme Montagne de Benichiar ; on l'appelle aussi Montagne du Concombre. Le combat fut très rude, jusqu'au moment où le Roi de Kouko ayant été tué d'une arquebusade dans la poitrine, tous les siens prirent la fuite, poursuivis pendant plusieurs lieues par les Turcs et les Mores de Gigelli qui en firent un grand massacre. Barberousse fit couper et porter à la pointe d'une lance la tête du Roi et, s'avançant ainsi toujours victorieux, il soumit en peu de jours la plus grande partie du royaume de Kouko (1).

§ 7.

En l'année suivante 1516, le 22 janvier, le Roi Catholique Don Ferdinand mourut, âgé de soixante-deux ans. La nouvelle de cette mort ranima le courage des habitants d'Alger qui se trouvaient opprimés par un fort que le Roi avait fait construire quelques années auparavant (2) sur l'île qui est en face et à peu de distance de la ville ; cet établissement les maintenait sous la domination Espagnole, et les empêchaient de pirater comme ils en avaient l'habitude, ainsi que nous l'avons dit ailleurs (3). Quelque temps auparavant, ils s'étaient soumis

---

(1) D'après le R'azaouât, Aroudj aurait conquis Gigelli sur les chrétiens, à l'aide des habitants du pays, et il n'est pas fait mention de la guerre contre le Roi de Kouko.

(2) Après la prise de Bougie, les Algériens effrayés avaient fait leur soumission à l'Espagne ; c'est à la suite de cela que le Penon avait été construit et armé.

(3) Dans la *Topographie et Histoire générale d'Alger*, chap. IV.

volontairement à un Cheïk, prince Arabe nommé Sélim-Eutemi, pour qu'il les protégeât. Avec son consentement, ils envoyèrent supplier Barberousse, dont ils connaissaient les exploits, de venir les délivrer de l'oppresion des Chrétiens en détruisant cette forteresse. Celui-ci écouta ces propositions avec un vif plaisir, moins à cause des grandes récompenses offertes par la ville d'Alger et par le prince, que parce qu'il lui parut que rien ne pouvait lui arriver plus à propos pour se rendre le maître de la Barbarie (c'était depuis longtemps l'objet de ses désirs) et pour s'emparer d'Alger, ville si importante, si riche, si populeuse et si commode pour pirater. Toutefois, cachant ses desseins, il congédia les ambassadeurs avec maintes offres de services, et leur assura qu'il allait se rendre immédiatement à leur secours avec ses Turcs et le plus de monde possible. Et, comme il l'avait dit, il le fit ; car la qualité principale de cet homme, fruit naturel de sa grande âme, était la promptitude et la diligence qu'il apportait dans toutes ses actions. Il envoya d'abord par mer seize galiotes, les unes à lui, les autres à des corsaires de ses amis, qui étaient venus le rejoindre à Gigelli, où ils avaient trouvé son aide, ses bons offices et son argent, dont il était prodigue pour tous. Sur ces galiotes il embarqua cinq cents Turcs, avec son artillerie, sa poudre, ses munitions et son matériel de guerre. Quant à lui, il prit la route de terre avec huit cents Turcs armés de mousquets, trois mille Mores des montagnes de Gigelli, ses vassaux, et plus de deux mille autres, qui, à la première nouvelle de l'entreprise, s'étaient joints à lui pour marcher sur Alger, dans l'espoir d'un butin assuré. En apprenant qu'il s'approchait, le prince, les notables et les riches vinrent au-devant de lui à une grande journée de la ville, le remerciant avec effusion de l'aide qu'il venait leur prêter pour les délivrer des Chrétiens. Ils pensaient qu'Aroudj allait entrer immédiatement à Alger ; mais celui-ci leur dit qu'il était nécessaire qu'il allât d'abord à

Cherchel, port de mer situé à vingt lieues à l'ouest d'Alger et qui avait en ce temps-là environ cinq cents habitants ; il leur promit de revenir rapidement et de faire ce qu'il désirait encore plus qu'eux-mêmes. La cause de cette détermination était la suivante : au temps où il s'était emparé si facilement de Gigelli et du pays voisin, un de ses anciens compagnons, corsaire Turc, nommé Cara-Hassan, qui pendant bien des années avait piraté avec lui sur une bonne galiote, dont il était le propriétaire, était devenu envieux de ses biens et de ses succès ; désirant faire une fortune semblable à la sienne, il l'avait quitté avec sa galiote et beaucoup de Turcs de ses amis, et s'était rendu à Cherchel. Il y avait été bien reçu par les habitants, qui étaient (comme ils le sont encore aujourd'hui) des Morisques fuyards de Grenade, de Valence et d'Aragon, grands corsaires, faisant beaucoup de mal aux côtes d'Espagne, qu'ils connaissent parfaitement pour y être nés. Ces pirates acceptèrent volontairement Cara-Hassan pour leur chef et il devint seigneur de tout ce pays ; il se trouvait ainsi assuré de se constituer une bonne principauté, car il n'y avait là aucun Roi More ou Cheïk qui put lutter contre lui. De plus, Cherchel a un port qu'il était facile de rendre grand et sûr avec un peu de travail ; la campagne y est fertile, et les montagnes sont riches en matériaux de construction navale ; enfin, pour aller aux Baléares et en Espagne, la traversée est très courte et ne demande guère que vingt heures. Ces éléments de succès faisaient donc espérer à Cara-Hassan de se rendre bientôt aussi célèbre qu'Aroudj par ses exploits sur terre et sur mer. De son côté, celui-ci, auquel toutes ces choses étaient connues, voyait avec un extrême déplaisir qu'un autre voulut l'égaler (tel est le naturel des tyrans ambitieux !) ; il lui semblait qu'en cherchant à conquérir de la terre ou du pouvoir dans ces parages, on lui volait son propre bien, si ardent était son désir de dominer toute cette région. Jugeant donc qu'il pourrait toujours aller à Alger quand il le voudrait, il se résolut à attaquer son rival à l'improviste et à le chasser avant qu'il ne fût devenu plus fort. Dans cette intention, il marcha rapidement sur Cherchel sans perdre une heure, et ordonna à ses galiotes qui étaient à Alger de prendre la même route. En arrivant, il lui eût été facile de prendre sans résistance la ville qui n'était pas fortifiée (aujourd'hui, elle l'est un peu), et qui n'avait pas de défenseurs ; toutefois, il ne fit pas mine d'être venu pour combattre, mais seulement pour arranger cette affaire entre amis. Il fit savoir à Cara-Hassan, surpris de son arrivée, qu'il avait été mécontent de le voir s'emparer de cette ville, de laquelle il avait lui-même l'intention de faire le séjour de sa flotte ; le corsaire effrayé prit le parti de se soumettre entièrement ; se fiant à l'ancienne amitié qui les liait ensemble, il vint souhaiter la bienvenue à Barberousse, s'excusa le mieux qu'il put, et lui livra la ville, sa galiote, ses Turcs et sa propre personne. Aroudj se montra très cruel ; il lui fit couper immédiatement la tête, s'empara de tous ses biens, incorpora les Turcs dans son armée et se fit reconnaître pour Roi par tous les habitants (1).

§ 8.

Cela fait, laissant dans la ville une garnison d'une centaine de Turcs, il se dirigea sans retard vers Alger. Il y fut reçu avec une grande joie par les habitants, qui ne se doutaient guère qu'ils introduisaient le feu dans la maison. Selim Eutemi logea Barberousse dans son palais et s'ingénia à le traiter le mieux possible ; les notables en

---

(1) Sinan-Chaouch raconte autrement la prise de Cherchel : d'après lui, les chrétiens s'en étaient emparés et y avaient mis garnison. Aroudj survint à l'improviste et la leur enleva de vive force. Quelques détails du récit nous donnent à penser que Sinan fait ici confusion avec l'attaque de Cherchel par André Doria, qui eut lieu en 1531 seulement.

firent autant à l'égard des Turcs ; tous les soldats de l'armée furent de même bien accueillis. Dès le lendemain de son arrivée, Aroudj, voulant leur faire voir qu'il n'était venu que pour les délivrer des Chrétiens, ouvrit la tranchée à grand bruit, et éleva une batterie contre la forteresse de l'îlot, menaçant les Chrétiens de la garnison de leur faire couper la tête à tous, et faisant les bravades familières aux Turcs. Cependant, avant d'ouvrir le feu, pour se conformer aux usages de la guerre, il envoya un parlementaire au Commandant du fort, et le somma de se rendre et de s'embarquer pour l'Espagne ; il s'offrait à le laisser partir librement avec tout son monde et ses bagages et s'engageait à fournir les vaisseaux nécessaires au rapatriement. Le Commandant répondit en l'invitant à mettre un terme à ses forfanteries et à ses offres, qui ne pouvaient effrayer ou corrompre que des lâches ; il l'engagea en même temps à prendre garde qu'il ne lui arrivât encore pis qu'à Bougie. Là-dessus, et sans attendre d'autre réponse, Barberousse ouvrit le feu contre le fort qui n'était qu'à trois cents pas de la ville (comme on peut le voir encore aujourd'hui) ; mais la faiblesse de son artillerie l'empêcha d'obtenir des résultats sérieux. Au bout de vingt jours, les Algériens, voyant que Barberousse n'avait obtenu aucun avantage, que son arrivée n'avait servi à rien, que les Turcs se montraient insupportables par leurs violences, leurs pillages et leur arrogance accoutumée, craignirent que cela n'allât de mal en pis ; ils étaient déjà bien mécontents et manifestaient hautement leur regret de l'avoir appelé et introduit à Alger. Selim-Eutemi, en particulier, ne pouvait supporter le dédain d'Aroudj, ni l'arrogance avec laquelle celui-ci le traitait publiquement dans son propre palais ; il se méfiait déjà de ce qui lui arriva quelques jours après ; car Barberousse, qui pensait nuit et jour à s'emparer de la ville, s'était enfin résolu, au mépris des lois de l'hospitalité, à tuer traîtreusement le Cheik de ses propres mains et à se faire reconnaître Roi par force et à main armée. Afin d'accomplir son dessein sans bruit et à l'insu de tous, il choisit l'heure de midi, où Selim-Eutemi était entré dans son bain pour y faire ses ablutions en récitant la *Sala,* prière de cette heure ; telle est la coutume des Mores et la loi de leur Coran ; il entra dans le bain sans être vu ; car il logeait, comme nous l'avons dit, dans le palais même ; il y trouva le prince seul et nu, et à l'aide d'un Turc qu'il avait amené avec lui, il l'étrangla et le laissa étendu sur le sol. Environ un quart d'heure après, il entra de nouveau dans le bain et se mit à appeler les Mores du palais avec de grands cris, disant que le cheik était mort, asphixié par la chaleur du bain (1). Quand cet événement fut connu dans la ville, chacun fut saisi de peur et s'enferma chez soi, soupçonnant le crime et la trahison d'Aroudj. Celui-ci avait averti d'avance ses Turcs qui se tenaient sous les armes, ainsi que les Mores de Gigelli ; ils lui firent cortège avec de grands cris de joie, pendant qu'il chevauchait à travers la ville, et le proclamèrent Roi, sans qu'aucun Algérien osât ouvrir la bouche. Le Cheik laissait un fils encore tout jeune, qui, voyant son père mort, et craignant que Barberousse ne le fît périr, se sauva à Oran avec l'aide de quelques anciens serviteurs de la famille. Le marquis de Comarés, Capitaine Général de la province d'Oran, accueillit très bien le jeune prince ; plus tard, il l'envoya en Espagne au cardinal Don Francisco Ximenes, archevêque de Tolède, qui gouvernait alors le royaume, par suite de la mort du Roi Catholique et de l'absence de Charles-Quint, qui se trouvait alors en Flandre. Aroudj, devenu de cette façon Roi d'Alger, fit appeler les habitants les plus

---

(1) Il est presque inutile de dire qu'il n'est pas parlé dans le R'azaouât du meurtre de Selim. S'il fallait en croire Sinan, Aroudj aurait été reconnu dès le premier jour comme souverain maître et d'un consentement général. Mais tous les récits contemporains démentent cette assertion, et confirment la version d'Haëdo.

notables, et se fit reconnaître par eux, grâce à ses promesses et à ses offres ; il obtint d'autant mieux leur assentiment qu'ils n'étaient pas de force à le lui refuser. Aussitôt il se mit à battre monnaie et à fortifier la Casbah, qui était alors le seul fort d'Alger ; il la munit d'un peu d'artillerie et d'une garnison de Turcs. Peu de temps après ces événements, ceux-ci, se voyant les maîtres absolus d'Alger, se mirent à traiter les habitants comme s'ils eussent été leurs esclaves, les pillant, les insultant, et les maltraitant avec leur arrogance accoutumée, si bien que ceux-ci eussent mieux aimé être soumis aux Chrétiens, d'autant plus qu'ils savaient que le fils de Selim-Eutemi avait été en Espagne, et qu'ils craignaient de le voir venir avec une armée pour reconquérir le royaume paternel ; ils pensaient que, dans ce cas, ils seraient traités comme étant complices du meurtre, que le poids de la guerre porterait sur eux comme sur les Turcs, et qu'ils devaient s'attendre à une destruction complète, châtiment dont les menaçait chaque jour la garnison Espagnole du fort de l'île. En conséquence, les Algériens et les principaux d'entre les Mores s'entendirent entre eux et ouvrirent des pourparlers avec le Commandant de la forteresse, auquel ils demandèrent de les aider, le moment venu, à chasser les Turcs ; Barberousse n'avait conservé que ceux-ci et avait renvoyé chez eux les Mores de Gigelli. Les habitants ajoutaient qu'ils aimaient mieux obéir aux Chrétiens, qui étaient justes et raisonnables, qu'à une race méchante et insolente comme les Turcs. En même temps, ils s'entendirent très secrètement avec les Arabes de la Mitidja, grande plaine voisine d'Alger. Ceux-ci gardaient un extrême ressentiment du meurtre de Selim-Eutemi, qui était de leur race et de leur sang, et leur seigneur légitime ; ils avaient le plus vif désir de le venger, aussitôt que cela leur serait possible ; d'autant plus que Barberousse, non content de la soumission d'Alger et de ses habitants, les pressait vivement de se soumettre à lui et de lui payer le tribut ; de plus, les Turcs sortaient souvent en armes dans la campagne, par troupe de trois ou quatre cents, armés de mousquets, et les forçaient de payer l'impôt, leur prenant encore leurs vivres, leurs biens, et jusqu'à leurs filles et leurs fils.

§ 9.

Pour toutes ces raisons, l'accord fut bientôt conclu entre les Algériens, les Arabes et les Chrétiens de la forteresse ; il fut convenu qu'à un jour donné un bon nombre d'Arabes entreraient dans la ville avec des armes cachées, sous prétexte d'y vendre quelques denrées, comme ils en ont l'habitude, et mettraient le feu aux vingt-deux galiotes de Barberousse. Quelques-uns de ces navires appartenaient à des corsaires qui venaient de jour en jour se joindre aux Turcs ; ils étaient tous sur la plage, à deux places différentes, les uns en dehors du rempart, à l'endroit où il rejoint la mer, près de la porte Bab-el-Oued (c'est là qu'est maintenant le bastion de Rabadan Pacha) et les autres un peu plus loin, sur la plage du Ruisseau qui descend des montagnes (1). Il était convenu qu'au moment où Barberousse et ses Turcs sortiraient par la porte Bab-el-Oued pour éteindre le feu, les Algériens fermeraient la porte et les empêcheraient de rentrer ; au même moment, le Gouverneur de la forteresse et les Chrétiens devaient passer en barque dans la ville, s'y réunir aux Mores, massacrer les Turcs qu'on y trouverait et attaquer ceux qui seraient avec Barberousse occupés à éteindre l'incendie. Ce plan était très bien combiné et rien de mieux ne pouvait être imaginé ; mais il advint, sans qu'on sache comment, qu'Aroudj apprit ce qui se passait ; il fit semblant de ne rien savoir et se contenta de si bien faire garder ses vaisseaux que

---

(1) L'Oued M'racel (Ruisseau des blanchisseuses).

les Arabes n'osèrent pas en approcher. Un vendredi, jour de *Djema* (c'est le dimanche des musulmans) il se rendit à midi à la grande mosquée pour y dire la *Salah*, en compagnie d'un bon nombre de Turcs qu'il avait mis dans sa confidence ; il y trouva les principaux d'entre les Algériens qui avaient l'habitude d'aller ce jour-là et à la même heure à la mosquée et ne pouvaient pas se douter que le Roi sût rien de leurs intrigues. Quand tout le monde fut entré dans la mosquée, les Turcs coururent fermer les portes, qu'ils gardèrent les armes à la main, et s'assurèrent de la personne des conspirateurs ; Aroudj en fit immédiatement décapiter vingt des plus coupables ; leurs têtes et leurs corps furent exposés dans la rue ; plus tard, pour les outrager davantage, il les fit jeter à la voirie, dans l'intérieur de la ville, au même lieu où se trouvent aujourd'hui les écuries royales. Les Algériens furent épouvantés par cette rapide et rigoureuse répression, tellement que, depuis lors, si maltraités qu'ils fussent par les Turcs, ils n'osèrent plus se plaindre ni s'en aller, ce à quoi Barberousse ne voulut jamais consentir ; ainsi, de gré ou de force, ils devinrent très soumis et très obéissants (1). Cela se passait au printemps de l'année 1517 ; en ce même temps, le fils de Selim Eutemi qui avait su gagner la faveur du marquis de Comarés, avait, par son intercession, obtenu du cardinal Francisco Ximenes et du Conseil Royal d'Espagne le secours qu'il demandait pour reconquérir le royaume paternel et chasser les Turcs ; car le gouvernement Espagnol trouvait mauvais que Barberousse, déjà maître d'une flotte aussi nombreuse, accrût autant son pouvoir et ses richesses, et se rendit si voisin de l'Espagne (plût à Dieu qu'on y eût porté remède en ce temps!). On fit

---

(1) Dans le R'azaouât, la révolte et sa répression sont narrées à peu près de la même manière ; mais d'après l'historien turc, ces événements se seraient passés plus tard, sous le commandement de Kheïr-ed-Din.

donc partir une armée de plus de dix mille hommes, commandée par un vaillant chevalier nommé Francisco de Vera (1); il devait remettre sur le trône le fils de Selim Eutemi, qui accompagnait l'expédition (2). Quand l'armée fut arrivée à Alger, elle fut en butte à la même mauvaise fortune qui frappa plus tard l'empereur Charles-Quint, de glorieuse mémoire ; une tempête subite jeta presque toute la flotte à la côte, fit périr la plupart des vaisseaux et des équipages, dont le reste gagna la rive à la nage. Ceux-ci furent pris ou tués par Aroudj, qui était sorti de la ville à la tête de ses Turcs (3); son pouvoir et sa réputation s'en accrurent d'autant, et il fut de plus en plus considéré comme un homme illustre et heureux dans ses entreprises. Cependant, les Arabes voisins d'Alger se voyaient de jour en jour plus opprimés par les Turcs qui leur gardaient rancune de leur tentative de sédition ; ils ne pouvaient pas supporter cette tyrannie si nouvelle pour eux, qui avaient jusque-là vécu libres sous l'autorité de leurs Cheiks. Dans cette occurence, ils s'adressèrent au Roi de Ténès, ville située à 30 lieues à l'ouest d'Alger, à 15 à l'est de Mostaganem, à 30 d'Oran et à 52 de Tlemcen (4); en ce temps-là ce Roi était assez puissant et tenu en grand crédit parmi les Arabes, qui le supplièrent très instamment de les aider à se délivrer

---

(1) Le véritable nom est Diego de Vera, ainsi qu'on peut s'en assurer par la lecture des pièces officielles publiées en appendice à la *Cronica de los Barbarojas*, de Gomara.

(2) D'après les pièces citées à la note précédente, cela n'est pas bien certain, et le contraire paraît même plus probable. De plus, l'expédition eut lieu à la fin de 1516 et non en 1517.

(3) Ici, Haëdo, moins exact de coutume, n'est plus du tout d'accord avec les documents officiels. La vérité est que l'Armada se composait d'une trentaine de bâtiments, montés par trois mille hommes, et que l'insuccès fut dû, non pas à la tempête, mais aux mauvaises dispositions du général. Sinan-Chaouch, avec son exagération habituelle, parle de trois cent vingt navires et de quinze mille hommes.

(4) Faisons remarquer, une fois pour toutes, que la lieue d'Haëdo est le plus souvent de 8 à 10 kilomètres.

des Turcs, des maux et des vexations insupportables qu'ils enduraient. Ce prince se nommait Amid-el-Abdi (1), c'est-à-dire Amid le Nègre, parce qu'il était très noir, étant fils d'un blanc et d'une négresse; il eut pitié des Arabes qui l'imploraient et qui étaient du même sang que lui ; de plus, il craignit que le mauvais voisinage de Barberousse ne lui valut à lui-même un sort semblable à celui de Selim, et ces raisons le déterminèrent à entreprendre la guerre et à chercher à chasser les Turcs d'Alger. Il réunit donc dix mille cavaliers de ses vassaux ou alliés et partit avec eux de Ténès au mois de juin 1517, peu de temps après la défaite de l'armée Chrétienne. Comme tous les Arabes de ces régions détestaient les Turcs, et craignaient de tomber sous leur joug, l'armée se renforça à chaque étape de cavaliers et de fantassins qui accouraient pour défendre une cause commune à tous. Aroudj se résolut à ne pas attendre l'ennemi et à marcher sur lui en prenant l'offensive, se fiant au courage de ses Turcs, qui étaient tous pourvus de mousquets, armes que les Mores ne possédaient pas encore. Il laissa Kheïr-ed-Din avec quelques soldats à la garde d'Alger, et pour plus de sûreté, il emmena en otage une vingtaine des principaux habitants, et se mit en marche avec un millier de Turcs armés de mousquets et cinq cents Morisques Andaleuces (2) de Grenade, d'Aragon et de Valence, qui affluaient de tous les points de la Barbarie à Alger, où ils étaient bien reçus des Turcs, qui les admettaient dans leurs rangs; ces Morisques étaient presque tous armés d'arquebuses. Au bout de deux jours de route, Aroudj rencontra l'ennemi à 12 lieues à l'ouest d'Alger, près du Chélif. La bataille s'engagea; les Turcs et les Morisques tuèrent tant de monde

---

(1) D'après les documents déjà cités, il se nommait Mouley-bou-Abd-Allah, et se trouvait compromis dans une sorte d'alliance déjà ancienne avec les Espagnols.

(2) Les Maures venus d'Espagne se divisaient en *Andaleuces* et *Tagarins*, suivant les provinces dont ils étaient originaires.

avec leurs arquebuses, que le Roi de Ténès fut forcé de s'enfuir en grande hâte, poursuivi l'épée dans les reins jusqu'à sa capitale. N'osant pas y tenir ferme et s'y laisser assiéger, il se retira dans les montagnes de l'Atlas ; puis, ne s'y trouvant pas encore en sûreté, il les traversa, et gagna les plaines du Sahara (c'est le nom actuel de l'ancienne Numidie), pays très voisin de celui des nègres, et Barberousse entra ainsi sans difficulté à Ténès. Il pilla à fond le palais du Roi, s'emparant de tout ce que celui-ci n'avait pas emporté dans sa fuite ; les Turcs en firent autant à l'égard des habitants du pays, qui furent forcés de reconnaître leur conquérant comme Roi et Seigneur. Celui-ci donna quelques jours de repos à son armée, tant à cause des fatigues qu'elle venait d'essuyer que pour laisser passer la chaleur, qui est terrible en cette saison dans ce pays-là. A ce moment, quelques-uns des principaux habitants de Tlemcen lui firent savoir que, s'il voulait venir avec son armée, ils lui livreraient la ville et tout le royaume. Car ils étaient très désaffectionnés de leur Roi, qui avait usurpé le trône quelques années auparavant, en fomentant une révolte contre son neveu qui était le Roi légitime et qui s'était enfui à Oran. Ce Roi se nommait Abuzeyen, et son neveu Abuche Men (1).

§ 10.

Barberousse ne crut pas devoir laisser échapper une aussi belle occasion d'accroître sa puissance ; il écrivit à Alger à son frère Kheïr-ed-Din de lui envoyer immédiatement par mer, à la plage de Ténès (la ville est à peine à une lieue de la côte) dix petits canons avec leurs affûts, assez légers pour qu'il pût leur faire suivre la route de terre. Il lui fallait cette artillerie, tant à cause de la crainte qu'il avait d'être attaqué par le marquis de Comarés en traversant la frontière d'Oran, que

---

(1) Bou-Zian et Bou-Hammou.

pour s'en servir à Tlemcen, s'il en avait besoin. Son frère lui obéit et envoya les canons avec beaucoup de poudre, de projectiles et de munitions, dans cinq galiotes qui débarquèrent leur chargement au cap de Ténès. Après avoir reçu ce matériel et rassemblé une grande quantité de vivres de toute espèce qu'il fit charger sur des chevaux, dont abonde le pays, il partit à grandes journées pour Tlemcen. Quand il arriva à Alcala de Benariax (1), lieu situé à dix lieues d'Oran et à quatre de Mostaganem, il y fut bien reçu par toute la population, qui lui obéit de bonne volonté. La renommée de ses exploits lui amena beaucoup de Mores en quête d'aventures et de butin, qui vinrent en volontaires se joindre à lui pour cette entreprise; il leur fit un très bon accueil et augmenta ainsi ses forces de quinze cents cavaliers; il n'avait encore perdu que soixante hommes de la troupe avec laquelle il était parti d'Alger. Cependant, craignant que, si le Roi de Ténès ne revenait, les Mores, aidés du Capitaine Général d'Oran, qui était si près de là, ne lui tombassent sur les flancs ou ne lui coupassent la retraite (ce à quoi aurait pu servir la forteresse d'Alcala de Benariax), il ordonna à son troisième frère Isaac-ben-Jacob de garder cette position avec deux cents mousquetaires Turcs et quelques-uns des Mores dans lesquels il avait le plus de confiance; il les prit parmi ceux qu'il avait emmenés d'Alger avec lui. Pressant ensuite sa marche avec le reste de l'armée, il rencontra le roi Abuzeyen à quatre lieues au delà d'Oran et à dix-huit en avant de Tlemcen. Ce prince, sachant qu'Aroudj avait l'intention de le chasser de sa capitale, marchait à sa rencontre, ignorant encore la trahison de ses sujets, qui avaient provoqué l'arrivée des Turcs; il avait jugé plus sûr d'attaquer l'ennemi en plaine que de s'enfermer dans Tlemcen et de combattre aux portes de son palais; car il ne se fiait pas aux habitants, et savait

---

(1) La Kalaa des Beni-Rachid.

que plusieurs d'entre eux ne lui étaient pas affectionnés. Il était sorti avec une armée de six mille cavaliers et trois mille fantassins, emmenant avec lui l'ancien Roi de Ténès, Amid-el-Abdi, qui avait repassé l'Atlas et était venu du Sahara à Tlemcen. Quand les deux armées furent en présence, la bataille s'engagea rapidement dans une grande et spacieuse plaine nommée Aguabel; le combat fut long et acharné; enfin les Turcs et les Morisques d'Espagne ayant tué une grande quantité d'hommes et de chevaux avec leur puissante mousqueterie et leur artillerie, le Roi de Tlemcen fut complètement battu et forcé de s'enfuir vers sa capitale avec ce qui lui restait de monde; les habitants, sans attendre l'arrivée d'Aroudj, lui coupèrent la tête (1). L'ancien Roi de Ténès s'échappa par un autre chemin, et, traversant de nouveau les montagnes, regagna le Sahara. Ces évènements arrivèrent au commencement de septembre 1517. Après une pareille victoire et une aussi grande destruction d'ennemis, Barberousse avait compris que rien ne pouvait plus s'opposer à l'exécution de ses désirs, et avait continué en grande hâte sa marche en avant. Arrivé à moitié chemin de la ville, ceux des habitants qui l'avaient appelé lui firent dire qu'ils l'attendaient, en lui envoyant comme preuve la tête du Roi Abuzeyen. Aroudj ne put cacher l'extrême joie que cette nouvelle lui causa; il fit tirer par réjouissance des salves d'artillerie et de mousqueterie, et, complètement délivré des appréhensions qui pouvaient lui rester, arriva deux jours après aux portes de Tlemcen. Les notables et presque tous les habitants, curieux de voir les Turcs qu'ils ne connaissaient pas encore, et surtout le célèbre Bar-

---

(1) Il n'est pas question dans Marmol de cette bataille d'Agbal, ni du meurtre du Roi ; en tout cas, nous sommes assurés par les documents Espagnols, traduits par M. de la Primaudaye, que ce n'est pas d'Abou-Hammou qu'il peut être question, puisque nous le voyons l'année suivante assiégeant Isaac dans Kalaa (Revue Africaine, 1875, p. 149).

berousse, sortirent de la ville pour leur faire fête et les recevoir. A peine entré, le vainqueur fit de grandes promesses aux habitants, tout en s'emparant des immenses richesses de l'ancien Roi, et en forçant à la restitution tous ceux qui avaient pillé le palais après la mort d'Abuzeyen. Il tira aussi tout l'argent possible des Mores de Tlemcen et du territoire ; une partie de cet impôt lui servit à payer son armée et à faire des présents à ses partisans ; l'autre partie fut employée à fortifier la ville, et surtout la Casbah ; car il comprenait bien que les Chrétiens ne seraient pas satisfaits de le voir établi aussi près d'Oran, et que le Marquis ne manquerait pas d'aider Buchen Men, qui était alors à Oran, à recouvrer son royaume. C'est pourquoi, pour affermir sa puissance, il envoya des Ambassadeurs au Roi de Fez, Muley Hamet el Meridin, pour lui demander son alliance, lui promettant son aide contre le Roi de Maroc et d'autres Mores, avec lesquels il était continuellement en guerre ; il le priait de conclure une alliance offensive et défensive contre les Chrétiens, leurs ennemis communs, et ajoutait qu'il n'avait aucun souci des Mores ; le Roi de Fez accepta très volontiers. Barberousse resta donc à Tlemcen pendant toute l'année 1517, jouissant de sa victoire ; Kheïr-ed-Din gouvernait Alger, et Isaac-ben-Jacob le Royaume de Ténès, avec résidence à Alcala de Benariax. Ce dernier fut, quelques mois après, victime d'un accident qui chagrina beaucoup son frère. Les Turcs de la garnison d'Alcala s'adonnaient à toute sorte de violences, pillant et maltraitant les habitants de la ville et des environs ; irrités par ces sévices, ils assaillirent à l'improviste le château, et une grosse troupe d'entre eux massacra à coup de coutelas et de lances Isaac et tous ses Turcs ; une quarantaine des vaincus avaient fait une trouée et se dirigeaient sur Tlemcen ; ils furent poursuivis par les Mores qui les atteignirent bientôt, et les tuèrent jusqu'au dernier (1). Lorsque Aroudj apprit cette

---

(1) Ce passage n'est pas complètement exact : le fait est qu'Isaac

nouvelle à Tlemcen, il en conçut une extrême douleur ; car il aimait beaucoup ses frères, et celui-là tout particulièrement ; mais comme il lui était impossible de se venger en ce moment, il dissimula sa colère, réservant le châtiment pour plus tard. On voit encore aujourd'hui le tombeau d'Isaac dans cette même ville d'Alcala de Beniarax, où les habitants le montrent.

§ 11.

Dans ce même mois de septembre où Barberousse s'était emparé du royaume de Tlemcen, Charles-Quint était arrivé de Flandre en Espagne pour prendre la couronne par suite de la mort de son aïeul le Roi Catholique Don Fernando, décédé l'année précédente ; il avait débarqué en Biscaye avec une nombreuse et puissante armée. En recevant cette nouvelle, le marquis de Comarès, gouverneur général d'Oran, s'embarqua pour l'Espagne. Il avait pour cela deux raisons : il voulait rendre ses devoirs au nouveau Roi, et surtout l'informer des succès d'Aroudj, et lui remontrer combien il était important de ne pas laisser s'accroître davantage la puissance de cet usurpateur. Ce jugement était celui d'une personne bien avisée, qui voyait bien que si l'on n'étouffait pas tout de suite ce feu, il consumerait plus tard une partie de la Chrétienté, ce dont nous faisons aujourd'hui la dure expérience. Pour mieux réussir, le marquis emmenait avec lui Abuchen Men, qui devait se jeter aux pieds du Roi Charles-Quint, émouvoir sa compassion, et obtenir de lui un secours pour le remettre sur le trône. Ces sollicitations enlevèrent le consentement de Sa Majesté, qui accorda une

---

fut assiégé dès le mois de janvier 1518 par Bou-Hammou, et don Martin d'Argote, qui lui avait amené un renfort de 300 Espagnols. Après une longue et vigoureuse défense, Isaac capitula ; ce fut au moment de sa sortie du fort qu'il fut massacré traitreusement par les *goums* insurgés, en présence des Espagnols, qui ne purent ou ne voulurent pas s'opposer à cette violation du droit des gens.

armée de dix mille soldats destinés à combattre Barberousse et à rétablir le Roi de Tlemcen. Le Marquis retourna à Oran avec cette armée au commencement de 1518; au mois de mai (au temps des cerises, selon le dire d'un très vieux renégat de Cordoue qui se trouvait là), il marcha sur Tlemcen, pour en chasser les Turcs, emmenant avec lui Abuchen-Men. Aroudj, qui ne s'endormait pas, avait appris tout cela, et, se doutant de ce qui arriverait, avait fait ses préparatifs et avisé le Roi de Fez. Il redoublait d'activité en apprenant que le marquis était revenu à Oran avec une grosse armée, et pressa son allié de hâter son arrivée. Cependant, ne le voyant pas venir au moment où les Espagnols marchaient déjà sur lui, il eut d'abord envie de se porter à leur rencontre avec ses quinze cents Turcs et Andalous armés de mousquets, et plus de cinq mille cavaliers Mores, composés en partie de ceux qu'il avait amenés, et en partie de Tlemceniens qui lui avaient juré fidélité ; mais comme il ne se fiait pas à ces derniers, et que le reste était trop inférieur en nombre aux Espagnols, il finit par se décider à s'enfermer dans la ville, espérant pouvoir y arrêter l'ennemi jusqu'à l'arrivée du Roi de Fez, qui avait promis de venir bientôt. Il changea encore une fois d'avis, au moment où le Marquis arrivait aux portes de Tlemcen, et n'osa plus se fier aux habitants, qu'il voyait être mécontents de la guerre qui pesait sur eux (1). Il profita donc d'une nuit obscure pour se sauver à l'insu des habitants avec ses Turcs et ses Andalous à cheval, en emportant le plus de butin possible, et prit à grande vitesse la route d'Alger, espérant mettre la vigilance de l'ennemi en défaut. Mais il était à peine parti que le Marquis, campé tout près de la ville, fut avisé de sa

---

(1) Haëdo ne nous dit pas qu'Aroudj défendit la ville pendant près de six mois, et qu'il ne s'enferma dans le Mechouar qu'après que les Espagnols se fussent rendu maîtres des portes, en même temps que les Tlemceniens se retournaient contre lui. (Voir la *Revue africaine*, 1878, p. 390).

fuite. S'étant fait indiqué le chemin que suivaient les Turcs, il le prit lui-même avec une troupe de mousquetaires bien montés, en se gardant bien à cause de la nuit; il gagna Aroudj de vitesse et l'atteignit à huit lieues de Tlemcen, au moment où il allait passer une grande rivière (1) nommée Huexda. Il cherchait à la franchir pour s'abriter, voyant que le Marquis le serrait de près et que les Chrétiens étaient déjà si rapprochés qu'ils lui tuaient du monde et lui coupaient des têtes. Pour arrêter l'ennemi, il usa d'un stratagème de guerre (qui eût sans doute réussi avec de moins bonnes troupes) et fit jeter une grande quantité de vases d'or et d'argent, de bijoux, de monnaies et de choses très précieuses dont ses Turcs avaient une bonne charge, espérant avoir le temps de se mettre à l'abri derrière la rivière, pendant que la cupidité inciterait les Chrétiens à ramasser les trésors qu'il faisait semer. Mais le courageux Marquis anima tellement ses gens, qu'ils méprisèrent toutes ces richesses (2), et n'en virent pas de plus grande que la gloire de s'emparer d'Aroudj avant qu'il eût passé la rivière. Donc, foulant aux pieds les trésors, ils coururent impétueusement sur les Turcs ; ceux-ci, se voyant serrés de près, firent face et se conduisirent en hommes décidés à mourir ; Aroudj, avec son seul bras, combattait comme un lion.

En peu de temps, la plupart des Turcs furent tués et décapités les uns après les autres ; un bien petit nombre d'entre eux put passer la rivière et se sauver. Telle fut la fin de la vie et des grands projets du premier Barbe-

---

(1) Nous estimons qu'il faut bien se garder, quoiqu'en ait dit M. Berbrugger, de confondre cette rivière avec l'Oued Isly. (Voir l'article cité à la note précédente).

(2) Cet éloge paraît immérité, puisqu'il résulte des lettres de noblesse données à l'alferez Garcia de Tineo, qui tua Aroudj, qu'au moment de l'attaque, l'enseigne Espagnol n'avait avec lui que quarante-cinq hommes. Les autres étaient donc restés en arrière et s'attardaient au pillage. (Gomara, *Appendice*, p. 159.)

rousse, qui avait amené les Turcs en Barbarie, leur avait appris la valeur des richesses du Ponent, et dont l'habileté et le grand courage (1) avaient fondé le puissant empire qui existe encore aujourd'hui à Alger. Le Marquis, très-heureux d'une telle victoire, ce qui était bien naturel, fit distribuer à ses soldats, sans en réserver rien pour lui, l'énorme butin qui fut fait; il retourna à Tlemcen, faisant porter la tête d'Aroudj au bout d'une lance, et remit sans difficulté Abuchen Men sur son trône. Moins de quinze jours après cet événement, le Roi de Fez arriva à quatre lieues de Mélilla, en un pays nommé Abdedu, avec vingt mille fantassins et cavaliers mores. Il venait au secours de Barberousse; mais, ayant appris sa défaite et sa mort, il s'en retourna immédiatement, et le marquis rentra à Oran avec son armée, laissant le Roi de Tlemcen en paix parfaite. Suivant le dire de ceux qui l'ont connu, Aroudj était âgé de quarante-quatre ans au moment de sa mort; il n'était pas de grande taille, mais très fort et très robuste, il avait la barbe rouge, les yeux vifs et lançant des flammes, le nez aquilin et le teint basané; il était énergique, très courageux et très intrépide, magnanime et d'une grande générosité; il ne se montra jamais cruel, sinon à la guerre ou quand on lui désobéissait; il fut à la fois très aimé, très craint et très respecté de ses soldats, qui pleurèrent amèrement sa mort. Il ne laissa pas de postérité. Il passa quatorze ans en Barbarie, où il fit bien du mal aux Chrétiens; il fut quatre ans Roi de Gigelli et des pays voisins, deux ans Roi d'Alger, et un an usurpateur de Tlemcen.

---

(1) Faisons remarquer que celui qui s'exprime ainsi est un ennemi, un Espagnol, un prêtre : ce sont là trois titres suffisants pour ne pas flatter ceux qui avaient fait tant de mal à l'Espagne et à la chrétienté : aussi, en le voyant rendre justice aux grandes qualités des Barberousses, il nous est impossible de ne pas nous étonner, en voyant des écrivains modernes traiter ces derniers de vulgaires *malfaiteurs* et de *bandits*.

CHAPITRE II

Kheïr-ed-Din Barberousse, second Roi

§ 1.

La nouvelle de la mort d'Aroudj arriva peu de jours après à Alger, que gouvernait Kheïr-ed-Din son frère. Celui-ci, en outre du chagrin que lui causa cette perte, craignait que le Marquis ne vint l'attaquer et fut même un moment sur le point de s'embarquer avec les Turcs dans les vingt-deux galiotes qui se trouvaient là. Quelques-uns des corsaires présents le détournèrent de ce dessein, et lui persuadèrent d'attendre tout au moins jusqu'à ce que les Chrétiens se fussent décidés à entreprendre quelque chose. Bientôt on apprit que le Marquis avait rapatrié ses troupes aussitôt après leur retour à Oran, et Kheïr-ed-Din se tranquillisa. Les soldats et les corsaires se rallièrent à lui de toutes parts, ainsi que ceux qui avaient pu échapper à la déroute d'Aroudj, et tous le reconnurent volontairement pour Roi. A vrai dire, son génie pour les affaires intérieures, aussi bien que pour la guerre, le rendait digne de succéder à son frère, comme plus tard il le montra bien. Son premier acte fut d'envoyer une galiote au Sultan pour l'aviser de la mort d'Aroudj, et de la crainte qu'il avait de voir les Chrétiens le chasser d'Alger et de tout le pays. Il lui demandait sa protection, promettait de payer le tribut, et même d'augmenter la puissance Turque en Barbarie, de façon à ce que ce pays fut en peu de temps entièrement vassal de la Porte. A l'appui de sa demande, il envoya un très riche présent, porté par un renégat, son kahia ou majordome. Le Grand Seigneur reçut favorablement cette demande, et ne se contentant pas de le recevoir sous sa protection, il lui envoya deux mille soldats, donna la permission de passer en Barbarie à tous ceux qui voudraient le faire, et accorda aux janissaires d'Alger les droits et les priviléges dont jouissent ceux de Constantinople. Le kahia de Kheïr-ed-Din revint au commencement de l'année suivante, très satisfait de cette réponse, qui fit éprouver une vive satisfaction aux Turcs d'Alger. Barberousse, craignant que la discipline ne souffrît de cette agglomération, et qu'il n'y eût des tentatives de mutinerie, dispersa ses troupes dans les villes frontières de la province d'Oran, comme Mostaganem, Ténès, Milianah, et quelques autres. Pour éviter des révoltes et s'attirer l'affection des Arabes, il remit sur le trône de Ténès, à condition du paiement d'un tribut annuel, le Roi Hamid-el-Abdi, jadis dépossédé par Aroudj. Pensant ainsi être affermi contre les Chrétiens, il permit aux Reïs de recommencer la course suivant les anciennes habitudes, et resta de sa personne à Alger, avec des forces solides, approvisionnées pour un an d'avance. Au printemps de cette année, il advint un événement mémorable qui devait consolider son pouvoir. Don Hugo de Moncade, chevalier de Malte, capitaine connu par la valeur qu'il avait montrée en Italie dès le temps du Grand Capitaine, partit de Naples et de Sicile avec trente vaisseaux, huit galères et quelques brigantins. Cette flotte portait plus de cinq mille hommes, et beaucoup de vieux soldats Espagnols, parmi lesquels on remarquait les braves compagnies qui avaient jadis défendu les états de Francisco Maria de Montefeltrio, duc d'Urbin. Charles-Quint, qui venait de monter sur le trône d'Espagne et de Naples, avait donné l'ordre à ce capitaine de chasser d'Alger Kheïr-ed-Din, que l'on pensait être découragé par la mort de son frère. Arrivée à Alger, la flotte fut assaillie par une tempête soudaine qui fit échouer la plupart des bâtiments ; les Arabes et les Mores de la campagne accoururent, Barberousse sortit d'Alger avec ses Turcs, et tous firent un grand massacre de chrétiens, beaucoup de captifs et de butin ; ce fut à grand peine que Don Hugo s'échappa avec quelques hommes et quelques vaisseaux. Toutefois Paul Jove raconte (1) que Don Hugo débarqua son armée, la forma en bataille, et qu'elle fut battue par Barberousse qui en fit un grand carnage et la força à se rembarquer ; il ajoute que ce fut après ce rembarquement que survint la tempête et la perte des navires, après laquelle les Arabes de la campagne et les Turcs d'Alger tuèrent ou prirent beaucoup de naufragés.

En 1520, Barberousse soumit par ses menaces les Mores de Collo (port de mer, échelle de Constantine, situé à environ trente (2) milles à l'est d'Alger). L'année suivante, il soumit également Constantine, qui avait, pendant de longues années, défendu sa liberté contre le Roi de Ténès (3), auquel elle avait été jadis soumise. Les habitants de cette ville se virent forcés de reconnaître Barberousse pour souverain, aussitôt qu'il fut maître de Collo, parce que ce n'est que par ce port que les marchands Chrétiens peuvent leur acheter les laines, couvertures, cires et cuirs, dont ils tirent un grand profit. Dans l'année suivante, 1522, il s'empara de l'antique et très forte ville de Bône, qui était, jusque-là, restée complètement libre (comme le dit Juan Léon). Il pénétra, avec ses vingt-deux galiotes armées en guerre, dans leur port et dans la rivière même, et ils furent ainsi forcés de se soumettre, pour éviter une destruction totale. Tout en faisant ces diverses conquêtes, il ne négligeait pas la course et la conduisait en personne une ou deux fois par an, en sorte qu'il acquit autant de célébrité que son frère

---

(1) Le R'azaouât fait le même récit, à quelques variantes près. Le combat fut livré le 20 août 1518 ; la tempête régna le 21 et le 22 du même mois, et vint compliquer le désastre.

(2) Il y a bien *trente* dans le texte ; c'est un *lapsus-calami*, et Haëdo a certainement voulu dire *trois cents;* il y a, en effet, trente myriamètres à vol d'oiseau entre Alger et Collo.

(3) Faute d'impression, pour *Tunis*.

Aroudj, tant par ses exploits que par le dommage qu'il causa aux Chrétiens.

Il continua ainsi jusqu'à l'année 1529, accroissant chaque jour ses richesses, le nombre de ses captifs et celui de ses bâtiments, de sorte qu'il avait à lui seul dix-huit vaisseaux bien pourvus d'artillerie et de tout le matériel nécessaire. Au mois de septembre 1529, il conclut un traité avec les Rois de Kouko et de Labez (1), voisins du territoire d'Alger; tous deux étaient des souverains puissants, que l'Espagne avait empêchés, jusque-là, par l'intermédiaire du commandant général de Bougie (qui relevait alors de la couronne de Castille), de s'allier aux Turcs, auxquels ils faisaient tout le mal possible. Plus tard, il envoya en course quatorze de ses galiotes dans les eaux des Baléares et de l'Espagne; il en donna le commandement à un audacieux corsaire turc nommé Cacciadiabolo ; les principaux reïs de la flotte étaient : Salah-Reïs, qui devint plus tard Roi d'Alger; Chaban-Reïs; Tabaka-Reïs ; Haradin-Reïs; Jusuf-Reïs ; après avoir enlevé quelques vaisseaux et quelques personnes près des îles et sur les côtes, ils se virent implorer par certains Morisques du royaume de Valence, vassaux du comte d'Oliva, qui désiraient passer en Barbarie avec leurs familles, pour y vivre sous la loi de Mahomet, et qui offraient de bien payer leur passage. Cette proposition fut agréée par les corsaires, qui se rendirent près d'Oliva, embarquèrent pendant la nuit plus de deux cents de ces Morisques et mirent ensuite le cap sur l'île de Formentera.

---

(1) Les Européens dénommaient ainsi les deux chefs qui se partageaient l'influence en Kabylie, l'un résidant à Kouko, l'autre à Kalaa des Beni-Abbès. Pendant toute la durée de la Régence, la politique turque consista à favoriser tantôt l'un, tantôt l'autre, et à les maintenir dans un état permanent d'hostilité plus ou moins ouverte.

§ 2.

Au même moment, le Général des galères d'Espagne, chevalier Biscayen, nommé Portundo, revenait d'Italie, où il avait été escorter avec huit galères l'empereur Charles-Quint, dans le voyage qu'il venait de faire à Bologne pour y être couronné par le pape Clément VII ; il se trouvait, avec sa flotte, sur la route de Barcelone à Valence. Le comte d'Oliva apprit son retour au moment même où il était informé de la fuite de ses vassaux Morisques, qui emportaient avec eux de grandes richesses. Il envoya immédiatement un courrier à l'amiral Portundo, le suppliant de poursuivre les corsaires, et lui promettant dix mille écus, s'il le remettait en possession de ses vassaux. Portundo, séduit par cette offre, et voyant là une occasion de se distinguer, pressa sa route vers Valence ; il jugea que les Reïs avaient dû choisir la route des Baléares et prit le même chemin. Il n'était pas encore arrivé à Formentera que les Algériens le découvrirent de loin ; en comptant un aussi grand nombre de galères, ils virent qu'ils allaient être forcés de combattre ou tout au moins de prendre chasse, et s'apercevant que, dans l'un ou l'autre cas, leurs passagers leur seraient d'un grand embarras, ils les débarquèrent immédiatement à Formentera. De son côté, Portundo, soit qu'il ne connût pas les forces des Turcs, soit qu'il crût remporter facilement la victoire, avait défendu à ses galères de se servir de leurs canons et de chercher à couler les bâtiments ennemis ; car il voulait recouvrer les Morisques en bon état pour les rendre au comte d'Oliva, leur seigneur, et gagner ainsi la récompense offerte. Par suite de ces ordres, son fils, Juan Portundo, qui était très en avant de son père, avec quatre galères, n'osa pas canonner les Turcs qu'il rencontra s'éloignant de l'île, et auxquels il eût pu faire beaucoup de mal ; il fit, au contraire, lever les rames et donna l'ordre d'attendre l'arrivée des autres galères. Les Turcs, voyant ce mouvement d'arrêt, crurent que l'ennemi avait peur d'eux, et se résolurent à ne plus fuir, mais à combattre, d'autant plus qu'ils avaient quatorze vaisseaux contre huit ; ils attendirent donc pour voir ce que les Chrétiens feraient après leur jonction. Quand ils s'aperçurent que Portundo ne faisait mine ni de les aborder, ni de commencer le feu, ils en conçurent une telle audace qu'ils se décidèrent à attaquer eux-mêmes. Tournant donc le front vers les Chrétiens, ils leur coururent sus à force de rames, et les assaillirent avec une grande décharge de mousquets et de flèches. Les Espagnols n'étaient pas aussi nombreux que le cas le comportait, parce que les galères avaient laissé en Italie plus de la moitié de leurs soldats, pour assister aux grandes fêtes du couronnement de l'Empereur. Cependant, ils combattirent bravement, et la mêlée fut longue et sanglante ; le malheur voulut que l'amiral Portundo, dont la galère était assaillie par deux galiotes, fût tué d'une arquebusade en pleine poitrine ; sa mort jeta le trouble à son bord, et les Turcs, s'acharnant à l'attaque, s'en emparèrent. La prise de cette galère, qui était la plus forte de toutes et leur Capitane, redoubla le courage des corsaires, qui, poussant vigoureusement leur succès, se rendirent maîtres des autres ; une seule se sauva comme par miracle, étant parvenue à se débarrasser de l'ennemi, et n'arrêta sa fuite que quand elle fut arrivée derrière les salines d'Iviça. Après leur victoire, les Turcs revinrent à Formentera embarquer les Morisques qu'ils y avaient laissés, et cinglèrent vers Alger avec les sept galères prises et une grande quantité de captifs. Kheïr-ed-Din les reçut avec un grand contentement ; il prit pour lui les principaux d'entre les prisonniers, et parmi eux le fils de Portundo et tous les capitaines des galères ; il les fit mettre dans son bagne. Dans l'année suivante, 1530, ayant appris qu'ils complotaient de s'emparer d'Alger et qu'il y avait connivence, à cet effet, avec tous les captifs Chrétiens, il les fit cruellement mettre à mort et tailler en pièces à coups de coutelas, comme nous le racontons plus longuement ailleurs (1).

§ 3.

En 1530 (2), Barberousse se résolut à détruire et à raser le Penon, que son frère Aroudj avait essayé de prendre en 1516 ; il avait l'intention, qu'il exécuta depuis, d'y substituer un mole en réunissant l'îlot à la ville par une chaussée, afin de donner de la sécurité aux navires ; car, dans ce temps-là, les corsaires étaient forcés de tirer leurs bâtiments sur le sable de la plage d'un petit ruisseau, situé à environ un mille à l'ouest d'Alger ; il fallait exécuter les manœuvres de halage à force de bras, avec un immense travail des pauvres captifs. Les navires des marchands Chrétiens, dont le commerce est pour les Algériens d'un grand profit (sans compter les droits qu'ils leur font payer) n'avaient pas d'autre abri que la petite anse qui se trouve en dehors de la porte Bab-Azoun, à l'endroit qu'on appelle aujourd'hui *la Palma ;* ils y étaient sans cesse en grand péril, manquant d'abri et battus par tous les vents. Ces divers motifs avaient donc déterminé Kheïr-ed-Din à attaquer la forteresse ; un événement imprévu vint le décider à hâter l'exécution de son projet. Il arriva que deux jeunes Mores s'enfuirent au Penon, et déclarèrent au gouverneur qu'ils voulaient se faire chrétiens. Celui-ci se nommait Martin de Vargas, brave chevalier Espagnol ; il reçut très humainement les fugitifs et les logea chez lui pendant qu'on les instruisait et qu'on les catéchisait avant de leur donner le baptême. Peu de jours après, le dimanche même

---

(1) Dans le *Dialogue des martyrs.*

(2) Il y a erreur de date ; la prise du Pénon eut lieu en 1529, comme le prouvent les lettres de Charles V citées par M. Berbrugger, *(Le Pégnon d'Alger*, Alger, 1860, brochure in-8°, p. 99, etc.) et quelques pièces des documents Espagnols, traduits par M. de La Primaudaye *(Revue africaine*, année 1875), p. 163-166.

de Pâques, à l'heure où le capitaine et la garnison entendaient la messe, les jeunes Mores montèrent sur le rempart, qui se trouvait désert; là, soit par légèreté, soit par méchanceté et trahison, ils élevèrent une bannière, et firent des signaux à la ville du haut d'une grosse tour. Une servante du capitaine, qui se trouvait dans le château, vit ce manège, et se mit à appeler la garnison à grands cris, en avertissant de ce qui se passait. Le Gouverneur quitta la messe avec ses soldats, accourut en grande hâte, et, sans plus d'informations, fit pendre les deux coupables à un créneau en vue de la ville. A ce spectacle, les Algériens furent immédiatement trouver Barberousse et se plaignirent de l'outrage qui leur était fait, sans s'occuper autrement des causes du supplice. Celui-ci, voyant là l'occasion de hâter l'exécution de ce qui était décidé depuis longtemps dans son esprit, chercha d'abord à parvenir à ses fins sans effusion de sang. Il envoya en parlementaire un de ses renégats, l'alcade Huali, avec ordre de faire savoir au Gouverneur que, s'il lui rendait la place sans combat, il lui ferait un parti honorable, et de nature à satisfaire toute la garnison; sinon, il jurait de faire passer tout le monde au fil de l'épée. Don Martin ne fit que rire de ses menaces et répondit à Kheïr-ed-Din, qu'il s'étonnait qu'un brave capitaine comme lui conseillât à un autre de se déshonorer; il le pria de se souvenir qu'il avait affaire à des Espagnols que ses vaines menaces ne pouvaient effrayer. Le Roi s'attendait à une réponse semblable, et n'espérant rien de la démarche de son parlementaire, il avait fait élever et armer en hâte une batterie, en face du Penon. Lorsque le renégat revint avec la réponse du gouverneur, Barberousse furieux fit prendre un très grand et très fort canon de bronze à bord d'un galion français qui se trouvait dans le port d'Alger et qui appartenait à un chevalier français de l'ordre de Malte, nommé Frajuanas (1);

---

(1) Voilà qui nous paraît bien difficile à accepter : un chevalier de

avec ce canon et d'autres grosses pièces dont il s'était muni depuis longtemps dans la prévision de cette attaque, il se mit à battre le fort, y dirigeant jour et nuit un feu terrible, qui commença le 6 mai 1530. Il continua quinze jours de suite sans discontinuer, rasa les deux tours et le rempart qui faisait face à la cité ; en même temps il faisait tirer un grand nombre de coups de mousquets, qui, en raison de la faible distance qui séparait les combattants (300 pas environ) tuèrent une grande partie des deux cents défenseurs du fort. Enfin, le vendredi 21 mai (1), seizième jour depuis l'ouverture du feu, avant le lever du soleil, Barberousse attaqua avec quatorze galiotes montées par des troupes choisies, parmi lesquelles se trouvaient douze cents Turcs armés de mousquets et beaucoup d'archers. Les Chrétiens qui étaient en petit nombre, blessés et accablés de fatigue, ne purent pas empêcher les Turcs de débarquer au pied de la brèche. Ceux-ci ne trouvèrent en vie que le capitaine Martin de Vargas très grièvement blessé, et cinquante-trois soldats (2) gravement atteints et presque hors de combat ; ils y trouvèrent aussi trois femmes, desquelles deux étaient Espagnoles (une d'elles vit encore aujourd'hui, et est la belle-mère du caïd Rabadan) ; l'autre était une Mayorquine, qui est encore vivante ; elle est la belle-mère de Hadji Morat, et l'aïeule de la mère de Muley Meluk qui fut Roi de Fez et de Maroc. Nous racontons longue-

---

Malte tranquillement ancré dans le port d'Alger, au moment même où le Sultan traquait l'ordre de tous côtés ; et ce chevalier prêtant du canon à Barberousse pour combattre les soldats de celui qui, à ce même instant, offrait Malte comme refuge à ses frères ! C'est peu croyable !

(1) La lettre de l'*espion juif* des Documents espagnols (déjà cités) dit : *le vendredi 23 mai*.

(2) Sinan-Chaouch, toujours préoccupé de magnifier son héros, dit : *cinq cents hommes*. En réalité, il n'y avait, avant le commencement des attaques, pas beaucoup plus de cent cinquante hommes de garnison. La lettre citée à la note précédente parle de quatre-vingt-dix prisonniers et de soixante-cinq morts.

ment ailleurs (1) comment Barberousse fit cruellement périr Martin de Vargas sous le bâton, au bout de trois mois de captivité, sans avoir eu pour cela aucun motif. Après sa victoire Kheïr-ed-Din fit raser la forteresse et se servit des matériaux pour achever le port tel qu'il est encore aujourd'hui; il employa plusieurs milliers de captifs Chrétiens à cet immense travail, et fit relier par un solide terre-plein tout l'espace compris entre l'îlot et la ville. Cette construction fut terminée au bout de deux ans (2).

§ 4.

En 1531, Kheïr-ed-Din, tout en construisant un môle à Alger, en faisait édifier un autre à Cherchel; cette ville possède un port naturel, qu'il voulait rendre vaste et très sûr. Le Prince André Doria jugea bon de chercher à l'en empêcher, sachant bien que Cherchel est le point de Barbarie le plus rapproché des Baléares, et se trouve à peu d'heures de l'Espagne. Il s'y dirigea donc avec ses galères, espérant tout au moins délivrer plus de sept cents captifs employés aux travaux. On a dit, et des prisonniers de ce temps-là m'ont affirmé à moi-même, que quelques-uns d'entre eux avaient écrit au Prince pour lui apprendre combien il serait facile de leur rendre la liberté, de prendre la ville et de détruire le môle commencé. Le Prince partit donc de Gênes au mois de juillet 1531 avec ses vingt galères bien armées; sa marche fut rapide et, arrivant avant le lever du soleil, il débarqua quinze cents hommes tout près de Cherchel; il avait donné l'ordre de se précipiter dans la ville, qui n'était

---

(1) Dans le *Dialogue des Martyrs*.

(2) Quatre jours après l'assaut, les Turcs prirent un brigantin qui apportait de la poudre, des munitions et 600 ducats aux défenseurs du Penon. Dans le R'azaouât, cette prise se transforme en un combat naval dans lequel les Espagnols perdent neuf grands vaisseaux et deux mille sept cents hommes.

pas fortifiée, de recueillir avant tout les Chrétiens captifs, de ne se débander sous aucun prétexte pour piller les maisons, et enfin de se rembarquer à la hâte au signal qui devait être donné par un coup de canon. Les soldats, avant qu'on ne se fût aperçu de leur présence, arrivèrent à la ville et au château qu'ils prirent de haute-main, brisant les portes et délivrant les captifs qui y étaient enfermés, aux cris de : liberté ! liberté ! Ceux-ci, voyant la grâce que Dieu leur faisait, gagnèrent rapidement le rivage et s'embarquèrent ; les soldats n'imitèrent point leur exemple ; plus altérés de butin que soigneux d'obéir aux ordres reçus, ils se dispersèrent dans les rues et dans les maisons et s'enivrèrent tellement de pillage que, lorsque le Prince fit tirer le canon de rappel, ils n'entendirent pas le signal, ou du moins ne lui obéirent point. Cependant le jour était arrivé, et les Turcs, que le premier choc avaient dispersés, s'étaient ralliés, réunis aux habitants, Morisques d'Espagne assez bons combattants ; ils fondirent tous ensemble sur les soldats chrétiens, dispersés et chargés de butin, en blessèrent et en tuèrent beaucoup, et finalement les mirent en pleine déroute. D'autres Turcs se jetèrent dans le château et commencèrent immédiatement à tirer sur les galères, avec quelques canons qui se trouvaient là ; si bien que Doria, craignant de voir tous ses vaisseaux coulés à fond, comprenant que ses soldats étaient perdus sans espoir, prit le large, laissant à terre plus de six cents hommes vivants, dont les Turcs et les Morisques s'emparèrent en échange des captifs délivrés. Le Prince mit à la voile et fit route directe sur Mayorque ; quant à Barberousse, s'il fut fâché d'un côté d'avoir perdu une partie de sa vieille chiourme, il se consola en pensant à l'échec que Doria avait subi (1).

---

(1) Marmol raconte l'expédition de Doria absolument de la même manière, quoiqu'avec moins de détails. (Liv. V, chap. XXXIII).

§ 5.

En 1532, les Tunisiens, et surtout les habitants de la ville même de Tunis, étaient très mécontents de leur Roi Mouley-Hassan, homme fort cruel, qui avait méchamment fait tuer plusieurs de ses frères et beaucoup d'habitants notables. Désireux de se venger, ils écrivirent très secrètement à Barberousse, qui se trouvait alors à Alger, et le supplièrent de venir avec une bonne armée, promettant de le rendre maître de la ville et de tout le royaume. Au temps de sa jeunesse, Kheïr-ed-Din était resté longtemps en Tunisie avec son frère Aroudj, et s'y était lié d'une étroite amitié avec la plupart des Mores qui faisaient cette démarche auprès de lui. Il se garda bien de refuser l'offre d'un aussi riche royaume et d'une semblable ville, dont la possession devait faire de lui un très puissant souverain, maître de toute la Barbarie. Cependant, il ne voulut pas commencer immédiatement cette entreprise, et répondit qu'il s'occupait de ses préparatifs et qu'il viendrait lorsqu'il serait assez fort pour le faire. On a dit (Jove entre autres) qu'il se rendit à Constantinople pour demander au Sultan de lui venir en aide ; mais les Turcs et les Renégats, ses contemporains, disent qu'il se contenta d'écrire au Grand Seigneur ce qui se passait, en le priant de lui envoyer du monde pour laisser bonne garde à Alger, pendant qu'il irait à Tunis avec des forces suffisantes pour terminer rapidement l'affaire ; il ajoutait qu'il se rendrait bien vite maître de toute la Barbarie ; et que c'était pour la Porte, et non pour lui, qu'il faisait cette conquête. A l'appui de sa demande, il envoya un Renégat, son majordome, avec deux galiotes chargées de riches présents destinés au Sultan et aux membres du grand Divan. Soliman, qui régnait en ce moment à Constantinople, prince magnanime et avide de conquêtes, entra avec ardeur dans ce projet et fit armer immédiatement quarante galères. Il les mit en route au commencement du printemps de l'année suivante, 1533, avec une armée de huit mille Turcs, beaucoup d'artillerie et de munitions, et leur donna l'ordre de ne débarquer ni à Tunis, ni en aucun lieu de la Barbarie, jusqu'à ce que Barberousse leur eût fait savoir où ils devaient se rendre. Cette flotte, guidée par le majordome de Kheïred-Din, arriva au cap des Colonnes, en Calabre, dépassa le phare de Messine et relâcha à l'île de Ponce, après avoir ravagé la côte de Calabre. De cette façon, Mouley-Hassan ne se méfia ni de cette flotte, ni du Roi d'Alger. Celui-ci, qui avait été prévenu depuis longtemps, partit comme pour aller en course, emmenant environ trois mille Turcs, huit galères, dix grandes galiotes (ou galères légères), car il avait beaucoup accru sa marine. Il se mit en route au commencement du mois de mai, laissant bonne garde à Alger et dans le pays ; il délégua son autorité à un de ses renégats, dans lequel il avait mis toute sa confiance ; c'était un eunuque Sarde, nommé Hassan-Aga. Sachant que la flotte turque venait de ravager la côte de Calabre, il la fit aviser par une galiote de venir le joindre en Barbarie ; elle reçut cet ordre à l'île de Ponce, mit tout de suite à la voile et opéra sa jonction au cap Bon, non loin de Tunis. Au mois de juin, Kheïr-ed-Din investit la Goulette sans perdre de temps, y débarqua rapidement ses hommes et son canon, laissant un peu de monde pour garder les vaisseaux. Il marcha vivement sur Tunis, avec dix mille arquebusiers et quelques pièces de campagne (1), ne voulant pas laisser le temps à Mouley-Hassan d'organiser la défense. Celui-ci avait été averti du débarquement de cette grosse armée ; il se savait haï par ses sujets et ne doutait pas qu'ils ne fussent d'accord avec l'ennemi ; en conséquence, il ne jugea pas prudent de demeurer à Tunis, et s'enfuit chez

---

(1) Ses troupes se composaient de 1,800 janissaires, 6,500 Grecs, Albanais et Turcs, et 600 renégats, la plupart Espagnols. (Documents espagnols, *Revue africaine* 1875, p. 348).

des Arabes, ses parents et amis, avec ses femmes, ses enfants, quelques serviteurs fidèles et autant de richesses qu'il put en emporter. Barberousse entra donc à Tunis sans nulle résistance, y fut reçu de tous avec une grande allégresse et reconnu pour Roi (1). Ainsi firent les habitants de Bedja, ville située dans l'intérieur des terres, à quinze milles de Tunis; ceux de Bizerte, ville maritime, à trente-cinq milles à l'Ouest; ceux de Mahmédia, à cinquante milles à l'Est; de Suze, à cent milles; de Monastier, à cent douze milles; de Caliba, à cent milles; d'Africa, à quatre milles; des Alfaques; et enfin des Gelves et de tout le reste du royaume, sauf la ville de Kairouan. Beaucoup d'Arabes des campagnes se soumirent de même par crainte et firent de riches présents. Kheïr-ed-Din, se voyant ainsi devenu maître d'un grand royaume, en aussi peu de temps et sans coup férir, sachant que presque toute la population, qui détestait Mouley-Hassan à cause de sa férocité, était heureuse de l'avoir pour Roi, jugea qu'il n'avait plus rien à craindre et renvoya les galères du Sultan avec une partie des Turcs qu'elles lui avaient amenés, tous bien récompensés et satisfaits. Avec ceux qu'il garda et ses Turcs d'Alger, il eut une armée de huit mille hommes. Tout d'abord, il s'occupa de munir la Goulette de bastions et de terrepleins très forts; il transforma la mauvaise petite tour qui s'y trouvait en une belle et bonne forteresse bien armée et bien approvisionnée de munitions, et y mit une garnison de quinze cents Turcs; il termina ce travail pendant l'hiver, y ayant employé sans relâche un grand nombre de paysans Mores et Arabes; il désarma ensuite

---

(1) Barberousse débarqua à la Goulette le 16 août 1234; le 18, Mouley-Hassan, qui s'était enfui, revint avec 1,000 cavaliers, et le combat s'engagea devant Bab-el-Djezira. Une partie des Tunisiens, restée fidèle au Roi, se défendit pendant toute cette journée et la moitié de la suivante; il en fut fait un grand massacre et les Turcs entrèrent en vainqueurs. (Documents espagnols, *Revue africaine*, 1875, p. 345).

ses galiotes et les mit à l'abri dans le canal de la Goulette. En se fortifiant ainsi, il voulait non-seulement augmenter les difficultés du débarquement, si quelques puissances chrétiennes cherchaient à le chasser de Tunis, mais encore accroître ses moyens de défense, de façon à faire subir à l'ennemi de grosses pertes. Car il avait appris que Mouley-Hassan négociait avec l'empereur Charles-Quint et s'offrait à lui comme vassal, en lui représentant les grands dommages que le voisinage des Turcs allait causer à ses possessions d'Italie, telles que la Sardaigne, la Sicile, la Calabre et Naples. Comme l'argent est le nerf de la guerre, que Barberousse était forcé de solder le grand nombre de Turcs qui le servaient (1), et de se procurer une foule de choses nécessaires à la défense et à la conservation du royaume, il s'ingénia à ramasser de tous côtés le plus de richesses possible. Suivant l'usage des tyrans, il s'y prit tantôt par persuasion, tantôt par violence, à la mode turque. Non content de cela, il envoya en course ses galiotes et celles des autres corsaires, ses anciens amis et compagnons; il leur fit piller les côtes et les ports d'Italie, pendant l'hiver de 1533, toute l'année 1534 et une partie de 1535; il fit ainsi d'immenses ravages sans jamais éprouver aucune résistance.

§ 6.

Au moment où Barberousse faisait ainsi la conquête du royaume de Tunis, l'Empereur Charles-Quint, de glorieuse mémoire, se trouvait à Barcelone, capitale de

---

(1) Les janissaires se révoltèrent deux fois à Tunis, à cause du retard de la solde ; la première émeute eut lieu le 23 octobre 1534, et Kheïr-ed Din faillit y perdre la vie ; on apaisa les rebelles avec de l'argent. Ils recommencèrent le mois suivant, le 28 novembre ; cette fois, Barberousse les fit charger par ses renégats, qui en tuèrent 180 ; les prisonniers furent pendus aux créneaux. (Documents Espagnols déjà cités).

la Catalogne, et y était informé de tout ce qui se passait.
Il voyait clairement le grand danger que le voisinage des
Turcs faisait courir à ses États et se proposait de les
chasser de Tunis. Ce projet prit encore plus de consistance, quand il se vit implorer par les Ambassadeurs de
Muley-Hassan. Ce prince lui demandait très instamment
de l'aider à remonter sur le trône, s'offrait à lui comme
fidèle vassal, consentant à payer le tribut qui lui serait
demandé. En outre, la nouvelle des pillages et des dégâts
que faisaient les corsaires sur les provinces Italiennes,
vint le décider à ne plus attendre et à précipiter les
événements. Il assembla donc une très puissante armée
de tous les points de l'Espagne et de l'Italie, s'embarqua
à Barcelone le 20 juillet 1535, chassa Barberousse du
royaume de Tunis et le força à s'enfuir à Bône. Enfin
il remit Muley-Hassan sur le trône, ce qui est connu de
tous, et a été écrit très au long et en détail par maints
auteurs, ce qui fait qu'il est inutile que nous perdions
notre temps à le raconter et à l'écrire. Nous dirons seulement que, lorsque Kheir-ed-Din apprit que l'Empereur
s'avançait sur lui avec des forces aussi considérables, il
envoya ses quatorze meilleurs vaisseaux à Bône, ville
située à trois cents milles à l'ouest de Tunis, et à la
même distance à l'est d'Alger ; l'éloignement de cette
place lui fit penser qu'elle serait moins exposée aux
attaques des Chrétiens, et, que par cela même, ses vaisseaux seraient plus en sûreté ; enfin que, si l'Empereur
le chassait de Tunis (ce qu'il considérait comme certain),
il trouverait un refuge à Bône. Ce fut en effet ce qu'il fit;
et il s'y dirigea par terre, à son départ de Tunis, emmenant avec lui une grande partie de ses corsaires, de ses
alliés et une grosse troupe de Turcs ; car il avait perdu
peu de monde dans la bataille. En arrivant, il fit immédiatement espalmer ses galiotes, surveillant et pressant
lui-même l'opération. Quelques corsaires lui dirent qu'ils
voyaient bien qu'il s'apprêtait à aller à Constantinople,
demander du secours au Sultan pour prendre sa revan-

che, et qu'il faisait bien, parce que les mers de l'Ouest n'étaient plus sûres pour eux et que l'Empereur les y poursuivrait jusqu'à ce qu'il les eût tous pris. Kheïr-ed-Din, indigné de ces propos, se tourna vers eux avec une grande fureur et leur dit : « Comment, à Constantinople ? Quel besoin avons-nous de fuir ? Quelle est cette lâcheté ? C'est en Flandre que je vais vous mener, en Flandre, vous dis-je, et non à Constantinople. » Il espalma ses vaisseaux en trois jours, les chargea le quatrième et appareilla le cinquième sans dire où il allait, mais en donnant l'ordre de le suivre. Trois jours après, il touchait à l'île de Minorque, dont les habitants, qui savaient que l'Empereur guerroyait à Tunis contre Barberousse et ses corsaires, étaient loin de penser qu'ils allaient avoir affaire à eux. Les Turcs avaient reçu l'ordre de se déguiser en chrétiens et d'arborer le pavillon espagnol ; ils entrèrent ainsi dans le port de Mahon, trompant un vaisseau portugais, qui les crut Chrétiens, et les salua comme des amis. Barberousse commença par s'emparer de ce vaisseau, à la suite d'un combat sanglant, dans lequel les Portugais, pris à l'improviste, se défendirent vigoureusement, et à la fin furent tous capturés. Puis, débarquant son monde et son canon, il tomba sur les Minorquins pris au dépourvu. Il força l'entrée de la ville avec quelques coups de canon ; il la saccagea, la pilla, la brûla et la détruisit, faisant plus de six mille captifs qu'il embarqua, et mit immédiatement le cap sur Alger, s'étant ainsi vengé en partie, disait-il, de sa défaite (1). Son arrivée causa une grande joie dans la ville ; car on y savait déjà qu'il avait été forcé d'abandonner Tunis, et

---

(1) Le *R'azaouat* raconte la prise de Port-Mahon en grand détail et de la manière la plus pittoresque. D'après lui, on venait de brûler vif un malheureux prisonnier, après l'avoir grimé et déguisé de façon à ce que tous les habitants crussent que c'était Kheïr-ed-Din lui-même, et c'est au moment même où ils se réjouissaient d'être débarrassés de ce terrible ennemi, qu'ils le virent apparaître à la tête de ses Turcs.

son lieutenant Hassan Aga, homme courageux, tout eunuque qu'il était, avait appelé près de lui une bonne troupe de Turcs, craignant d'abord que l'armée chrétienne ne poursuivit sa victoire et ne cherchât à s'emparer d'Alger; les habitants savaient encore que Kheïr-ed-Din avait touché à Bône et en était parti avec quatorze vaisseaux, sans qu'on connut quelle direction il avait prise. Donc chacun était plein de peur et de méfiance, et croyait que le Roi, n'osant plus revenir à Alger ni se montrer nulle part, s'était enfui comme un désespéré. Peu de jours après son arrivée, il apprit avec certitude que l'Empereur, après avoir remis Muley-Hassan sur son trône, s'était embarqué pour la Sicile, et avait licencié son armée. Alors, laissant le gouvernement d'Alger à Hassan Aga, il partit pour Constantinople le 15 octobre avec douze grosses galiotes, chargées d'une quantité de captifs et de trésors, destinés à faire des présents au Sultan et à ses Pachas, afin d'obtenir une armée pour reconquérir Tunis; car il était fort triste d'avoir perdu un aussi riche royaume. Soliman fut très satisfait de faire connaissance d'un homme aussi célèbre que l'était Kheïr-ed-Din; il ne l'avait jamais vu, celui-ci n'étant pas venu en Turquie depuis l'année 1504, époque où il était passé en Barbarie avec son frère Aroudj. Le Sultan était fort mécontent de son Grand-Amiral Zaibe (que d'autres nomment Himeral), qui avait montré une grande lâcheté devant le Prince André Doria, à l'époque où celui-ci fut envoyé en Grèce avec cent galères par l'Empereur Charles-Quint, afin de détourner Soliman de ses entreprises contre l'Autriche et contre Vienne; l'Amiral turc n'avait pas osé combattre Doria, et lui avait laissé prendre en Morée les deux villes de Coron et de Patras. Donc, lorsque le Grand Seigneur eut vu Barberousse, qu'il savait être très brave et bon marin, il se décida à lui donner le commandement général de sa flotte, en remplacement de Zaibe. Toutefois, ce ne fut pas seulement le besoin qu'avait le Sultan d'un bon marin qui valut à Barberousse ce poste élevé : il advint (tellement la fortune le favorisait) qu'il s'empara pendant son voyage d'un vaisseau vénitien, en disant que les Algériens n'étaient pas compris dans le traité fait entre le Grand Seigneur et Venise. Sur ce bâtiment, il trouva une lettre que le premier Ministre de la Porte, Ibrahim Pacha, écrivait très secrètement au Duc (1) de Venise; il l'ouvrit par curiosité, ne se doutant pas qu'elle provint d'Ibrahim, et reconnut qu'elle renfermait des instructions préjudiciables au Sultan et favorables à la Chrétienté. (Il est très certain que ledit Ibrahim avait l'habitude d'envoyer des lettres de ce genre, particulièrement à l'Empereur Charles-Quint, par la voie de Venise). Barberousse montra ces lettres au Sultan, qui donna immédiatement l'ordre de tuer Ibrahim et de le jeter secrètement à la mer (2); il reconnut le service que venait de lui rendre Kheïr-ed-Din en le nommant Grand-Amiral quelques jours après.

§ 7.

Barberousse, ce fils d'un pauvre potier, étant parvenu à une position aussi élevée, voulut montrer toute sa valeur, son intelligence et son zèle pour le service du Sultan. Sans perdre un seul instant, il consacra toute l'année 1536 à organiser la flotte, fit radouber et remettre à neuf les vieux navires, envoya chercher beaucoup de bois de charpente sur les côtes de la Mer Noire, fit construire une grande quantité de galères neuves, et amassa une forte provision d'agrès de toute espèce; il apporta

---

(1) *Sic.*
(2) La plupart des historiens donnent pour cause de la fin tragique du Grand-Vizir, la haine de la Sultane mère et de Roxelane, qui persuadèrent au Sultan qu'Ibrahim l'avait trahi dans la guerre contre la Perse. (Voir De la Croix, Hammer, etc.). Ajoutons que, s'il faut en croire Sandoval, Ibrahim Pacha aurait été le protecteur de Kheïr-ed-Din, et l'aurait puissamment aidé à devenir Capitan-Pacha.

tous ses soins à ces diverses opérations, auxquelles il employait les Reïs qu'il avait amenés d'Alger. Tous ceux qui les voyaient à l'œuvre admiraient leur industrie et leur activité, et reconnaissaient clairement la grande différence qu'il y avait entre eux et les anciens capitaines de galères.

Kheïr-ed-Din sortit pour la première fois à la tête de la flotte Turque en 1537 ; le Sultan voulait rompre avec Venise et lui faire la guerre, et désirait s'emparer aussi du royaume de Naples, où l'appelaient quelques habitants, qui avaient été dépossédés de leurs terres ; un des principaux, méchant homme, Gouverneur de l'antique cité de Brindes, avait promis au Sultan de lui livrer cette ville aussitôt que sa flotte arriverait ; c'était une position très importante, qui ouvrait le chemin pour s'emparer de la Pouille et du royaume de Naples. Cette conquête avait été jadis bien ambitionnée par Mahomet II, le vainqueur de Constantinople, qui avait pris Otrante, et avait conservé cette ville jusqu'à sa mort, espérant s'en servir pour conquérir le reste de l'Italie et Rome même. Pour exécuter ses projets, Soliman quitta Constantinople à la tête de deux cent mille hommes, vint à la Velonne, port de mer rapproché de l'Italie, et ordonna en même temps à Barberousse de le suivre avec la flotte et de commencer par s'emparer de Brindes. L'Amiral, arrivé à la Velonne, y attendit un second avis du Gouverneur de Brindes ; ne voyant rien venir et ne voulant pas perdre son temps, il se dirigea vers Castia, ville de la province d'Otrante, dans l'intention de ravager le pays, pour jeter l'épouvante dans tout le royaume ; cette ville, canonnée vigoureusement, se rendit au bout de quelques jours. Cependant, à la nouvelle de l'arrivée de la flotte turque, le Prince André Doria était sorti de Gênes et de Messine avec trente et une galères, seuls navires qu'il eût eu le temps d'armer ; en entrant dans le golfe de Venise, il captura près de Corfou, une galiote ennemie ; voulant connaître les desseins de Kheïr-ed-Din, il fit mettre le Reïs à la torture, et celui-ci révéla que la trahison du Gouverneur de Brindes était une des principales causes de l'expédition. Le Prince fit aussitôt parvenir cet avis au Vice-Roi de Naples, Don Pedro de Tolède, Marquis de Villafranca. Celui-ci fit saisir et pendre le traître, avant qu'il n'eût pu accomplir son dessein, et il assura la garde de la ville en y envoyant le Seigneur Alarçon (1) avec une bonne troupe d'infanterie espagnole. Barberousse, ayant reçu ces nouvelles, et n'espérant pas s'emparer de Brindes, vint rejoindre le Sultan à la Vélonne. Celui-ci, dévoilant alors sa haine contre les Vénitiens, donna l'ordre de ravager à fond leurs possessions, et principalement l'île de Corfou. Cela fait, il retourna à Constantinople par terre, et l'Amiral le suivit avec la flotte.

§ 8.

En 1538, la guerre entre les Turcs et les Vénitiens continua; Barberousse sortit de nouveau à la tête de sa flotte, très renforcée en hommes et en vaisseaux, et investit les provinces ennemies. Venise, ne pouvant résister seule au Grand Seigneur, fit alliance avec le Pape Paul III et avec l'Empereur Charles-Quint. Les trois alliés réunirent à frais communs une grosse flotte dont le commandement fut donné au Prince Doria qui sortit pour attaquer Barberousse. La rencontre eut lieu à La Prévéza; lorsque les deux armées navales furent en présence, le Prince, pour des raisons inconnues, refusa la bataille et se retira; la gloire et la réputation de Barberousse s'accrurent beaucoup de l'honneur qui lui revint d'avoir fait reculer un aussi vaillant lutteur.

---

(1) Jorge Ruys de Alarcon, corregidor de Murcie et Carthagène, frère de Alonso de Alarcon, qui avait été employé aux négociations secrètes avec Kheïr-ed-Din.

§ 9.

En 1539, Kheïr-ed-Din sortit une troisième fois et s'empara de Castelnovo, en Dalmatie, après avoir pendant longtemps écrasé cette ville sous un feu terrible de son artillerie, et en avoir ruiné toutes les défenses; il passa au fil de l'épée 4,000 vieux et braves soldats espagnols, que l'Empereur y avait mis en garnison, sous le commandement de Francisco Sarmiento, brave Maître de camp, qui fut tué en combattant valeureusement à la tête de ses troupes. Quelques jours après, il prit Cattaro et Malvoisie, possessions Vénitiennes, et força à se rendre Napoles de Romania, toutes villes fort importantes. On remarqua, dans cette campagne, deux Reïs formés par les soins de Kheïr-ed-Din : le Corseto, et Dragut, qui devint depuis si célèbre et si heureux dans ses entreprises. Cette expédition força les Vénitiens à demander la paix, et l'Amiral eut le temps de se reposer à Constantinople, où il fixa sa résidence.

En 1543, le Roi de France, François Ier, demanda très instamment au Grand Seigneur d'envoyer sa flotte contre l'Empereur Charles-Quint, auquel il venait de déclarer la guerre, en prenant pour prétexte le meurtre de Frégose et de Rinçon ; ces deux personnages avaient été députés au Sultan par le Roi de France et avaient été tués en Lombardie, au passage d'une rivière, sur la route de Venise, où ils allaient s'embarquer. Barberousse sortit pour la quatrième fois, avec cent galères, et se dirigea vers la France, en saccageant, brûlant et détruisant beaucoup de villes de la Calabre. A son passage devant Gaëte, ville du royaume de Naples (d'autres disent à tort que ce fait arriva à Reggio, ville de Calabre, située en face de Messine), le gouverneur, Don Diego Gaëtan, lui fit tirer quelques coups de canon; Kheïr-ed-Din, furieux, arrêta sa marche, débarqua avec 12,000 Turcs, canonna rudement la ville et la prit. Parmi les captifs, se trouvait une fille de Don Diego, âgée de dix-huit ans et merveilleusement belle ; lorsque Barberousse la vit, elle lui plut tellement qu'il la prit pour femme ; par amour pour elle, il donna la liberté à son père et à sa mère et l'emmena avec lui en France. Peu de mois après son arrivée à Marseille, il reçut l'ordre du Roi François Ier d'aller assiéger Nice, qui appartenait au Duc de Savoie, Prince de Piémont, allié de l'Empereur. Il fit entrer sa flotte dans le port de Villafranca, qui, par mer, n'est qu'à une distance de deux portées d'arquebuse de Nice, tandis que, par terre, il est à deux milles à l'est de cette ville ; quoique ce port soit très grand et très bon, il n'était pas fortifié, et la ville de Villafranca l'était si peu que Barberousse y entra sans résistance, la détruisit et la brûla ; la population avait pu se sauver et emporter tous ses biens. De là, les Turcs, traversant, pendant plus de deux milles, des montagnes escarpées et sauvages, arrivèrent en plaine et mirent le siège devant Nice. Ils ouvrirent sur la place un feu terrible, avec une très forte artillerie, que Barberousse avait fait transporter à bras à travers les montagnes ; car la raideur des pentes n'avait pas permis d'autres moyens de locomotion. Le canon avait déjà détruit tous les environs de Nice, ces lieux si doux, si beaux et si gracieux ; une bonne partie de la ville était en ruines, et beaucoup d'habitants avaient déjà trouvé la mort, lorsque le reste se rendit, sur l'invitation des Français (1). Il ne restait plus d'autre défense que le château ; Kheïred-Din l'attaqua sans succès, à cause de la grande force du lieu (2); au moment où il redoublait ses efforts, il apprit que le Marquis de Guast, qui gouvernait alors le Milanais

---

(1) Les habitants, réduits à l'extrémité, et craignant de tomber entre les mains des Turcs, demandèrent aux Français de se rendre à merci ; Kheïr-ed-Din se considéra comme frustré de sa victoire, et montra, depuis ce moment, la plus grande mauvaise volonté.
(2) Et de l'énergie du brave gouverneur Paul Siméon.

pour l'Empereur Charles-Quint, marchait sur lui avec une forte infanterie Espagnole; à cette nouvelle, il jugea à propos de se retirer rapidement, voyant que le château était trop fort et dans une position trop élevée pour pouvoir être pris d'assaut ou ruiné par l'artillerie. Il fit de nouveau repasser la montagne à ses canons, et revint à Villafranca. De là, il conduisit sa flotte à Toulon, port Français très important, et y séjourna longtemps malgré lui, se plaignant de perdre son temps à ne rien faire. A la fin de l'été, il envoya un de ses anciens compagnons, vaillant corsaire, nommé Sala-Reïs, pour ravager les côtes d'Espagne, avec vingt-deux galères bien armées. Celui-ci se dirigea vers la Catalogne, pilla et détruisit les ports importants de Palamos et de Rosas; cette dernière ville n'était pas fortifiée à cette époque; elle le fut depuis, précisément à cause des dommages qu'elle subit en cette occasion. Cela fait, Sala-Reïs, obéissant aux ordres reçus, s'en alla hiverner à Alger.

§ 10.

En 1544, l'Empereur et le Roi de France firent la paix, et Barberousse fut invité à retourner en Turquie avec sa flotte. Il partit de Toulon au commencement du printemps, après avoir été rejoint par Sala-Reïs, qui lui amena les vingt-deux galères placées sous ses ordres. Arrivé à l'île d'Elbe, il envoya une frégate prier Appiano, seigneur de Piombino, de lui rendre un jeune captif, fils d'un de ses vieux amis, corsaire nommé Sinan-Reïs le Juif, qui se trouvait en ce moment à Suez, par ordre du Grand Seigneur, et y organisait une grosse flotte destinée à chasser les Portugais de l'Inde. Appiano s'excusa en disant que le jeune homme avait été baptisé; mais Barberousse ne se contenta pas de cette réponse, menaça de mettre tout le pays à feu et à sang, et commença le ravage par l'île d'Elbe, où il fit un grand nombre de captifs. Appiano, effrayé, rendit le jeune homme, que Barberousse renvoya à son père presque aussitôt après qu'il fut de retour à Constantinople. Sinan-Reïs se trouvait alors dans la Mer Rouge, et l'on dit qu'il mourut subitement de joie en revoyant son fils. Kheïr-ed-Din délivra aussi Dragut-Reïs, qu'il avait élevé, et qui était alors prisonnier à Gênes. Juanetin Doria l'avait capturé en Corse avec deux galères et sept galiotes, l'ayant surpris sans défense au moment où il espalmait ses navires; il le laissa libre moyennant une grosse rançon (1), qui coûta depuis bien cher à la Chrétienté, à laquelle Dragut fit tant de mal pendant de si longues années. La flotte Turque s'empara ensuite des villes de Talamon et de Porto-Hercule, dans l'État de Sienne, les saccagea et les brûla, ainsi qu'une foule d'autres localités voisines, et y fit un grand nombre de captifs de tout âge et de toute condition. Elle côtoya ensuite le Royaume de Naples et fit subir le même traitement aux îles d'Ischia, de Procida et de Lipari.

§ 11.

Barberousse se reposa à Constantinople pendant les années 1546, 1547 et une partie de 1548 ; il y fit bâtir une grande et superbe mosquée qu'il dota d'une grosse rente, et éleva à côté d'elle une kouba ronde, très haute, richement ciselée, dans laquelle il plaça le tombeau où il devait être enseveli plus tard. Ces édifices sont situés à cinq milles plus loin que Galata, sur la rive du Bosphore (2), au milieu d'une foule de palais, de mosquées et de beaux jardins qui ornent ce rivage sur une étendue

---

(1) Dragut était tombé entre les mains d'un Lomellini, qui ne consentit à l'échanger que contre la principauté de Tabarque, où il établit des pêcheries de corail et des comptoirs assez importants ; cet établissement appartint à la famille Lomellini jusqu'en 1741.

(2) A Buyukdéré ; ces constructions existent encore.

de plusieurs milles et le rendent semblable aux délicieux environs de Gênes. Il fit aussi construire, dans Constantinople même, un bain magnifique qui rapportait beaucoup d'argent, et qui fut plus tard l'objet de la convoitise de bien des Pachas, comme nous le raconterons plus loin. Au mois de mai 1548 (1), il fut attaqué par une fièvre très violente, et mourut au bout de quatorze jours, très regretté des Turcs, qui le tenaient en haute estime pour ses exploits. On raconte comme une chose certaine, qu'après qu'il eût été enterré dans la kouba dont nous avons parlé, on le retrouva, à cinq ou six reprises différentes, sorti de son sépulcre et étendu à terre, à la stupéfaction générale; enfin, un magicien Grec dit que le seul moyen de l'empêcher de quitter sa sépulture, était d'enterrer avec lui un chien noir; cela fut fait, et le corps ne sortit plus de sa tombe (2).

Aujourd'hui encore, la vénération des Turcs, et surtout des corsaires et des marins pour le tombeau de Barberousse, est si grande, qu'il n'y en a pas un seul qui n'aille y faire un pieux pèlerinage avant de s'embarquer, et qui ne le salue, à son départ, par de nombreuses salves d'artillerie et de mousqueterie, pour lui rendre les honneurs dus à un aussi grand saint. Kheïr-ed-Din mourut à soixante-trois ans (3), âge généralement très dangereux; il était de grande taille, robuste; il avait une forte barbe, châtaine et non rousse, comme celle d'Aroudj; il avait de gros sourcils et de longs cils; il fut très cruel pour les

---

(1) C'est une erreur de date. Kheïr-ed-Din mourut en 1546, ainsi que cela est prouvé par une lettre de l'évêque de Cambrai, ambassadeur à Constantinople, adressée à François Ier, à la date du 4 juillet 1546. (Ribier, *Lettres et mémoires d'État*, etc. 1666, in-f°. T. I, p. 584).

(2) C'est une superstition commune en Orient; on y raconte volontiers que les morts ont quitté leur tombe; nous avons vu, en Algérie même, plus d'un marabout sur le compte duquel s'est créée une semblable légende.

(3) D'autres historiens ont dit soixante-dix et même soixante seize; mais on sait combien il est difficile de déterminer l'âge exact d'un Oriental.

Chrétiens et très bon pour les Turcs, qui le craignaient cependant beaucoup, parce que, une fois qu'il était en colère, il n'y avait plus moyen de l'apaiser. Il ne laissa qu'un fils, qu'il eut d'une Moresque d'Alger, et qui, après avoir hérité de tous ses biens (1), fut plus tard Roi d'Alger à trois reprises différentes, comme nous le raconterons plus loin.

---

(1) La lettre de l'ambassadeur de France dit formellement le contraire : « Le dit Barberousse ne lui laisse rien des biens qu'il avoit par deçà, mais le donne, partie au Grand Seigneur et partie à un sien nepveu. » (*Négociations de la France dans le Levant*, T. I, p. 624).

CHAPITRE III

Hassan Aga, troisième Roi

§ 1.

Le troisième Roi d'Alger fut Hassan Aga qui était, comme nous l'avons dit, Sarde, renégat et eunuque. Kheïr-ed-Din l'avait fait captif au pillage d'un bourg de la Sardaigne, alors qu'il était encore enfant ; comme il était beau et bien fait, il l'avait fait eunuque (ce qui, en turc, se dit aga) et l'avait élevé dans sa maison comme son propre fils. Hassan montra tellement d'intelligence dans toutes les affaires dont il fut chargé par son maître, que celui-ci, quand il fut devenu Gouverneur d'Alger, le nomma son Kahia ou majordome et lui donna la direction de tous ses biens. Plus tard, il le fit Beglierbey ou Général en chef ; lors des sorties accoutumées qu'il fit avec les Mahalas dans l'intérieur du pays, pour forcer les Arabes à payer l'impôt, il eut l'occasion de montrer son courage et ses qualités de commandement ; en sorte que, lorsque Barberousse se rendit en 1533 (1) à l'appel des Tunisiens, il le choisit pour gouverner pendant son absence ; Hassan s'acquitta parfaitement de ses fonctions, et sut rassurer la ville, qui était toute effrayée à la pensée que Charles-Quint allait fondre sur elle, au moment où Barberousse chassé de Tunis, avait été s'embarquer à Bone. En 1535, Kheïr-ed-Din lui laissa de nouveau le gouvernement lorsqu'il partit pour la Turquie. Pendant les six années suivantes, Hassan gouverna Alger sans incidents, en paix

---

(1) 1534 est la vraie date.

parfaite, et y rendant bonne justice ; aujourd'hui encore beaucoup de ceux qui l'ont connu, disent que jamais Pacha ne fut plus équitable.

§ 2.

Ce fut en 1541 qu'arriva le désastre de l'Empereur Charles-Quint, de glorieuse mémoire, auquel une tempête d'une violence inouie, fit perdre une flotte de cinq cents voiles (1) sur la plage d'Alger, dans la journée du 28 octobre (2) ; c'est un événement si connu et qui a été si souvent raconté que nous ne nous occuperons que de ce qui concerne Hassan Aga. Jamais dans aucun cas, un Roi ne montra plus de courage, d'expérience ni de prudence qu'il ne le fit en cette occasion, se voyant assiégé par un Prince aussi puissant et aussi heureux dans ses entreprises que l'était l'Empereur Charles-Quint, avec une flotte si redoutable, une armée si nombreuse et si brave, composée de soldats de toutes les nations Chrétiennes, tandis qu'il n'avait sous ses ordres que trois mille Turcs à peine, et encore très mélangés d'Andaleuces et de Mores. Cependant non-seulement il ne s'effraya pas, mais ce fut lui seul qui encouragea et rassura la foule, parcourant à cheval la ville démoralisée. Lorsque l'Empereur lui envoya en parlementaire un des principaux Chevaliers Espagnols, Don Lorenzo Manuel, qui était chargé de lui offrir en échange de la ville de grandes récompenses pour lui et pour ses Turcs, il répondit en raillant que c'était une grande sottise que de prendre conseil de son ennemi, et qu'il espérait, avec la protection de Dieu, que cette affaire lui vaudrait une grande

---

(1) Cinq cent seize bâtiments, dont soixante-quinze grandes galères.

(2) Le mauvais temps commença dans la nuit du lundi 24 octobre au mardi 25 ; pendant la journée du mardi, la tempête éclata dans toute son intensité, et on battit en retraite le mercredi 26.

réputation et une renommée éternelle. Plus tard, dans les divers combats qui eurent lieu, et surtout dans celui (dont les Turcs parlent encore aujourd'hui) où les Chevaliers de Malte tuèrent tant de monde aux Algériens, et vinrent planter leur poignard jusque dans la porte Bab-Azoun, Hassan monta à cheval, accourut à la hâte l'épée à la main, força les Chevaliers à reculer, les poursuivit jusqu'à un demi-mille du rempart, en tua plus de cent cinquante, et mit l'ennemi en un tel désordre que les Ducs d'Albe et de Sessa furent contraints de se porter en personne au secours des Chevaliers, ainsi que l'Empereur lui-même, qui dut descendre bien vite de la montagne sur laquelle il était campé, si grand était le désastre causé par la bravoure d'Hassan. Les Turcs montrent encore aujourd'hui l'endroit où tombèrent ces braves en combattant valeureusement; ils appellent ce lieu le Tombeau des Chevaliers, et font le plus grand éloge de leur courage (1). Le jour suivant (2), alors qu'une horrible tempête jointe à un effroyable déluge de pluie jeta les navires à la côte en les brisant sans que rien ne put s'y opposer, L'Empereur, voyant ce misérable spectacle, fut contraint, bien à contre cœur, d'ordonner la retraite. Hassan le poursuivit alors jusqu'au cap Matifou, harcelant l'armée, lui tuant du monde et coupant des têtes, se conduisant enfin, non en eunuque, mais en homme entier et vaillant. Il conquit ce jour-là une grande quantité de captifs, de butin, de chevaux, et mille autres choses de grand prix, et donna la preuve de sa générosité, en ne

---

(1) C'était au pont des Fours (Cantarat-el-Afran). Il y a quelques années on voyait encore des ruines des Fours : aujourd'hui les nouvelles constructions ont effacé ces dernières traces, et tellement modifié la forme du terrain qu'il est impossible de reconnaître ce défilé où les Chevaliers de Malte, presque tous Français, accomplirent un si beau fait d'armes. Les Turcs, dit Haëdo, honoraient ce lieu : pas un de nos gouvernants n'a eu la pensée d'y mettre seulement une pierre commémorative

(2) C'était le même jour, mardi 25 octobre. (Voir la relation de Villegaignon, celle de l'envoyé du Pape Magnalotti, etc., etc.)

conservant pas seulement une épingle, et en faisant distribuer toutes ses prises, disant que l'honneur et la gloire de cet exploit lui suffisaient.

§ 3.

Le Roi More de Kouko, lieu situé à trois journées d'Alger sur la route de Bougie, était sorti de son territoire pour prêter main-forte à l'Empereur Charles-Quint dans l'attaque d'Alger; il avait amené avec lui beaucoup de cavalerie et deux mille de ses vassaux armés de mousquets. Mais en apprenant la défaite des Espagnols et leur rembarquement, il s'arrêta et se hâta de rentrer chez lui. Ayant su plus tard que l'armée avait été de Matifou à Bougie, où elle attendait que le temps lui permit de continuer sa route, il y envoya des vivres dont on avait le plus grand besoin (1). Hassan qui avait été informé de tout cela, se décida à châtier ce Roi et à lui faire une guerre cruelle. Il laissa passer l'hiver qui fut très pluvieux, et, le printemps venu, partit d'Alger à la fin d'avril 1542, avec trois mille Turcs armés de mousquets, deux mille cavaliers Mores et Arabes, mille fantassins Mores et douze canons montés sur affût, la plupart de petit calibre. Le Roi de Kouko, se voyant inférieur en force, n'osa pas accepter le combat et fit sa soumission; il donna une grosse somme d'argent et une grande quantité de bœufs, de chameaux et de moutons; il s'engagea à payer un tribut annuel, ce que ni lui ni ses prédécesseurs n'avaient jamais voulu faire, et donna en otage son fils et héritier, âgé de quinze ans, nommé Sidi Ahmed ben el-Cadi; en sorte que Hassan revint à Alger sans avoir combattu.

---

(1) En tous cas, il n'en envoya guère : car les relations des témoins oculaires nous apprennent qu'on y subit une terrible famine et qu'on n'y trouvait rien à manger « sinon chiens, chats et herbes. » Voir *Villegaignon*, et le *Rapport d'un agent à François Ier*, Négociations de la France dans le Levant, T. 1, p. 522.).

§ 4.

En 1543, le Roi de Tlemcen était Muley Ahmed, fils de Muley Abdallah, frère de Muley Abuchen Men, que le Marquis de Comarès avait remis sur le trône en 1518, comme nous l'avons raconté dans la vie d'Aroudj (1).

Barberousse s'était lié avec ce Muley Ahmed, ou, pour mieux dire, avec son père qui, en succédant à son frère mort sans postérité, avait refusé le tribut que celui-ci payait au Roi d'Espagne. Cette alliance avait duré jusqu'en 1543, et Muley Ahmed se soumettait à Hassan Aga, en sa qualité de Roi d'Alger. Mais, soit qu'il fût fatigué de la tyrannie des Turcs, soit qu'il obéît au naturel inquiet et versatile des Mores, il se tourna de nouveau vers l'Espagne (2). Hassan, indigné de cette trahison, marcha sur Tlemcen, au commencement du printemps, à la tête de quatre mille Turcs armés de mousquets, six mille cavaliers et quatre mille fantassins Mores, et dix canons de campagne. A ces nouvelles, Ahmed ne vit d'autre remède que de prévenir l'arrivée d'Hassan en lui envoyant des ambassadeurs avec un riche présent; il lui faisait

---

(1) En 1530, Abdallah, fatigué par les exigences des Espagnols, encouragé à la révolte par la nouvelle de la prise du Penon, avait refusé de fournir plus longtemps des vivres et de payer le tribut. Ce fut alors que le Gouverneur d'Oran suscita contre lui son fils Ahmed ; la guerre dura jusqu'à la mort d'Abdallah ; mais le nouveau Roi, qui avait été assez mal soutenu par ceux qui l'avaient mis en avant, ne tarda pas à nouer des intelligences avec les Turcs. A Tlemcen, la politique de l'Espagne consista toujours à exciter l'héritier présomptif contre le souverain régnant. (Voir *Documents espagnols* (déjà cités), *Revue africaine* 1875).

(2) Il eût été plus exact de dire qu'il louvoyait entre les Espagnols et les Turcs ; les Tlemcéniens détestaient également les deux puissances : l'une, comme chrétienne ; l'autre, parce qu'ils se rappelaient l'insolence et la brutalité des soldats d'Aroudj. De plus, le Comte d'Alcaudete, suivant la politique accoutumée, favorisait la révolte du jeune Abdallah, frère d'Ahmed. (Voir *Documents espagnols* (déjà cités), *Revue africaine* 1876 et 1877).

demander pardon du passé, disant que c'était à tort qu'on l'accusait de vouloir se soustraire à l'obéissance due au Sultan, et que, s'il avait déféré aux volontés du Roi d'Espagne, c'était à cause de la crainte que lui inspirait le Comte d'Alcaudete, Don Martin de Cordova, Général d'Oran, son proche voisin; mais, qu'au fond du cœur, il était toujours l'ami des Turcs, et qu'il ne voyait pas d'inconvénients à feindre d'être celui de l'Espagne, pour éviter à ses États les malheurs de la guerre. Il ajoutait que, malgré tout, il était absolument à la dévotion d'Hassan ; qu'il ferait tout ce qui lui serait commandé, et romprait la paix au premier ordre; enfin, que, si le Roi d'Alger venait à Tlemcen, il se présenterait à lui sans armes, et montrerait combien il était honoré de recevoir dans son palais un hôte semblable. Cette ambassade apaisa un peu Hassan, qui resta cependant décidé à continuer son chemin, et à mettre une garnison Turque dans Tlemcen. A son arrivée, il fut très bien reçu du Roi et de tout le pays, comblé de présents et de bons traitements, ainsi que tous les Turcs; le Roi fit pleine soumission, jurant non-seulement une perpétuelle fidélité au Sultan, mais promettant, en outre, de ne faire aucun traité avec les Chrétiens et de rompre ceux qu'il avait pu conclure. Ils se séparèrent très contents l'un de l'autre, et Hassan retourna à Alger sans laisser à Tlemcen la garnison Turque qu'il avait eu l'intention d'y mettre. Don Martin apprit immédiatement le résultat de cette entrevue, et son irritation fut d'autant plus grande, que c'était lui-même qui avait jadis prié l'Empereur d'accepter la soumission du Roi More, dont la perfidie et le manque de foi le jetèrent dans un grand courroux. En conséquence, avec la permission de l'Empereur et l'aide de ses parents et de ses amis, il leva à ses frais un corps de quatorze mille Espagnols (1), disant que cette trahison

---

(1) Marmol dit : *neuf mille fantassins et quatre cents chevaux* ; mais il ne parle pas des faits précédents ; il se contente de nous faire savoir

était un affront personnel pour lui, qui se trouvait ainsi mis en faute devant son souverain, auquel il avait engagé sa parole pour Ahmed, et que, par conséquent, c'était à ses frais et non à ceux de l'Empereur qu'il voulait châtier cette déloyauté et en tirer vengeance. Il marcha donc sur lui, le rencontra à quatre journées d'Oran, près de Tlemcen, le battit en lui tuant beaucoup de monde, le poursuivit l'épée dans les reins et entra dans la ville, où il mit sur le trône un des frères du Roi vaincu ; celui-ci n'osa s'arrêter nulle part et s'enfuit à Fez. Hassan Aga était tombé malade en revenant de Tlemcen à Alger ; son mal s'accrut de jour en jour ; il fut consumé peu à peu par la fièvre et par l'étisie, et mourut à la fin de septembre 1543 (1), à minuit, regretté de tous ceux qui l'avaient connu. Il était âgé de cinquante-six ans, petit de taille et bien proportionné, il avait de beaux yeux, une figure agréable et la peau très blanche ; ce fut un grand justicier ; il fit quelquefois appliquer des peines cruelles ; aussi fut-il respecté de tout le monde. Il était très généreux et aimait à faire l'aumône. Il fut enterré à Alger, en dehors de la porte Bab-el-Oued, dans une grande kouba que son majordome, qui était un de ses Renégats, lui fit bâtir après sa mort.

---

que Muley Ahmed avait pris le parti des Turcs, tandis que son frère Abdallah demandait des secours aux Espagnols pour le détrôner, ce qui arriva, en effet, en 1544.

(1) M. Devoulx a déjà fait remarquer que cette date est erronée. Il résulte de l'inscription de la tombe d'Hassan qu'il ne mourut qu'au mois de novembre 1545. *(Revue africaine* 1864, p. 290). Il est cependant très probable qu'Hassan quitta le pouvoir vers la fin de 1543, soit pour cause de maladie, soit pour toute autre raison restée inconnue. (Loc. cit.)

CHAPITRE IV

Hadji Pacha, quatrième Roi

§ 1.

Le jour même de la mort d'Hassan Aga, les Turcs et les Janissaires d'Alger, sans attendre que le Sultan leur eût envoyé un Roi, élurent d'un commun accord un des principaux d'entr'eux, qu'on appelait El-Hadji, c'est-à-dire le pèlerin, parce qu'il avait été par dévotion à la Mecque et à Tabal Médine (1), où est enterré et honoré Mahomet. Ce pèlerinage procure à ceux qui le font la vénération des Mores et des Turcs, et le titre de Hadji équivaut à celui de grand saint. Celui dont nous parlons était très respecté et très populaire à Alger, où il s'était signalé souvent et pendant longtemps dans la paix et dans la guerre. Il s'était surtout fait connaître par son habileté et son courage au moment où l'Empereur Charles-Quint avait assiégé Alger ; il était alors Capitaine général de la milice, et les Turcs avaient été en grande partie redevables de leur succès à ses soins et à ses conseils (2).

---

(1) (*Sic*). Le mot *Tabal*, qui précède *Médine* dans le texte, a fait commettre à M. Devoulx une singulière méprise. Une légère incorrection typographique lui a fait lire : *Yabal* (il eut pu s'épargner cette erreur en observant un peu plus loin le caractère des véritables Y) et il a conclu de cette lecture erronée que *Yabal* signifiait Yatreb, parce que, dit-il, *tel est le véritable nom de la ville*. (*Revue africaine* 1864, p. 290.)

(2) Le récit du Mekhemé confirme ici celui de Haëdo. Hadj' Becher (tel est le vrai nom d'Hadj'Pacha), y est cité comme ayant fait des prodiges de valeur le jour de l'envahissement de la ville. On trouve les mêmes allégations dans le *Zohrat-Et-Nayerat*.

§ 2.

Au moment où la nouvelle de la mort de Hassan Aga parvint aux tribus de l'intérieur qui le redoutaient extrêmement, il existait un Cheik nommé Sidi Butereque (1), Prince de nombreux Arabes, voisins de Milianah, ville située à un peu plus de douze lieues à l'ouest d'Alger ; les douars et les tentes de cette tribu se trouvent aux bains d'Hammam-R'ira. Ce Cheik crut que l'occasion était bonne pour accomplir ce que beaucoup d'Arabes désiraient depuis longtemps, c'est-à-dire pour se révolter contre les Turcs, qui les opprimaient et les maltraitaient continuellement. En conséquence, il réunit vingt mille Mores, cavaliers ou fantassins, tant parmi les siens que dans d'autres tribus, qu'il avait excitées à se joindre à lui, et marcha sur Alger à la tête de cette armée à la fin de mars 1544 ; il s'avança en pillant, en détruisant tout, en coupant les chemins, et inspira une si grande terreur aux Algériens, que personne n'osait plus sortir de la ville. Le Caïd désigné pour commander à Milianah était un Turc nommé Hassan, qui, se fiant trop à son courage et à celui des quarante Janissaires armés de mousquets qu'il commandait, pria très instamment Hadji Pacha, de le laisser aller rejoindre son poste, disant que, non-seulement il se défendrait contre les Mores le long de la route, mais encore, qu'une fois arrivé à Milianah, il saurait empêcher l'ennemi de s'en emparer. Le Roi voulut le retenir, son expérience lui faisant comprendre dans quel péril allait se mettre le Caïd et sa troupe ; mais à la fin il céda à ses instances et le laissa partir. Il n'avait pas fait un jour de chemin, que Butereque, prévenu de sa marche, se porta sur lui et le massa-

---

(1) C'est un surnom : Bou Trek, le maître de la route.

era avec tout son monde. Cet événement hâta le départ de Hadji Pacha, qui avait déjà rassemblé une armée pour aller châtier les Arabes, qui, depuis deux mois à peu près, tenaient les Turcs bloqués dans Alger. Il sortit à la fin du mois de mai avec quatre mille Turcs ou Renégats armés de mousquets, cinq cents Andaleuces ou spahis Algériens ; il donna le commandement au Caïd Rabadan et nomma Capitaine général de l'infanterie un brave renégat sicilien nommé Catania, natif de Catane ; il emmenait avec lui d'autres Caïds Turcs et Renégats, vieux soldats de Barberousse ; on y remarquait le Caïd Saffa, Turc, qui plus tard gouverna Alger, et fut longtemps Caïd de Tunis ; le Caïd Amiça, Turc, qui avait été nommé Caïd de Milianah en remplacement d'Hassan, tué par les Arabes ; et Mustapha, Turc, Caïd de Médéah. Le Pacha s'avança avec tout son monde, bien décidé à mettre Butereque à la raison. La rencontre advint à huit lieues d'Alger et à quatre de Milianah, au pied d'une montagne qu'on appelle Mata (1) ; la bataille commença et les Turcs firent un grand carnage de Mores, ayant beaucoup de mousquets contre un ennemi qui ne combattait qu'avec la lance et le bouclier. L'armée de Butereque fut battue et mise en fuite, et les Turcs poussèrent l'ennemi si vivement, que leur chef fut forcé de s'enfuir à Fez, ayant tout perdu ; le Roi de ce pays le reçut bien, et l'amena avec lui dix ans plus tard, quand il s'empara de Tlemcen, comme nous le raconterons. Hadji Pacha, victorieux, rentra très content à Alger, n'ayant perdu que deux cents hommes, et y fut reçu avec une grande allégresse. Moins de quinze jours après, le Roi nouvellement nommé par le Sultan arriva de Constantinople. Le règne d'Hadji Pacha ne dura donc que huit mois et demi environ ; il vécut encore quatre ans et mourut de la fièvre à l'âge de quatre-vingts ans. Il était de grande taille, gros et brun de peau ; il avait pour

---

(1) Très probablement *Soumata*, un peu au delà d'El-Affroun.

femme une Morisque de Valence, de laquelle il n'eut qu'une fille, qui devint la femme du Caïd Daut (1). Il fut enterré près des tombeaux des Rois, en dehors de la porte Bab-el-Oued, dans une kouba plus petite que les autres (2).

---

(1) Sans doute Daoud.
(2) Il résulte d'actes retrouvés et traduits par M. Devoulx, qu'il s'appelait : El-Hadj Becher ben Ateladja.

CHAPITRE V

Hassan, Pacha et Roi

§ 1er.

Le Grand Seigneur, à la nouvelle de la mort de Hassan Aga, se vit assiéger par les demandes d'un grand nombre de Turcs, qui désiraient le gouvernement d'Alger, tant pour l'honneur de cette charge, que pour le profit qu'elle rapportait (1). Kheïr-ed-Din, qui se trouvait alors à Constantinople, appuya la candidature de son fils, en représentant au Sultan qu'il était homme fait, digne de cet honneur, et qu'il ne serait pas juste de lui en préférer d'autres, puisque c'était la famille des Barberousses qui avait donné le Royaume d'Alger à l'Empire Ottoman ; qu'il était donc juste que les descendants de cette race pussent jouir du fruit des travaux de leurs aïeux. Le Sultan lui accorda ce qu'il demandait, et le nouveau Roi se mit en route quelques jours après. Son père lui avait donné, pour l'escorter, douze galères bien armées, montées d'une nombreuse infanterie Turque, que l'espoir de s'enrichir attirait, de la même façon que les Espagnols vont aux Indes. Le nouveau Roi se nommait Hassan ; il était fils d'une Moresque d'Alger (comme nous l'avons déjà dit). Il arriva le 20 juin, peu de jours après le retour

---

(1) Cela ne peut pas être vrai ; car Hassan Aga n'était pas Pacha d'Alger, mais seulement Khalifat de Kheïr-ed-Din, qui conserva le titre jusqu'à sa mort, ainsi qu'il est facile de le voir dans les Négociations de la France avec le Levant (Documents inédits). Faisons remarquer ici que Haëdo ne tient aucun compte de ces différences, et que, pour lui, tous ceux qui ont exercé le pouvoir, ne fût-ce qu'intérimairement et pour quelques jours, sont des Rois.

d'Hadji Pacha, qui venait de vaincre le Cheikh Butereque. A cette époque, le Roi de Tlemcen était celui que le Comte d'Alcaudete avait mis sur le trône, en contraignant son frère, Muley Ahmed, à s'enfuir à Fez (1). Comme ce royaume était sans cesse livré aux dissensions, un autre frère cadet de ces deux Rois (2), désireux de régner, se rendit à Alger à la nouvelle de l'arrivée d'Hassan, auquel il sut persuader de déclarer la guerre à son frère. En conséquence, un an après son installation, au commencement de juin 1545, Hassan Pacha partit d'Alger et marcha sur Tlemcen avec trois mille Turcs et Renégats armés de mousquets, mille spahis à cheval et dix canons. A son passage à Ténez, Hamid-el-Abdi, qui y régnait encore, lui donna deux mille cavaliers Arabes. L'armée arriva rapidement à Tlemcen sans avoir rencontré aucune résistance ; car le Roi, averti de ce qui se passait, avait emporté à la hâte ses effets les plus précieux et s'était enfui à Oran, accompagné de quelques amis. Hassan mit son protégé sur le trône, et reçut de lui une grosse somme, qui provenait en partie des dons de ses partisans et en partie de contributions frappées sur les autres ; après un court séjour, l'armée s'en retourna à Alger (3). Le nouveau Roi ne goûta pas longtemps les délices du pouvoir ; avant qu'un an ne se fût écoulé, le Comte d'Alcaudete, à la tête de troupes qu'il fit venir d'Es-

---

(1) Il se nommait Abdallah, fils de Muley Abdallah et d'une fille de Ben Redouan, Cheikh des Beni-Amer.

(2) D'après Marmol, ce ne serait pas un autre frère cadet, mais bien Ahmed lui-même. Nous n'avons rien trouvé qui pût faire pencher la balance d'un côté ou de l'autre.

(3) Marmol dit, au contraire, qu'Ahmed avait été rappelé volontairement par les Tlemcéniens, et que Hassan, qui était sorti d'Alger pour lui porter secours, n'alla pas plus loin qu'Agobel, lorsqu'il eut appris que le Comte d'Alcaudete marchait contre lui. Mais il y a évidemment confusion, puisque le même historien dit, un peu plus loin, qu'*Ahmed demeura Roi de Tlemcen et y régna paisiblement jusqu'à sa mort*, ce qui ne serait pas arrivé si les Espagnols eussent été vainqueurs.

pagne, rétablit dans Tlemcen celui qui s'était réfugié à Oran, et força l'autre à s'enfuir à Fez, comme l'avait fait naguère son frère aîné.

§ 2.

En 1548 (1), les habitants de Tlemcen, qui continuaient à être toujours en discorde entre eux et avec leur souverain, s'adressèrent de nouveau à Hassan, lui offrant de le reconnaître pour Roi s'il voulait accepter le trône, et, s'il n'en voulait pas pour lui-même, de recevoir celui qu'il leur désignerait. Ces offres déterminèrent Hassan à partir pour Tlemcen avec trois mille Turcs et Renégats armés de mousquets, mille spahis à cheval et deux mille Mores que le Roi de Ténez lui fournit, comme il l'avait fait en 1545; il envoya par mer à Ténez huit canons, avec une bonne provision de poudre et de munitions. Comme il arrivait à la rivière de Siga, qui est à quatre lieues d'Oran, sur la route même de Tlemcen, il rencontra le Comte d'Alcaudete qui l'attendait là avec six mille mousquetaires, accompagné du Roi de Tlemcen, son allié, qui avait amené avec lui six mille cavaliers. Le Pacha, prévenu de la proximité de l'ennemi, qui lui barrait la route, fit faire halte pour laisser reposer son monde; il avait l'intention de livrer bataille le lendemain matin, et, à en juger par la bravoure des deux armées et par l'animation qui y régnait, l'affaire eût été rude et sanglante. Mais, au milieu de la nuit, arriva en grande hâte un gentilhomme français, nommé Monsieur de Lanis (2), que

---

(1) Tout ce qui est rapporté dans ce chapitre doit être mis à la date 1547 ; c'est l'explication du récit de Marmol qui fait l'objet de la note précédente. Nous n'insisterons pas sur la puérilité des raisons alléguées pour justifier la retraite d'Hassan ; c'était sans doute une tradition restée chez les janissaires, que Haëdo aura recueillie et transcrite telle quelle, ce qu'il fait assez souvent.

(2) Il est très certain que, même avant cette époque, les Pachas

le Roi de France avait envoyé avec deux galères pour apprendre à Hassan la mort de son père et lui en faire des compliments de condoléance. En recevant cet ambassadeur et les lettres du Roi de France qu'il apportait, le Pacha d'Alger fut saisi d'une extrême douleur, comme le comportait la mort d'un tel père ; sa tristesse fut partagée par toute l'armée, dont la plus grande partie, et principalement les officiers, avaient servi sous les ordres de Barberousse. Le lendemain matin, Hassan entra en pourparlers avec le général Espagnol, et il fut convenu que le Roi installé à Tlemcen par l'Espagne y resterait ; qu'il pourrait se déclarer vassal de l'Empereur sans qu'il lui fût fait de querelles à ce sujet, et ils se quittèrent en amis. Deux jours après la conclusion de ce traité, Hassan reprit la route d'Alger, pleurant amèrement la mort de Barberousse, vêtu de noir et monté sur un cheval de même couleur. En passant à Ténez, il y laissa son artillerie et ses munitions, qui furent ramenées par mer à Alger.

§ 3.

En 1550, les habitants de Tlemcen, toujours turbulents et en révolte, écrivirent au Chérif, Roi de Fez et de Maroc, nommé Abd-el-Kader, pour le prier de leur envoyer ce frère de leur Roi, qu'Hassan avait jadis installé à Tlemcen, et qui en avait été expulsé par le Comte d'Alcaudete. Ils disaient qu'ils le voulaient pour Souverain, et qu'ils allaient chasser celui qui régnait actuellement,

---

d'Alger avaient reçu des envoyés du Roi de France : Kheïr-ed-Din avait vu venir, à diverses reprises auprès de lui le célèbre Paulin de La Garde, Jean de la Forest, etc. En tous cas, il y a ici erreur de date ; car Kheïr-ed-Din était mort en 1546. Le nom de Lanis nous est inconnu ; nous croyons qu'il faut y substituer d'Albisse. Le chevalier d'Albisse remplit en effet, à cette époque, plusieurs missions royales auprès des Pachas d'Alger. (Voir les *Négociations de la France dans le Levant*, T. II, p. 204, 261, etc.)

parce qu'il était ami des Chrétiens et oppresseur des Musulmans, qu'il surchargeait d'impôts pour payer le tribut au Roi d'Espagne. Le Chérif, moins désireux de leur complaire que d'ajouter un Royaume à ceux de Fez, Maroc et Tarudant qu'il possédait déjà, rassembla immédiatement une armée de douze mille cavaliers et de dix mille fantassins; parmi ces derniers on remarquait un corps de cinq mille Renégats armés de mousquets, de ceux qu'on appelle *Aluches* à Fez, et qu'on nomme par corruption *Elches* en Espagne. Il donna le commandement de ces troupes à son fils aîné, son héritier; lui adjoignit un fils plus jeune nommé Muley-Abdallah, et ce frère du Roi de Tlemcen que les habitants demandaient. Cette armée se mit en marche et s'empara de Tlemcen, dont le Souverain, n'étant pas assez fort pour se défendre, s'enfuit à Oran. Le Général Marocain donna le commandement de la ville conquise à son frère Muley-Abdallah, ne se souciant pas de remettre sur le trône le frère de l'ancien Roi, auquel il persuada traîtreusement de l'accompagner, en lui disant que son intention était de conquérir le Royaume d'Alger, et, qu'au retour, il lui rendrait son trône. Il laissa donc quelques troupes à son frère et pénétra dans le pays des Beni-Amor, montagnes voisines d'Oran; ces tribus peuvent mettre douze mille cavaliers sous les armes. Elles n'osèrent pas attendre l'armée Marocaine, et se retirèrent avec leurs troupeaux, leurs chameaux, et leurs biens jusque sous le canon de Mostaganem, à douze lieues à l'est d'Oran. Le fils du Roi de Fez (1), trouvant le pays abandonné, hésitait à pour-

---

(1) Il y avait eu entente préalable entre le Chérif et Hassan-Pacha. Après avoir installé le nouveau Roi à Tlemcen, l'armée marocaine devait marcher sur Oran, où elle eût fait sa jonction avec les Algériens. De là, après la prise d'Oran et de Mers-El-Kébir, on devait tenter un débarquement en Espagne. (Voir la lettre de Marillac à Henri II, du 29 juillet 1550.) (*Ribier*, t. II, p. 282.) L'ambition du Chérif, qui voulait garder pour lui le Royaume de Tlemcen, fit avorter cette combinaison, et ce fut alors qu'Hassan, furieux de cette trahison, marcha contre lui, et anéantit son armée.

suivre ces tribus, sur lesquelles il espérait faire un grand butin, ou à se porter sur Oran, dont la prise lui eût fait un grand honneur. Cette dernière tentative lui ayant paru trop périlleuse, il se décida à poursuivre les Mores, et il était presque en vue de Mostaganem, lorsqu'il apprit que les Turcs d'Alger marchaient contre lui. En effet, Hassan-Pacha, qui avait été informé que le Général Marocain gagnait chaque jour du terrain, avait rassemblé une armée de cinq mille mousquetaires, mille spahis et dix canons ; et, restant lui-même à Alger pour défendre le pays si les choses tournaient mal, il avait confié le commandement à trois principaux Caïds : le Turc Saffa, Hassan Corso, renégat corse, et Ali Sardo, renégat sarde. Il leur avait donné l'ordre de se réunir sous Mostaganem aux tribus des Beni-Amor, avant de livrer bataille au Prince de Fez ; après leur jonction, ils devaient attaquer l'ennemi ; ils se conformèrent aux ordres reçus. Donc, au moment où le Prince de Fez arrivait en vue de Mostaganem, il aperçut les Algériens, qui en étaient aussi rapprochés que lui. Il reconnut alors qu'il allait être forcé de combattre à la fois les Turcs et les Mores, dont la réunion serait opérée dans quelques heures, et il se décida à battre en retraite. Il commença tout de suite son mouvement, chassant devant lui un nombre infini de bétail et de chameaux, qu'il avait pillé de tous côtés. Mais les Turcs et les Beni-Amor se mirent à sa poursuite et le menèrent si vivement qu'ils l'atteignirent à huit lieues en avant de Tlemcen, sur la rivière Huexda, à l'endroit même où en 1518 le Marquis de Comarès avait battu et tué Aroudj (1). Le combat s'engagea furieuse-

---

(1) Nous engageons tous ceux qui, sur la foi de M. Berbrugger, croient encore qu'Aroudj fut tué près d'Ouchda, à fixer leur attention sur ce passage, qui démontre clairement que le premier des Barberousses trouva la mort entre Mostaganem et Tlemcen. Il faut compter, comme nous l'avons déjà fait observer, les lieues d'Haëdo comme égales à 8 ou 10 kilomètres, ce qui nous amène au gué du Rio-Salado.

ment, et dura de longues heures avec une grande effusion de sang et des pertes cruelles. Car, si les Turcs et les Renégats d'Alger sont braves, les Elches de Fez ne le sont pas moins, et les deux troupes étaient armées de mousquets; enfin, la cavalerie Marocaine ayant été rompue et mise en fuite par les Beni-Amor, les Elches furent forcés de plier à leur tour. Ils furent poursuivis l'épée dans les reins, et perdirent beaucoup de monde; le Prince de Fez et le prétendant de Tlemcen furent au nombre des morts. Quoique cette victoire eût décimé les Turcs et les Renégats, ils marchèrent en avant avec les Beni-Amor, et entrèrent sans résistance à Tlemcen, portant au bout d'une lance la tête du Prince de Fez. Son frère cadet Muley-Abdallah s'était enfui aux premières nouvelles, et avait été raconter ce triste dénouement à son père, auquel il succéda plus tard. La cité souffrit tout ce que peut souffrir une ville mise à sac, elle fut pillée à fond par toute l'armée, mais principalement par les Janissaires; la vie de la population fut épargnée; mais tout ce qui avait une valeur quelconque fut enlevé de force aux habitants. Les trois Caïds, ayant tenu conseil avec les principaux de l'armée, résolurent de ne pas abandonner la ville et d'y installer une garnison. Le Caïd Saffa fut désigné par le sort et devint le premier Gouverneur Turc de Tlemcen. Les deux autres lui laissèrent une troupe de quinze cents Ioldachs, ainsi que les dix canons, avec beaucoup de projectiles et de munitions; peu de jours après, ils reprirent le chemin d'Alger, victorieux et chargés de butin, emportant la tête du fils du Roi de Fez; les Beni-Amor retournèrent à leurs montagnes. L'armée fut bien reçue et festoyée par Hassan, qui, en souvenir d'une si mémorable victoire, fit mettre la tête du Prince dans une cage de fer, au-dessus de la porte Bab-Azoun (1). Elle y resta jusqu'en 1573, époque à

---

(1) Marmol, qui n'a connu tous ces faits que très inexactement, les reporte à une date plus éloignée, sous le pachalik de Sala-Reïs;

laquelle le Roi d'Alger Arab-Ahmed fit reconstruire la porte et le rempart, et disparaître ce trophée.

§ 4.

En cette même année, Hassan construisit une tour au lieu même où l'Empereur Charles-Quint avait dressé sa tente, lors de son entreprise contre Alger (1); c'est une petite montagne distante d'un millier de pas de la Casbah. Cette fortification ne fut pas d'abord très importante ; mais, plus tard, le Renégat Vénitien Hassan, étant devenu Roi d'Alger, l'augmenta beaucoup pendant les années 1579 et 1580 ; il fit construire autour de l'ancien fort de nouveaux boulevards et bastions, comme nous l'avons raconté ailleurs (2). Hassan-Pacha commença, cette même année, un autre édifice ; ce fut un hôpital destiné à recevoir les janissaires pauvres ou infirmes ; ce bâtiment n'est pas très important. Il en fit encore un troisième, d'une très grande beauté, qu'il acheva en 1550 ; c'est un bain somptueux, orné de marbres, qu'on appelle encore aujourd'hui le Bain d'Hassan, et où un grand nombre de gens prennent, à toute heure, des bains chauds, suivant l'usage des Mores et des Turcs. Hassan imita en cela son père Kheïr-ed-Din, qui avait

---

mais la lettre de Marillac (déjà cit.), donne raison à Haëdo, aussi bien que celle adressée au Roi par M. d'Aramon, le 13 décembre 1550. (*Négociations de la France dans le Levant*, t. II, p. 130.) Cette lettre engage le Roi à rompre toute relation avec le Chérif, afin de calmer les soupçons de la Porte et du *Roi d'Alger*, dont le Chérif est devenu l'ennemi. (Voir encore la lettre du 18 décembre 1550, de M. de Selve à Henri II, loc. cit.).

(1) C'est l'ouvrage qui prit depuis le nom de Fort l'Empereur, par suite d'une tradition erronée répandue parmi les esclaves Chrétiens, qui croyaient que le fort avait été construit par Charles-Quint. Le fait est matériellement impossible, puisque ce souverain ne séjourna pas même vingt-quatre heures sur cet emplacement, et dut battre en retraite le lendemain du jour où il y avait dressé sa tente.

(2) Dans la *Topografia*, chap. IX.

bâti un bain semblable à Constantinople; en quittant le gouvernement d'Alger, il le légua à ses successeurs, qui jouissent du revenu qu'il rapporte.

§ 5.

En l'année suivante, 1551, Hassan quitta le Royaume d'Alger pour les raisons suivantes : depuis la mort de Kheïr-ed-Din, un des trois Pachas suprêmes du Grand Divan, nommé Rostan, qui avait épousé une des filles préférées du Sultan, désirait s'emparer du bain magnifique que Barberousse avait fait construire à Constantinople, et dont le gros revenu excitait sa cupidité. Il avait parlé de son dessein au majordome d'Hassan, nommé Djafer, qui avait été envoyé d'Alger à Constantinople par son maître, aussitôt que celui-ci avait eu connaissance de la mort de son père. Djafer avait averti Hassan de ce qui se passait, et celui-ci était peu satisfait de se voir frustré à la fois d'une grosse rente et d'un édifice que son père avait construit pour éterniser sa mémoire. Sur ces entrefaites, le majordome lui écrivit de nouveau pour le prévenir que Rostan-Pacha se montrait fort irrité de ce qu'on ne lui eût pas encore offert l'objet de ses désirs; que sa puissance et la faveur de son beau-père le rendaient très dangereux, et qu'il le menaçait, non-seulement de s'emparer du bain, mais encore de lui enlever le gouvernement d'Alger. Cette nouvelle donna des inquiétudes à Hassan, qui partit tout de suite pour Constantinople (1) avec six galères, afin de chercher à apaiser

---

(1) Il est bien possible que la cupidité de Rostan ait été pour quelque chose dans la disgrâce d'Hassan ; mais sa chute fut due en très grande partie aux sollicitations de notre ambassadeur, qui s'était aperçu de l'hostilité du Pacha d'Alger pour la France. Dans la lettre que M. d'Aramon adresse au Roi, à la date du 20 janvier 1552, on remarque le passage suivant : « Suyvant le prénostic que j'ay faict
» par cy-devant du Roy d'Alger, ce Grand Seigneur le congnoissant

la colère de Rostan. Son départ eut lieu le 22 septembre 1551 ; il avait gouverné le Royaume d'Alger pendant sept ans de suite, en toute paix et toute justice. Il avait vingt-huit ans à son arrivée et trente-cinq quand il partit. Je raconterai en son temps et lieu ce qui advint pendant deux autres règnes à Alger.

» tel que je l'ay autrefois deppainct, l'a démis dudit èstat et remis à
» deux escus par jour pour son vivre, etc. » *(Négociations de la France dans le Levant*, t. II, p. 181.)

CHAPITRE VI

Caïd Saffa, sixième Roi (1)

§ 1.

Hassan espérait revenir bientôt, ce en quoi il se trompait; car, malgré le don de son bain, il ne put calmer la haine que Rostan-Pacha lui portait. Voulant laisser à sa place un homme qui, par sa prudence et sa justice, pût administrer convenablement le Royaume, il avait fait choix du Caïd Saffa, qui était de retour de Tlemcen, dont il avait été nommé Gouverneur (comme nous l'avons dit) au moment où les Turcs s'en étaient emparés. Ce Caïd avait donné des preuves de son expérience, de sa prudence et de son courage dans cette guerre et dans d'autres occasions, et s'était fait aimer de tout le monde; aussi, ce choix fut-il généralement approuvé. Il était Turc, d'une famille de pauvres paysans, laboureurs en Anatolie; il était venu à Alger, plusieurs années auparavant, avec d'autres Chacals de Turquie (2), pour chercher aventure, et avait si bien réussi qu'il était parvenu à la position qu'il occupait aujourd'hui. On ne lui donna pas le titre de Roi, ni de Pacha, mais celui de Khalifa, ce qui signifie Lieutenant du Roi. Il gouverna tranquillement et sagement, et de son temps, il n'arriva rien qui le contraignît à ordonner des châtiments et des exécutions, comme cela arrive si souvent. Il exerça sa charge pendant sept mois, depuis la fin de septembre

---

(1) Il n'y a pas le mot *Roi* dans le texte ; il y a simplement : *sixième*.

(2) Sic.

1551 jusqu'au mois d'avril 1552, époque où un nouveau Roi arriva à Alger. Pendant ce temps, il fit élever, pour la défense du port, un grand et beau bastion, qu'on voit aujourd'hui sur la porte Babazira (1), qui va à la Marine ; c'est l'ouvrage le meilleur et le plus fort d'Alger. Il y eut dans son temps une terrible famine ; mais il mit tant de soin à approvisionner la ville, qu'au moment même où on mourait de faim dans tout le pays, les Algériens vécurent dans l'abondance. Il mourut plus de dix ans après, étant devenu Caïd de Ténez, après la mort du vieil Hamid-el-Abdi ; les Turcs avaient toujours vécu en bonne amitié avec ce Prince, conformément au traité consenti par Kheïr-ed-Din, qui l'avait remis sur le trône ; mais, après sa mort, ils s'emparèrent de son Royaume. Saffa mourut en 1561, à l'âge de cinquante et un ans ; il était très robuste, de petite taille, gras, brun et très barbu ; il ne laissa pas d'enfant, mais un frère cadet, nommé Caïd-Daut (2), qu'il avait emmené tout enfant de Turquie, et qui fut le plus riche et le plus renommé des Caïds de son temps. Il fut enterré en dehors de la porte Bab-el-Oued, près de la mer, dans une petite kouba carrée et basse, portée par quatre piliers de briques.

---

(1) Bab-el-Djezira.
(2) C'est le Caïd Daoud, dont il est parlé plus haut.

CHAPITRE VII

Sala-Pacha, septième Roi

§ 1.

Rostan-Pacha, voulant empêcher Hassan, fils de Barberousse, de se faire rendre le gouvernement d'Alger, fit nommer à sa place le célèbre corsaire Sala-Reïs, qui avait été longtemps le compagnon de Kheïr-ed-Din, et dont nous avons parlé en racontant la vie de celui-ci (1). Il était More, natif d'Alexandrie, et avait été élevé tout jeune parmi les Turcs, au temps où le Sultan Sélim conquit l'Égypte, en battant les Mameluks et en détruisant leur puissance. Il passa plus tard en Turquie et de là en Barbarie, où il se mit, avec beaucoup d'autres corsaires, sous les ordres de Barberousse, duquel il se fit aimer et estimer par le courage qu'il montra en toute occasion. Aussi, en 1535, lorsque Kheïr-ed-Din partit pour Constantinople, il désigna Sala-Reïs pour être du nombre de ceux qui l'accompagnèrent ; lorsque le Sultan lui eut donné le commandement de sa flotte, il l'employa dans toutes les occasions importantes des guerres maritimes, ayant reconnu en lui un homme pratique et intelligent. Enfin, lorsque, en 1543, Barberousse voulut envoyer quelques-unes de ses galères ravager les provinces Impériales, il le fit partir de Toulon pour l'Espagne à la tête de vingt-deux bâtiments, avec lesquels il détruisit

---

(1) Sala-Reïs avait succédé à Barberousse comme Capitan-Pacha. (Voir *Négociations de la France dans le Levant*, t. 1, p. 624.) D'après la lettre de M. d'Aramon, que nous citons un peu plus haut, il avait toujours manifesté une grande sympathie pour la France, et s'était rendu utile à notre ambassadeur en plusieurs occasions.

Rosas et Palamos. A son retour en Turquie, il reçut la charge de Timonier du Sultan, c'est-à-dire qu'il eut le commandement de la galiote que monte ce Souverain quand il va se promener en mer; cette charge ne se donne qu'à des personnages principaux, de ceux qui sont le plus aimés, et dans lesquels on a le plus de confiance. Aussi, lorsque Rostan-Pacha le proposa pour le gouvernement d'Alger, afin d'empêcher Hassan d'y retourner, le Sultan accorda volontiers cette charge à un homme qui l'avait si bien servi et qu'il savait en être digne. Sala-Reïs arriva à Alger à la fin d'avril 1552, à la tête de dix galères. Dans cette même année, le Roi de Tuggurt, More dont les États se trouvent à vingt-une journées de marche d'Alger et à cinq de Biskara, aux confins du Sahara et de la terre des Nègres, à cent cinquante petites lieues d'Alger, se révolta et refusa de payer le tribut habituel. Sala-Reïs marcha contre lui au commencement d'octobre, avec trois mille Turcs et Renégats armés de mousquets, mille cavaliers et deux canons seulement, sans dire où il se dirigeait, afin de prendre l'ennemi à l'improviste. Il arriva ainsi avec son armée tout près de Tuggurt, avant que le Roi eût été avisé de sa marche. Celui-ci n'osa pas sortir en rase campagne, ni livrer bataille; il suivit le conseil de son tuteur (1) (ce Prince était encore un tout jeune homme) et s'enferma dans sa capitale, qui était fortifiée, dans l'espoir que ses sujets et les Arabes ses voisins et alliés, tous grands ennemis des Turcs, viendraient le délivrer. Sala-Reïs ouvrit le feu sur la place avec ses deux canons; il le continua trois jours de suite; le quatrième, il donna l'assaut et s'empara de la ville, après avoir fait un grand massacre de Mores. Le Roi lui-même fut pris et conduit devant le vainqueur, qui lui demanda comment il avait été assez

---

(1) Le mot espagnol est *ayo*, qui signifie précepteur ou *gouverneur*; mais j'ai pensé que le mot *tuteur* rendait bien mieux le sens de la phrase.

hardi pour se révolter et combattre contre la bannière du Sultan. Le jeune homme rejeta la faute sur son tuteur, qui le dominait et le forçait d'accomplir sa volonté, parce que c'était lui qui avait la puissance effective. Sala-Reïs fit amener ce More devant lui, reconnut que ce qu'on venait de lui dire était vrai ; que c'était bien lui qui avait excité la rébellion, et apprit qu'il avait même osé dire qu'il était aussi méritoire devant Dieu de tuer un Turc qu'un Chrétien. Il lui fit aussitôt lier les pieds et les mains, et donna l'ordre de l'attacher à la bouche d'un canon dont la décharge le mit en pièces. Il fit vendre à l'encan douze mille habitants de tout âge et de tout état, saccagea le pays, rasa les fortifications, et emmena captif le Roi, âgé de quatorze ans. Il s'avança ensuite à quatre journées plus loin, pour prendre ou tuer le Roi de Ouargla (pays où les dattiers abondent) qui avait aussi refusé l'impôt. Mais ce Roi s'était enfui avec quatre mille cavaliers, et les Turcs ne trouvèrent que quarante Nègres, qui étaient venus (suivant leur habitude) pour vendre des esclaves ; ils n'avaient pas pu, bien malgré eux, s'enfuir avant l'arrivée des Turcs ; ils étaient fort riches et se rachetèrent pour deux cent mille écus d'or, moyennant quoi le Pacha les laissa aller en paix. Il donna dix jours de repos à son armée, et pendant ce temps il apprit que le Roi de Ouargla se trouvait à sept jours de marche (c'est-à-dire à cinquante lieues), dans une ville nommée Alcala, très voisine de la terre des Nègres. Il lui fit dire de revenir et s'engagea à ne lui faire aucun mal, à la condition toutefois qu'il payerait dorénavant le tribut. Cela fait, il reprit la route d'Alger ; le Roi de Ouargla rentra dans ses États et, craignant de voir revenir les Turcs (malgré la distance qui les sépare), il paya dorénavant le tribut, et ses successeurs l'ont imité jusqu'aujourd'hui et envoient à Alger trente Nègres tous les ans. En s'en retournant, Sala-Reïs remit sur le trône le jeune Roi de Tuggurt, en lui faisant jurer, ainsi qu'aux principaux des Mores auxquels il rendit la liberté, d'être fidèles aux Turcs et de payer un tribut annuel de quinze Négresses, ce qu'ils font encore aujourd'hui (1).

§ 2.

Pendant tout l'hiver, Sala-Reïs s'occupa à armer le plus de navires qu'il put; au commencement de juin 1553, il sortit d'Alger avec quarante galères, galiotes ou brigantins, arriva à Mayorque en trois jours et y débarqua une partie de son monde pour piller l'île et faire des captifs dans la campagne; mais des cavaliers et des arquebusiers sortis de la ville de Mayorque, fondirent bravement sur les Turcs, et, sans éprouver eux-mêmes de grosses pertes, leur tuèrent cinq cents hommes; parmi les morts, se trouva Yusuf-Reïs, Renégat très chéri du Grand-Amiral, qui était alors Acha-Auli (2); les Turcs vaincus furent obligés de se rembarquer. Sala, voyant qu'il était découvert et qu'il devenait inutile de chercher à ravager Mayorque, navigua à l'Ouest et longea les côtes d'Espagne sans pouvoir y faire grand mal, parce que tous les riverains connaissaient sa sortie et la force de sa flotte. A la fin de juillet, il rencontra dans sa croisière cinq caravelles et un brigantin portugais; sur ces bâtiments, se trouvait Muley-Buazon le Borgne (3), Roi de Velez, qui, voulant s'emparer de Fez, avait été demander du secours à l'Espagne, et revenait avec cette flottille et trois cents hommes que le Roi Jean III de Portugal lui avait donnés pour l'escorter à Velez. Sala, ayant reconnu les navires Chrétiens, les fit entourer par sa flotte, et,

---

(1) M. Devoulx a trouvé aux Archives diverses pièces prouvant que cet impôt était encore payé dans les dernières années de l'existence de la Régence d'Alger.

(2) C'était *Piali* qui était alors Grand-Amiral; nous ne nous expliquons pas *Acha-Auli*.

(3) Le mot espagnol est *tuerto*, qui a la double acception de *borgne* et de *louche*.

comme il faisait calme plat, on commença à se canonner furieusement de part et d'autre, avec une continuelle fusillade. Les Turcs abordèrent plusieurs fois les Portugais, qui se défendirent très bravement pendant plus de trois heures ; enfin, ayant perdu beaucoup de monde, et tous les survivants étant blessés, ils furent écrasés par la multitude de Turcs qui formaient les équipages des quarante vaisseaux du Pacha, et furent faits prisonniers, ainsi que le Roi de Velez et quinze ou vingt Mores de sa suite. Sala se dirigea avec sa prise vers le Penon de Velez; le Caïd qui y commandait pour le Roi de Fez se nommait Moussa ; apprenant que le Roi d'Alger en personne commandait la flotte, soit par crainte du combat, soit qu'il voulût lui être agréable et changer de maître, il lui offrit de lui livrer cette forteresse inexpugnable et la ville dont il était gouverneur. Le Roi d'Alger le remercia de sa bonne volonté, mais n'accepta pas ses offres, et répondit qu'il était en paix avec le Chérif Roi de Fez, qu'il ne venait pas avec des desseins de guerre ni de conquêtes, et qu'au contraire, il offrait au Chérif les navires Chrétiens qu'il avait pris, avec toute leur artillerie et tous leurs agrès; et que, de plus, pour lui rendre service, il emmenait prisonnier à Alger son ennemi Muley-Buazon, qui avait été jusqu'en Chrétienté chercher un appui pour le déposséder de son trône. En échange de ces bons procédés, il ne demanda que la continuation de l'amitié du Roi de Fez, le priant de s'engager à ne jamais traverser les montagnes de Malohia, qui sont en face de Mélilla et séparent le Royaume de Tlemcen de celui de Fez (ce sont celles que les Espagnols appellent les Galans Chevaliers de Malohia) (1) et d'empêcher les Mores, ses sujets, de commettre des dégâts

---

(1) Voir Marmol, liv. V, cap. XVI Il est intéressant de remarquer que l'ancien fleuve Malvia était, d'un commun accord, reconnu comme limite entre le Maroc et la Régence d'Alger, comme il l'avait été, sous l'empire romain, entre la Tingitane et la Mauritanie Césarienne.

dans la province de Tlemcen, soumise aux Turcs. Sala chargea le Caïd Moussa d'informer immédiatement le Chérif de tout cela ; il laissa les caravelles avec l'artillerie, qui était de bronze, très bonne et en grande quantité; il cingla ensuite vers Alger. Trois mois ne s'étaient pas encore écoulés, qu'un bon nombre de pillards passa les montagnes et envahit la province de Tlemcen, soit avec le consentement du Chérif, soit malgré ses ordres. D'autres ont dit que cette invasion n'avait jamais eu lieu, mais que Buazon était parvenu à obtenir de Sala-Reïs qu'il l'aidât à s'emparer du Royaume de Fez, en lui offrant une grosse somme d'argent en échange de son appui; celui-ci accepta ces propositions et déclara la guerre au Chérif. Il s'y prépara pendant l'hiver de 1553 et partit d'Alger au commencement de janvier 1554, avec six mille mousquetaires et mille spahis; il fut rejoint en chemin par quatre mille cavaliers Mores, envoyés en partie par le Roi de Kouko, et en partie par d'autres chefs Arabes; il marcha sur Fez avec cette armée et douze canons, emmenant avec lui Muley-Buazon le Borgne. De plus, il avait incorporé dans son armée quatre-vingts Chrétiens choisis parmi ses captifs, vaillants soldats, auxquels il avait confié le service de son artillerie, en leur promettant la liberté, s'ils la lui amenaient en bon état jusqu'à Fez; plus tard, il leur tint parole. En outre, il envoya par mer vingt-deux galères ou galiotes, en leur donnant l'ordre de se rendre à un nouveau port situé à deux lieues de Mélilla et à trente de Fez (1) ; c'était une précaution qu'il prenait pour s'assurer une retraite, s'il venait à être battu. En arrivant à la ville de Tessa (2), qui se trouve à vingt lieues en avant de Fez, il y trouva le Chérif, qui l'attendait avec quarante mille cavaliers et autant de fantassins. Malgré la force de cette armée, Sala-Reïs engagea la bataille, parce qu'un grand nombre

---

(1) Cette désignation ne convient qu'à K'çaça (la Caçaça de Marmol).
(2) Teza.

de ceux des Caïds qui accompagnaient le Roi de Fez avaient fait prévenir Buazon que, le moment venu, ils se déclareraient pour lui. Ils tinrent parole et, dès le commencement de la bataille, quittèrent les rangs et passèrent aux Turcs, qu'ils aidèrent à attaquer le Roi ; l'armée du Chérif fut forcée de s'enfuir après avoir subi de grosses pertes. A la suite de cette victoire, Sala entra sans résistance à Tessa, où il mit une garnison de deux cents Turcs, commandée par le Caïd Hassan. Il poursuivit sa route et arriva à Fez la Neuve, où le Roi l'attendait avec son armée, qu'il avait ralliée et renforcée, voulant livrer une deuxième bataille. Le combat commença dans un cimetière qui se trouve contre les murs mêmes de Fez; l'armée Marocaine fut encore battue et repoussée dans la ville, et au moment où le Chérif s'enfuyait par celle des portes qui s'ouvre sur la route de Maroc, les Turcs entraient par l'autre dans Fez la Neuve, qu'ils saccagèrent en y faisant un énorme butin. Les Juifs, qui demeuraient dans un quartier séparé de la ville, se rachetèrent du pillage moyennant trois cent mille ducats qu'ils donnèrent au Roi d'Alger ; celui-ci fit pendre, à la porte même de la Juiverie, deux Turcs qui y étaient entrés pour piller, malgré cet arrangement. Cette prise eut lieu au mois de mars 1554; Sala-Reïs fit immédiatement reconnaître pour Roi Muley-Buazon, qui, en reconnaissance des services reçus, lui offrit trois cent mille metkals (1) d'or, à raison de trois mille metkals par jour depuis le départ d'Alger. Les Turcs et les soldats reçurent, non-seulement une paie libérale, mais encore de fortes gratifications ; les officiers eurent de riches présents et une grande quantité de chevaux, de chameaux et de mulets, qui leur servirent à regagner Alger et à y transporter le riche butin qu'ils avaient tous fait dans cette campagne. Sala-Reïs se conduisit avec une royale courtoisie ; la favorite du Chérif était tombée entre ses mains avec deux

---

(1) Le metkal d'or valait 5 fr. 20 de notre monnaie.

petites filles ; il les fit traiter avec les plus grands honneurs et les renvoya sous bonne escorte à l'ancien Roi, qui s'était réfugié à Maroc. Il resta encore un mois à Fez, où il s'occupa à régler les affaires du Royaume et à consolider la puissance de Buazon, en réconciliant avec lui beaucoup des principaux habitants et Caïds. Lorsqu'il pensa que la sécurité était assurée, il s'en retourna à Alger lentement et à petites journées ; il y arriva au commencement du mois d'août, après avoir séjourné quelque temps à Tlemcen, à Mostaganem, à Ténez et dans quelques autres villes, où il fit réparer les fortifications et régla toutes les affaires du gouvernement.

§ 3.

La nouvelle de la défaite du Chérif avait été connue peu de jours après au Penon de Velez, dont le Caïd redoutait la colère du nouveau Roi, auquel il avait toujours été hostile ; en conséquence, il s'enfuit, abandonnant cette position inexpugnable, qu'il eût pu facilement défendre contre Muley-Buazon, et même contre d'autres bien plus puissants que lui. Lorsque son départ eut été connu de la flotte que Sala-Reïs avait envoyée au Port-Neuf près de Mélilla, les Reïs ne perdirent pas une aussi bonne occasion ; ils partirent pour le Penon avec la flotte, le trouvèrent abandonné, et s'y installèrent. Sala était encore à Fez quand il reçut d'eux cette nouvelle ; il fit partir en toute hâte un Caïd Turc nommé Khader avec deux cents hommes, et lui donna l'ordre de se fortifier le mieux possible. Ces instructions furent exécutées, et le Penon resta au pouvoir des Turcs jusqu'à l'année 1564, où le Roi d'Espagne Philippe II s'en empara.

§ 4.

En 1555, Sala-Reïs s'empara de Bougie de la manière

suivante : il partit d'Alger au mois de juin, par la route de terre, emmenant avec lui trois mille Turcs ou Renégats armés de mousquets, et envoya par mer deux galères, une barque et une caravelle ou saëtie (1) française, qui se trouvait alors à Alger ; ces bâtiments transportaient douze canons de gros calibre, deux très gros pierriers, et beaucoup de munitions et de vivres. Il ne put pas réunir une armée plus forte, parce que, à ce même moment, le Prieur de Capoue, frère de Pierre Strozzi venait d'arriver à Alger avec vingt-quatre galères françaises, et des lettres du Sultan (2) ; ce Souverain invitait Sala-Reïs à fournir le plus de galiotes et de soldats qu'il pourrait, pour venir en aide au Roi de France Henri, qui soutenait à cette époque de grandes guerres contre le Roi Philippe II d'Espagne. En vertu de ces ordres, Sala-Reïs avait donné au Prieur vingt-deux galères ou galiotes bien munies d'hommes et d'artillerie. Dans sa marche sur Bougie, il réunit plus de trente mille Mores, cavaliers ou gens à pied, que lui envoyèrent le Roi de Kouko et d'autres Cheiks.

A la tête de cette armée, il vint mettre le siège devant Bougie. Un vendredi matin, il éleva deux batteries, l'une

---

(1) On appelait à cette époque *saëtie*, de petits bâtiments de transport, à faible tirant d'eau ; le mot est resté en usage dans la Méditerranée jusqu'au milieu du XVIIe siècle. Quant à l'emploi que fait le Pacha d'Alger d'un navire français, cela n'a rien qui doive étonner : au même moment, Dragut avait joint sa flotte à celle de Paulin de la Garde, et ils attaquaient ensemble la Corse, pour le compte du Roi de France.

(2) Dans les *Négociations de la France dans le Levant*, il n'est pas question de cette mission du Prieur de Capoue ; on y voit que le Chevalier d'Albisse fut envoyé à Alger, en 1553, pour y réclamer le concours de Dragut, qui se joignit à la flotte française, comme nous l'avons dit à la note précédente. (Voir le t. II des *Négociations*, p. 261, 270, 274, etc.) — Strozzi était à la vérité venu en 1552 avec une vingtaine de bâtiments croiser sur les côtes barbaresques, mais en belligérant, et il avait subi en Tunisie un échec assez grave, s'étant laissé surprendre par Morat-Agha, qui lui tua beaucoup de monde. (Loc. cit. p. 234.)

en haut de la côte qui domine la ville ; elle était armée de six canons et battait le Château Impérial, que Charles-Quint avait fait élever naguère en avant des remparts ; elle était commandée par un Renégat Grec nommé Caïd Yusuf. Il prit lui-même le commandement de la seconde batterie qui tirait sur le Vergelette, château-fort situé à l'entrée du port ; elle était armée de six gros canons et des deux pierriers dont nous avons parlé ; son feu se dirigeait contre un gros galion qui venait d'arriver d'Espagne avec des munitions et de l'argent pour la solde des troupes. En peu de temps ce galion fut coulé à fond ; le huitième jour les défenses du Vergelette étaient ruinées, la plus grande partie des cent hommes de la garnison étaient tués, et le reste fut forcé de rentrer dans la ville. Le quatorzième jour, les remparts du Château Impérial s'écroulaient sous le terrible feu des Turcs (1), qui avait fait périr la plupart des assiégés ; ceux qui restaient vivants, se trouvant entièrement à découvert, furent forcés d'abandonner la position et de rentrer dans la ville. Sala-Reïs, se voyant maître de ces forts, considéra la place comme prise et envoya un parlementaire au Capitaine-Général, Don Alonzo de Péralta, illustre Chevalier Espagnol, pour lui dire qu'il devait voir combien la défense était devenue impossible après la perte des deux forteresses, et avec des remparts vieux et ruinés, comme l'étaient ceux qui entouraient la place ; que, cependant, s'il voulait le laisser entrer sans combat, il lui accorderait une capitulation honorable. Après de nombreux pourparlers, Don Alonzo, ne voyant pas autre chose à faire, traita sur les bases suivantes : il se

---

(1) D'après la lettre adressée par Peralta lui-même à la Princesse Jeanne de Portugal, régente d'Espagne, le Château Impérial fut rasé en un jour et demi *par l'artillerie épouvantable de ce chien de Roi d'Alger* Le Château de la Mer ne tint guère plus, et la Casbah s'écroula au bout de six jours de feu : *il semblait qu'elle n'avait jamais eu de murailles ; les cavaliers eux-mêmes auraient pu monter par la brèche*. (Documents espagnols, *Revue africaine* 1877, p. 279 et suiv.).

réservait de choisir quarante personnes dans la garnison, et de s'embarquer avec elles pour l'Espagne dans la caravelle française, à laquelle le vainqueur devait fournir tout le nécessaire pour le voyage. L'accord se fit sur ces bases (1) et coûta bien cher à Don Alonzo, auquel le Roi d'Espagne fit couper la tête pour s'être rendu. Sala-Reïs entra dans la ville; il y avait quarante ans (2) que le Comte Pedro Navarro l'avait prise aux Mores, en 1510. Pour que les Turcs ne se débandassent pas, il fit défendre sous peine de mort d'entrer dans Bougie sans son ordre exprès. Il put ainsi recueillir tout le butin qui s'y trouvait, et ce fut une riche prise; on fit captifs quatre cents hommes, cent vingt femmes, et une centaine d'enfants. On retira douze mille écus en réaux qui étaient embarillés dans le galion qui avait été coulé à fond. Le Pacha distribua une grande partie du butin et des captifs à ses Turcs et à quelques-uns des Mores; il laissa comme Caïd un Renégat Sarde nommé Ali-Sardo avec quatre cents hommes de garnison, s'en retourna par terre à Alger, et y envoya par mer les deux galères et le galion qu'il avait fait renflouer; ces bâtiments transportèrent les captifs et les prises. Toute cette expédition fut accomplie en deux mois.

§ 5.

Au commencement du mois de septembre de la même

---

(1) Ce n'est pas exact : Peralta avait stipulé que la garnison serait rapatriée avec armes et bagages, et que les habitants pourraient emporter avec eux leurs biens mobiliers; Sala-Reïs viola le traité. En fin de compte, le Gouverneur de Bougie fut victime de l'incurie de son Gouvernement : il n'avait ni vivres, ni munitions, et depuis longtemps, il appelait en vain l'attention du Conseil Royal sur le délabrement des remparts de la ville. Ajoutons qu'il ne se rendit qu'à bout de munitions, et après avoir soutenu trois assauts sur brèche ouverte. (Loc. cit. p. 282.)

(2) Quarante-cinq ans, d'après les chiffres mêmes de l'auteur.

année, il envoya un riche présent au Sultan, avec le récit de la prise de Bougie. Il lui demanda de lui accorder pour l'année suivante une armée qu'il joindrait à ses propres forces ; il promettait de s'emparer d'Oran et de Mers-el-Kébir et de chasser les Chrétiens de cette partie de la Barbarie. Il chargea de cette mission, pour être sûr qu'elle serait accomplie avec zèle, son fils Mohammed, qui devint plus tard Roi d'Alger. Les présents et le projet plurent beaucoup au Sultan, qui donna l'ordre d'armer quarante galères montées de six mille Turcs, et de se tenir prêts à se rendre à Alger au commencement du printemps prochain. Dans l'intervalle, Sala-Reïs s'occupa activement et fort en secret d'amasser des munitions de guerre et de mettre en état tous les vaisseaux qu'il possédait. Au mois de mai 1556, les quarante galères Turques partirent de Constantinople et arrivèrent à Bougie au mois de juin (1). Sala-Reïs, qui était déjà averti de leur départ, avait tellement bien fait ses préparatifs, qu'au moment même où il fut avisé de leur arrivée, il s'embarqua et partit d'Alger avec trente galères ou galiotes. Il avait pour cela deux raisons : premièrement, il régnait en ce moment dans la ville une peste très violente, qui aurait pu se communiquer à l'armée du Sultan, si elle y était venue ; deuxièmement, il désirait marcher sur Oran, avant qu'on y eût appris l'arrivée de la flotte Turque. En conséquence, après avoir fait embarquer à la hâte quatre mille Turcs sur ses trente vaisseaux, il se dirigea sur Matifou, cap situé à douze milles à l'est d'Alger ; il s'y trouve un port, qui, quoique petit, peut servir d'abri aux vaisseaux ; c'est là qu'il voulait attendre la flotte Turque, et se rendre ensuite directement à Oran, sans s'arrêter à Alger. Il y était à peine arrivé qu'il fut violemment attaqué de la peste, grâce à

---

(1) Une lettre de M. de Colignac, datée de Constantinople, le 31 mai 1556, confirme cette partie du récit, et parle de l'envoi de la flotte Turque à Sala-Reïs. *(Négociations de la France dans le Levant*, t. II, p. 378.).

la bonté divine, qui délivra ainsi la ville d'Oran de l'attaque d'un tyran aussi cruel ; il mourut au bout de vingt-quatre heures, sans qu'aucun remède eût pu le sauver. Cet événement jeta une grande tristesse dans toute son armée, qui revint immédiatement à Alger. Sala-Reïs fut enterré dans un tombeau situé en dehors de la porte Bab-el-Oued, à l'emplacement des sépultures royales ; ce monument est celui qui est le plus rapproché de la mer ; il fut construit par son successeur, Hassan-Corso, qui était son Renégat (1); plus tard, son fils Mohammed-Pacha, devenu Roi d'Alger, constitua une rente pour y entretenir une lampe, et attacha à son service un More et un Chrétien, chargés de le tenir en bon état, et de l'orner de fleurs et de plantes ; ce sépulcre fut entouré d'un mur de trois *tapias* (2) de hauteur, qui se voit encore aujourd'hui. Mohammed-Pacha y fit élever plus tard une kouba très ornementée. Sala-Reïs avait soixante-dix ans au moment de sa mort, et avait la barbe entièrement blanche. Il était de taille moyenne, gros et brun ; il se montra toujours courageux, diligent et aventureux dans la guerre ; il ne laissa qu'un seul fils, qui fut le Mohammed dont nous avons parlé.

---

(1) On retrouvera souvent cette qualification, qui peut, au premier abord, paraître singulière, et demande une explication. Tous les Turcs riches avaient un favori, dans lequel ils mettaient toute leur confiance, à l'exclusion même de leur famille. C'était la plupart du temps un ancien esclave, qu'ils avaient acheté tout enfant, et qu'ils avaient élevé auprès d'eux après l'avoir fait circoncire. Cet affranchi prenait une place importante dans la maison, qu'il était généralement chargé d'administrer. Pour bien se rendre compte du rôle qu'il y jouait, il est nécessaire de se rappeler les affranchis de l'ancienne Rome Impériale.

(2) Le bloc de *Tapia* avait 1^{m}50 de hauteur.

CHAPITRE VIII

Hassan Corso

§ 1ᵉʳ.

Après la mort de Sala Reïs et le retour de l'armée Algérienne qui revint de Matifou en rapportant son corps, les Turcs et les Janissaires choisirent d'un commun accord pour Roi et Gouverneur, en attendant les ordres ultérieurs du Sultan, un Renégat Corse, familier et majordome du Pacha qui venait de mourir; il était très aimé de tous à cause de sa généreuse affabilité et se nommait Caïd Hassan. Sous le gouvernement de son prédécesseur, il avait exercé les fonctions de Beglierbey, ou Capitaine Général de l'armée, et avait donné bien des preuves de son courage et de sa prudence. Il se refusa d'abord obstinément à accepter la dignité qu'on lui offrait, et ne s'y décida, enfin, malgré lui, que sur les instances unanimes. Cependant, l'armée de Constantinople, ne sachant pas encore la mort de Sala Reïs, arriva à Alger, où elle apprit ce qui s'était passé; elle fut bien reçue par le nouveau roi Hassan; on discuta pour savoir si on s'en retournerait à Constantinople ou si on irait assiéger Oran. On se résolut à ce dernier parti, et on fit prévenir immédiatement le Sultan de la mort de Sala Reïs. Il lui fut dépêché une galiote, qui se donna tant de hâte, et qui eut un temps si favorable, qu'en un peu moins de vingt jours, elle fut de retour de Constantinople; trois jours après, toute l'armée partit pour Oran, avec une grande quantité d'artillerie, de munitions et de matériel, que Sala Reïs avait fait préparer naguère. Hassan fit route par terre avec six mille mousquetaires Turcs, et pendant sa marche, vit accroître ses forces d'environ mille cavaliers Mores et de trente mille fantassins que Sala Reïs avait fait prévenir de se tenir prêts. Il arriva avec cette troupe à Mostaganem, à douze lieues en avant d'Oran, et fit sa jonction avec les troupes et l'artillerie débarquées des navires; il y resta quelques jours pour mettre son armée en ordre, et marcha sur Oran avec douze mille Turcs, tant d'Alger que de Constantinople, les Mores dont nous avons parlé, et plus de trente pièces de canons de toutes sortes, parmi lesquels il y en avait de fort grands, très propres à battre en brèche. Arrivé à Oran, il campa devant la place, ouvrit des tranchées et commença à escarmoucher chaque jour avec la garnison (1). Il y avait à peine quelques jours que les Turcs avaient construit la batterie de brèche, qu'une galère arriva à Alger, avec la même hâte qu'avait mise celle qui avait apporté la nouvelle de la mort de Sala Reïs. Le Sultan faisait dire à Hassan Corso et à son armée que s'ils n'étaient pas encore en route pour Oran, ils ne partissent pas, et que s'ils y étaient, ils se retirassent ; il lui semblait que l'issue d'une semblable campagne devait être très incertaine. Celui qui apportait cet ordre était un Renégat Grec nommé Aluch Ali (qu'on nomme par corruption Ochali Scanderia) ; son arrivée fit peu de plaisir aux Turcs, qui espéraient prendre facilement la place où il n'y avait qu'une petite garnison ; néanmoins, n'osant désobéir au Sultan, ils levèrent le siège et retournèrent à Alger par mer et par terre.

§ 2.

Hassan Corso gouverna en paix jusqu'au commence-

---

(1) D'après Marmol (livre V, chap. XIX), les Turcs avaient déjà pris la Tour des Saints, et serraient la garnison de très près, lorsque le Sultan ordonna la levée du siège. Il avait besoin de ses galères pour les opposer à André Doria, qui ravageait l'Archipel et menaçait le Bosphore.

ment de septembre, au contentement et à la satisfaction de tout le monde ; car tous ceux qui l'ont connu, soit Turcs, soit Renégats, soit Chrétiens, affirment que c'était un homme très bon, doux, affable et libéral, nullement ennemi des Chrétiens ; il avait au contraire de l'attachement pour eux, tellement qu'il ne pouvait et ne savait le dissimuler. Au bout de quelques jours, on apprit qu'il était arrivé à Tripoli huit vaisseaux avec lesquels venait un Turc nommé Thecheoli (1), que le Sultan envoyait régner à Alger. Cette nouvelle mécontenta beaucoup toute la population qui était très satisfaite du gouvernement d'Hassan et de sa conduite. Les Janissaires et les principaux des Turcs convinrent (ce qui s'est vu bien rarement) de ne pas accepter le Roi nommé par le Sultan, de conserver le pouvoir à Hassan, et de prévenir la Porte de leur détermination. Cette résolution ayant obtenu l'assentiment général, les Janissaires firent prévenir les Caïds de Bougie et de Bône, que si le nouveau Roi entrait dans leurs ports avec ses vaisseaux, ils l'engageassent à s'en retourner en Turquie, attendu qu'ils ne voulaient pas d'autre Roi qu'Hassan Corso, et qu'ils en avaient avisé le Sultan ; et, que s'il ne voulait pas obéir, on canonnât ses navires. A la réception de cet ordre des Janissaires, au moment où le nouveau Roi arriva à Bône, le Caïd de cette ville, qui était un Renégat Grec nommé Mustapha, lui communiqua les instructions qu'il avait reçues ; et, comme Techeoli insistait, il lui fit tirer quelques coups de canon ; en sorte que celui-ci fut forcé de partir. Continuant son chemin, il arriva à Bougie où un autre Renégat Sarde, nommé Caïd Ali Sardo (c'est celui que nous avons dit avoir été nommé par Sala Reïs, quand il prit Bougie l'année d'auparavant), lui fit savoir qu'il ne pouvait le recevoir ni dans la cité, ni dans le port, lui intima l'ordre de se retirer, et l'y força en lui tirant quel-

---

(1) La leçon généralement adoptée est *Tekelerli*. On trouve encore dans les actes indigènes ce nom écrit *Tekali*, *Tekerli*, etc.

ques coups de canon. Malgré tout cela, Techeoli continua à marcher en avant, espérant toujours être reçu à Alger. Il arriva à la fin de septembre, jeta l'ancre à Matifou, suivant l'habitude des vaisseaux qui viennent de Turquie avec des lettres ou des ordres du Sultan, et fit tirer le canon pour prévenir de son arrivée. La garnison de Matifou ne lui répondit pas, quoique l'habitude dans ce cas soit de répondre par un autre coup de canon. Thécheoli et sa suite furent très mécontents et confus de cette réception. Cependant, les corsaires d'Alger, qui étaient très nombreux, étaient fort mécontents de la détermination de la milice, parce que, comme ils ne recevaient des Rois d'Alger ni paie ni vivres, et qu'au contraire ce sont eux qui les enrichissent par les parts de prise qu'ils leur donnent, il leur est indifférent d'être gouvernés par un Roi ou par un autre. De plus, jusqu'à cette époque, la milice et les corsaires n'avaient jamais pu s'accorder, parce que les janissaires demandaient qu'on les laissât aller en course comme soldats sur les vaisseaux, et que les corsaires supportassent une partie de la corvée qu'ils faisaient en allant toute l'année percevoir le tribut dans l'intérieur du pays. Les Reïs s'y refusaient et ne voulaient pas que les janissaires participassent avec eux aux fructueux profits de la mer ; ils ne voulaient pas non plus s'occuper des devoirs et des labeurs de la guerre, encore qu'on leur offrît la paye et les privilèges des janissaires. Il en résultait que les corsaires faisaient alors un corps à part qui vivait fort en désaccord et en haine de la milice (1), et qu'ils n'étaient

---

(1) Haëdo, qui, pendant son séjour à Alger, avait pu voir de près les choses, nous décrit ici d'une façon tout à fait exacte les origines de la discorde qui sépara, pendant toute la durée de la Régence, les marins de la milice. Cette haine jalouse fut la véritable cause des troubles qui ensanglantèrent Alger pendant près de trois siècles et des changements de gouvernement qui y survinrent. En fin de compte, comme la ville n'eût pas pu vivre sans la course, ce fut le parti des Reis qui l'emporta et l'avènement des Deys ne fut autre chose que la consécration donnée à cette victoire.

pas du même avis que les janissaires en ce qui concernait le renvoi du Roi envoyé par le Sultan, et l'appui qu'on demandait à tous pour soutenir Hassan dans son gouvernement. Considérant avant tout que cette conduite déplairait beaucoup au Sultan, ils convinrent entre eux d'appuyer Thécheoli et de tromper la milice, et, pour y arriver, ils procédèrent de la manière suivante : ils persuadèrent aux janissaires qu'ils approuvaient leur dessein, affirmant qu'ils étaient prêts à les aider et à se réunir à eux. Cela fait, ils leur dirent que leurs galiotes et vaisseaux étant désarmés dans le port, ils craignaient que Thécheoli, furieux de n'être pas reçu, ne vînt pendant la nuit les brûler avec ses huit galères; ils les prièrent, en conséquence, de leur confier la défense du port, du môle et de la porte de la Marine, qu'ils garderaient avec leurs escopettes, tandis que la milice se chargerait de la sûreté du reste de la ville. Les janissaires, ne soupçonnant pas la trahison, se montrèrent satisfaits de cet arrangement. En outre, ils engagèrent les Reïs à requérir Thécheoli de s'éloigner et de cesser de mettre la discorde dans un pays qui était tranquille et content sous le gouvernement d'Hassan-Corso. Celui d'entre eux qui s'offrit pour cette mission fut le corsaire Xaloque (1), qui était alors capitaine de la mer et chef de tous les corsaires d'Alger. Loin d'être mécontents de cette offre, les Turcs ne virent dans ces conseils que ce qu'ils avaient eux-mêmes l'intention de faire, et dirent à Xaloque de se rendre à Matifou, où se trouvait alors Thécheoli. Le Reïs, dissimulant et ne se pressant pas d'armer la galiote et de s'embarquer, gagna du temps jusqu'à ce qu'il fut très tard et presque nuit ; il partit, feignant d'accomplir ce qui avait été convenu, et laissant ses ordres à cinq capitaines, qui étaient les chefs de la conspiration ; on les nommait : Mami-Reïs, Renégat Napolitain; Mami-Reïs, Renégat Corse; Chouali-

---

(1) Chelouk.

Reïs, Turc ; Mostafa-Reïs, Renégat Arnaute (1), et Yaya-Reïs, Turc, qui fut depuis Caïd du Penon de Velez. Il était déjà nuit quand Xaloque arriva à Matifou; il entra dans la galère de Thécheoli, qu'il prit à part, lui disant le plus grand mal des janissaires, et lui faisant connaître le grand désir qu'avaient tous les corsaires de le mettre en possession du Royaume d'Alger malgré la milice; il lui raconta par le menu les moyens qu'il voulait employer et lui développa amplement toutes les facilités qui seraient données. Thécheoli, enchanté de ces nouvelles, en fit part à quelques-uns des principaux Turcs qu'il avait amenés avec lui, et se résolut à tenter l'aventure ; sans plus attendre, il s'embarqua dans la galiote de Xaloque avec environ vingt Turcs de ses amis bien armés. Sur l'avis du capitaine, il ordonna à ses huit galères de le suivre à un mille en arrière, d'entrer dans le port derrière lui, et de débarquer tous les équipages avec leurs arquebuses et leurs autres armes. Cet ordre fut exécuté ; la nuit était un peu obscure; en arrivant près d'Alger, comme les janissaires avaient donné ordre à Xaloque de les prévenir immédiatement de ce qui se serait passé, et de tirer le canon dans le cas où Thécheoli persisterait à vouloir entrer à Alger, quand ils virent qu'il revenait sans avoir fait feu, ils pensèrent que la négociation avait réussi.

§ 3.

A ce moment Xaloque arriva au port, et, en y débarquant avec Thécheoli, il trouva le môle et la marine occupés par les Levantins et les Corsaires armés, comme

---

(1) Ce Mostafa-Arnaut faillit devenir Pacha d'Alger. Il en remplit l'office pendant quelques jours, après la mort de Thécheoli, ainsi que le prouve une lettre que lui adressa Philippe II, qui lui offrait son appui dans le cas où la Porte se refuserait à le reconnaître. (Documents espagnols, *Revus africaine* 1877, p. 287). M. de la Primaudaye s'est trompé en disant (loc. cit.) qu'il n'était pas question de ce Mostafa-Arnaut dans la relation d'Haëdo.

cela avait été convenu ; s'avançant sans être inquiétés, ils entrèrent dans la ville ; car la porte de la Marine était de même occupée par les Reïs ; de là, avec une troupe de plus de trois cents hommes armés d'escopettes, ils se dirigèrent vers une grande maison, située dans la rue qui va directement de la ville à la porte de la Marine ; c'est celle où les Rois qui arrivent nouvellement de Turquie ont l'habitude de loger au commencement de leur séjour, en attendant que leur prédécesseur quitte le palais destiné à l'habitation des Rois. Thécheoli, arrivé là, y installa une bonne garde d'arquebusiers ; à ce moment, les huit galères Turques entrèrent dans le port et commencèrent à débarquer les troupes ainsi qu'elles en avaient reçu l'ordre ; en même temps, les Corsaires qui étaient avec Thécheoli commencèrent leurs clameurs, criant : Vive le Sultan ! Vive Thécheoli ! A ces cris, les Janissaires, voyant la rue de la Marine occupée par une troupe armée, arquebuses mèches allumées, tombèrent en une confusion qui fut encore augmentée quand ils apprirent de source certaine que Thécheoli était entré dans le palais dont nous avons parlé, que les galères étaient dans le port et les troupes débarquées ; comprenant alors combien les Reïs les avaient trompés et surpris, ils n'osèrent engager le combat avec eux, et chacun se réfugia comme il put dans sa maison. Cela fait, Thécheoli, assuré que la Milice ne bougeait pas, sur le conseil des mêmes Corsaires, se rendit nuitamment au palais, accompagné de plus de deux mille Arquebusiers ; Hassan Corso vint le recevoir à la porte. Il se disculpa d'avoir pris part à toute cette révolte, disant que c'était contre sa volonté qu'il avait accepté le pouvoir, et qu'il ne l'avait gardé que contraint et forcé. Thécheoli n'accepta pas ces explications ; il les reçut de mauvaise grâce et fit emprisonner son rival. A ce moment le gouvernement d'Hassan Corso n'avait encore que quatre mois de durée (1) ;

---

(1) Cette indication ferait remonter la mort d'Hassan Corso au mois

peu de jours après, Thécheoli ordonna sa mort et il dut subir publiquement le cruel supplice des ganches. Nous en raconterons plus loin les détails, ainsi que la vengeance qui en fut tirée. Hassan Corso avait alors trente-huit ans ; il était de taille moyenne, basané, avec de grands yeux, le nez aquilin et la barbe noire. Il ne laissa pas de fils. Il est enterré dans une kouba voisine de celle de Sala Reïs, son patron, hors de la porte Bab-el-Oued. Cette sépulture lui fut élevée plus tard par son Renégat Yusuf, qui, pour venger sa mort, tua Thécheoli.

---

d'octobre 1556. Voir les articles relatifs à cet événement *(Revue africaine* 1871, p. 1, 81 et 335.)

CHAPITRE IX

Théchéoli Pacha, neuvième Roi.

§ 1er.

Après que Théchéoli eut été mis en possession de la ville et du Royaume d'Alger par les Corsaires, comme nous venons de le dire, et qu'il eut mis aux fers son prédécesseur Hassan Corso, la première chose qu'il fit fut d'envoyer deux de ses galères à Bougie et à Bône pour y arrêter les Caïds de ces deux villes, qui avaient été si désobéissants. Pendant les premiers jours, il ne s'occupa qu'à prendre des informations sur les principaux meneurs de la conjuration. Et, comme il était avare et cupide, il dissimula avec tous ceux qui rachetèrent leur faute à prix d'argent, excepté avec Hassan Corso et les Caïds de Bougie et de Bône ; quant à Hassan, dix jours ne se passèrent pas avant qu'il ne le fit cruellement tuer, en le faisant jeter sur une ganche (supplice excessivement barbare, comme nous l'avons écrit ailleurs) (1), en dehors de la porte Bab-Azoun, à l'extrémité du pont. Hassan vécut trois jours entiers, suspendu aux ganches par le côté droit (2), en proie à des souffrances cruelles; et comme on était alors au commencement d'octobre, et qu'il faisait froid, il dit à un Chrétien qui passait (ainsi que me l'a raconté un témoin oculaire) : « Chrétien,

---

(1) Dans le *Dialogo de los Martyres* (passim).
(2) Le 24 juin 1557, Henri II écrivait à M. de la Vigne : « ... Au » roy d'Argier, lequel a puis naguères couru si malheureuse fortune » que estant tombé ès mains et à la discrétion de ses conspirateurs » et ennemys, a cruellement esté pendu avec un crochet de fer de- » dans l'œil, et ainsi misérablement finé ses jours. » *(Négociations de la France dans le Levant,* t. II, p. 399.)

» donne-moi, pour l'amour de Dieu, un manteau pour
» me couvrir ; » mais comme il y avait là des Turcs qui
le gardaient par ordre du Roi, le captif n'osa rien lui
donner, et, au contraire, comme il se voyait guetté par
ces Turcs, il tourna le visage d'un autre côté comme s'il
n'eût pas voulu le regarder et qu'il en eût horreur. Au
bout de trois jours, Hassan mourut, donnant un remarquable exemple de l'inconstance de la fortune. Quant à
Ali Sardo, Caïd de Bougie, une des deux galères le ramena moins de huit jours après, et Thécheoli assouvit
sa rage sur lui plus encore que sur les autres : après lui
avoir fait planter des roseaux aiguisés dans les doigts
des mains et des pieds, ce qui est un très douloureux
supplice, il lui fit mettre sur la tête un casque de fer
rougi au feu, le torturant ainsi, mais vainement, pour se
faire livrer les grands trésors que le bruit public disait
lui appartenir. Enfin, il le fit empaler vif, c'est-à-dire traverser avec un pieu aigu, du fondement jusqu'à la tête ;
Ali Sardo expira ainsi à la vue de tous, embroché comme
une grive (1) ; son supplice dura plus d'une demi-journée,
avec des angoisses terribles, jusqu'au moment où la
mort le délivra de ses souffrances. Il fut empalé hors de
la porte Bab-Azoun, le même jour qu'Hassan fut mis aux
ganches. Huit jours après, on amena au Roi le Caïd de
Bône, Mustapha, Renégat Grec, qui s'était enfui avec
deux de ses Renégats et une mule chargée d'argent, se
dirigeant vers la Goulette, après avoir été avisé d'Alger
que Thécheoli l'envoyait prendre. Il fut condamné à être
empalé vivant avec un Turc des principaux et des plus
riches d'Alger, qui se nommait Chorchapari ; ce dernier
obtint son pardon, moyennant une grosse somme d'argent. A cette époque, on apprit à Tlemcen le supplice
que le Pacha avait fait subir à Hassan Corso ; le Caïd
de cette ville était un Renégat d'Hassan, Calabrais, qui
se nommait Caïd Yusuf. Il eut un vif ressentiment de la

---

(1) Sic.

mort de son patron, et considéra son honneur comme engagé à mépriser tous les périls pour le venger par la mort de Thécheoli ; les Janissaires qui étaient avec lui à Tlemcen ne l'abandonnèrent pas en cette circonstance, indignés qu'ils étaient du honteux supplice infligé à un homme qui avait eu toute leur affection. Ajoutons que beaucoup de Janissaires d'Alger firent savoir par écrit à leurs amis et camarades de Tlemcen, le grand mécontentement que leur avait causé l'arrivée et les agissements de Thécheoli, qui ne les traitait pas suivant la coutume des autres Rois, étant offensé de leur refus de le recevoir, et qui avait violé les anciens usages en ne leur accordant pas la gratification de bienvenue ; ils montraient donc un grand désir de les voir se réunir à eux pour le chasser d'Alger. Yusuf, auquel ces lettres furent apportées, fit savoir à la milice, par l'intermédiaire de gens de Tlemcen, que, si elle voulait se déclarer en sa faveur, et ne pas l'abandonner dans l'action, il irait en personne à Alger y tuer Thécheoli et venger la mort de son patron Hassan. Les Janissaires et leur Agha furent très satisfaits de cette nouvelle, tellement ils abhorraient le Pacha. En ce moment, il y régnait une peste très cruelle qui enlevait tous les jours beaucoup de monde ; pour échapper à la contagion, Thécheoli sortit de la ville et s'installa aux Caxines (1) ; c'est un lieu dépeuplé, près de la mer, à cinq milles à l'Ouest d'Alger ; il fit dresser là son camp et ses tentes, et s'y logea avec toute sa maison et ses ministres, jusque vers la Noël de cette année 1556.

---

(1) Le cap Caxine. D'après la lettre citée dans les Documents Espagnols *(Revue Africaine,* 1877, p. 284), Tekelerli avait été aux eaux d'Hammam-R'hira, et Yusuf profita de son absence pour organiser la conspiration. M. Devoulx a consacré un long article à la chute et au meurtre de ce Pacha *(Revue Africaine,* 1871, p. 1, etc.).

§ 2.

Yusuf, Caïd de Tlemcen, ayant été avisé de ce changement de résidence, pensa que c'était une bonne occasion pour tuer Thécheoli, et partit de Tlemcen pour Alger avec environ trois cents Turcs (d'autres disent six cents, et ajoutent qu'ils ne partirent pas de Tlemcen, mais bien de régions plus voisines d'Alger, où ils avaient été lever l'impôt sur les tribus Arabes pour le Roi Hassan). Yusuf, sachant donc que Thécheoli était campé aux Caxines, s'y dirigea rapidement, et pour que celui-ci ne fut pas prévenu de son arrivée, il fit attacher à des arbres tous les Mores qu'il rencontrait le long de son chemin. Enfin, il arriva près des Caxines. Quand le Pacha apprit cette nouvelle, il se douta de quelque embuche, monta rapidement à cheval, et, accompagné de trois ou quatre de ses amis, commença à courir à toute vitesse vers Alger. Yusuf était déjà si près de lui qu'il le reconnut et le vit fuir; il le poursuivit immédiatement l'épée dans les reins. Thécheoli avait d'abord cherché à gagner les portes de la ville et les trouva fermées par les soins des Janissaires, qui avaient veillé à ce qu'il ne put pas y rentrer. Arrivé à la porte Bab-Azoun, il se sentit perdu et ne vit plus d'autre parti à prendre que de gagner les hauteurs avec son cheval; voyant que Yusuf se rapprochait de lui, il précipita sa fuite à travers les coteaux, et arriva à une montagne très élevée qui est à un mille et demi à l'Ouest d'Alger; il descendit de cheval à la porte d'un Ermitage où avait longtemps vécu et où était enterré un Renégat de Cordoue, nommé Sidi-Yacoub (1); c'est là qu'il chercha un asile. Il était à peine entré que Yusuf, qui l'avait toujours suivi de près, y arriva, et sautant à bas de cheval, entra la lance à la main dans la chapelle, se précipi-

---

(1) D'après M. Devoulx, cette Kouba aurait été située sur l'emplacement actuel du Fort-l'Empereur, ou tout au moins dans son voisinage immédiat. (Loc. cit.)

tant sur Thécheoli ; à cette vue, celui-ci lui cria : Yusuf, ne me tue pas ! considère que tu es dans la maison de Mahomet ! Yusuf répondit : Oh ! traître, chien, et pourquoi as-tu tué mon patron innocent, qui n'avait commis aucune faute ! En disant ces mots il lui donna trois ou quatre coups de lance et le laissa étendu sur le sol. Le Pacha était déjà mort à l'arrivée des Janissaires et des Turcs du parti de Yusuf; ils approuvèrent et louèrent son action et se dirigèrent avec lui vers Alger. Le récit de cet événement fut accueilli par tout le monde avec un grand contentement. Telle fut la fin de Thécheoli-Pacha, dont la conduite eût été excusable, s'il n'eût pas été tellement avare, qu'il mécontenta la milice et qu'il ne se trouva personne pour se mettre de son parti. Il régna trois mois, depuis le commencement d'octobre 1556 jusqu'à la fin de décembre (1). Il était Turc, âgé de cinquante ans, robuste et gros, de taille moyenne et de teint brun. Il est enterré en dehors de la porte Bab-el-Oued, dans une Kouba, qu'un Turc de ses amis lui éleva quelques mois après ; elle est à vingt pas en avant de la Kouba d'Hassan-Corso et de Yusuf-Pacha.

---

(1) C'est une erreur de date, Thécheoli ne fut tué que vers la fin d'avril 1557, comme le démontre la lettre des Documents Espagnols, déjà cités *(Revue africaine* 1877, p. 284). Une lettre de Philippe II d'Espagne semble prouver qu'il eut pour successeur, pendant quelques jours au moins, Mostafa-Arnaut, duquel nous avons déjà parlé. (Même *Revue*, p. 287).

CHAPITRE X

Yusuf, dixième Roi.

§ 1er.

Après que Yusuf eut ainsi tué Thécheoli-Pacha, il entra dans la ville accompagné des soldats qu'il avait amenés et reçut la visite de l'Agha des Janissaires et des principaux d'entre les Turcs et Renégats, qui, tant pour l'amour qu'ils conservaient à la mémoire de son maître Hassan Corso dont il avait vaillamment vengé la mort, que pour l'affection qu'ils lui portèrent à cause de cette action, le choisirent sans plus de délai et le proclamèrent Roi d'Alger. Yusuf, qui était un homme très intelligent, fit preuve, en cette occasion, de la plus grande libéralité possible; il fit distribuer le jour même dix mille écus aux troupes, et recommença les deuxième, troisième, quatrième, cinquième et sixième jours, de manière qu'en six jours il leur donna soixante mille écus d'or, ce qui augmenta d'autant leur affection. Les Turcs étaient donc enchantés d'avoir un Roi aussi libéral, et Yusuf ne l'était pas moins d'avoir changé l'état d'un pauvre Calabrais en une position aussi brillante, lorsque la mort, qui abat et brise tout, nos existences et notre bonheur, vint les plonger tous dans la tristesse et dans les larmes. Il sévissait alors une grande peste dans la ville; elle frappa Yusuf le sixième jour de son règne, avec une telle violence qu'en moins de vingt-quatre heures, il perdit le trône et la vie, au grand chagrin de tout le monde. Il était âgé de vingt-six ans, mince, de stature moyenne, la barbe chataine, la peau blanche, se montrait gracieux et affable pour tout le monde. Il est enterré à côté de son patron Hassan Corso, dans la même Kouba que lui, en dehors de la porte Bab-el-Oued ; c'est celle qui est située en avant de la Kouba de Sala-Reïs et au-delà de celle de Thécheoli.

CHAPITRE XI

Yahya Pacha, onzième Roi.

§ 1er.

Après la mort de Yusuf, les Janissaires fort tristes choisirent pour Roi un Turc, nommé Yahya. Il avait été longtemps Caïd de Miliana, ville située à douze lieues d'Alger ; et, comme c'était un homme brave et prudent, Sala-Reïs, devenu Roi d'Alger, s'était servi de lui en diverses occasions. Il gouverna six mois, depuis le commencement de janvier de l'année 1557, jusqu'au mois de juin. Il n'arriva pendant son règne rien qui mérite d'être raconté, sinon qu'il mourut en ce temps là beaucoup de monde de la peste, tant à Alger que dans le reste du pays. Au bout de six mois arriva un nouveau Roi, nommé par le Sultan ; c'était le fils de Barberousse, Hassan Pacha, qui avait déjà régné, comme nous l'avons dit. Yahya rentra dans la vie privée, vécut longtemps encore en grand honneur et bonne réputation ; en 1562, après la mort d'Ahmed Pacha, il fut choisi pour Khalifa, et gouverna Alger en cette qualité, jusqu'au moment où Hassan Pacha, fils de Barberousse, revint encore une fois comme Roi d'Alger. Il mourut en 1570, âgé de soixante ans, de la manière suivante : ayant été avec Ochali au siège de Tunis, en 1569, pendant que celui-ci était dans la ville, quelques navires de la Goulette vinrent pour canonner les murailles; Yahya fit une sortie à la tête des Turcs; un projectile de l'un des navires lui passa tout près du mollet de la jambe droite sans toucher la chair, ni la botte; cependant sa jambe devint toute noire, et il ne pouvait plus s'appuyer dessus. Il retourna par terre à Alger avec Ochali, dans une litière qu'on lui avait fait faire à Tunis, et mourut chez lui de cette blessure quelques mois après. C'était un homme de haute taille, charnu, brun, avec de grands yeux et une forte barbe noire. Il ne laissa qu'une fille pour héritière de ses grandes richesses; il l'avait eue d'Axa, fille d'Hadj Pacha, avec laquelle il était marié; on l'avait surnommée *gorda,* parce qu'elle était très grosse. Cette fille est encore vivante aujourd'hui, s'appelle Leila Axa et est mariée au Caïd Daut, un des principaux d'Alger. Yahya est enterré parmi les Rois, hors de la porte Bab-el-Oued, dans une grande Kouba que sa fille lui fit bâtir depuis, tout près de celle d'Ahmed Pacha, du côté de la ville.

CHAPITRE XII

Hassan Pacha, Roi pour la deuxième fois et douzième.

§ 1er.

En l'année du Seigneur 1557, avait eu lieu la mort du Grand Vizir Rostan (1), qui haïssait le fils de Barberousse, auquel il avait ôté son gouvernement d'Alger, comme nous l'avons déjà dit. Peu de temps après, le Sultan, ayant appris les dissensions et les révoltes d'Alger, la mort d'Hassan Corso, de Thécheoli et de Yusuf, autorisa Hassan Pacha à retourner à Alger, et à gouverner ce Royaume, où il était fort respecté et obéi de tous, en mémoire de son père et de son oncle, qui en étaient les premiers conquérants. Il arriva, comme nous l'avons dit, au mois de juin 1557, avec vingt galères bien armées. Peu de jours après, il apprit que le Chérif, Roi de Maroc et de Fez, avait recouvré ses États et tué dans une bataille Muley Buazon le Borgne, que Sala Reïs avait fait Roi de Fez ; désireux de se venger des Turcs, (qui, comme nous l'avons dit, l'avaient vaincu en deux batailles et lui avaient enlevé son Royaume), et d'accroître ses États autant qu'il le pourrait, ce prince marcha, avec une grosse armée de cavalerie et d'infanterie, contre la province et la ville de Tlemcen, que les Algériens possédaient. Il y arriva au mois de juin, peu de jours après le débarquement d'Hassan Pacha ; le Caïd et Gouverneur de la ville était alors le Turc Saffa, qui y commandait pour la deuxième fois. Il n'avait qu'une

---

(1) C'est une erreur : Rostan Pacha ne mourut que le 8 juillet 1561. (Voir la lettre de M. de Boistaillé à Catherine de Médicis, du 5 août 1561. *Négociations de la France dans le Levant*, t. II, p. 662.)

garnison d'environ cinq cents hommes, avec lesquels il n'essaya pas de défendre la place, à cause de son étendue et du mauvais état de ses remparts ; il se retira à la Casbah. Le Roi de Fez entra dans la ville, investit la garnison, et, comme il n'avait pas d'artillerie pour ce siège, et qu'il ne lui était, par conséquent, pas possible de prendre la citadelle, il envoya à la hâte un ambassadeur à Oran, pour prier Don Martin, comte d'Alcaudete, de lui prêter une ou deux pièces seulement, avec quelques munitions. Le Comte ne jugea pas à propos de prêter ses canons à des Mores. Le Roi de Fez dut donc s'attarder à Tlemcen, espérant s'emparer de la citadelle par force ou par trahison ; ce retard fit qu'Hassan Pacha fut avisé de tout ce qui se passait, et put marcher au secours des assiégés. Il sortit d'Alger avec six mille Turcs et Renégats mousquetaires, réunit le long du chemin seize mille fantassins ou cavaliers Mores qui lui amenèrent quelques chefs Arabes ; il envoya par mer quarante galères, galiotes ou brigantins, avec beaucoup de canons et de poudre, et trois mille Turcs, auxquels il donna l'ordre de l'attendre à Mostaganem et d'y débarquer l'artillerie et les munitions. Il n'y était pas encore arrivé, que le Roi de Fez fut averti à Tlemcen de sa venue ; voyant qu'il avait peu de chances de prendre la Casbah aux Turcs, qui la défendaient très bien, et qu'il n'était pas prudent pour lui d'attendre que le Roi d'Alger l'attaquât avec sa puissante armée, il quitta Tlemcen et rentra dans son Royaume. Hassan Pacha était à quatre journées de cette ville quand il sut que le roi de Fez était parti ; déterminé à le suivre jusque chez lui, il continua son chemin sans entrer dans la place. Il envoya l'ordre à la portion de son armée qui était à Mostaganem, de se rendre de suite au port neuf qui est à côté de Mélilla (1). Au commencement d'août, il arriva devant Fez, où le Chérif l'attendait avec son armée. Elle

---

(1) K'çaça.

se composait de trente mille cavaliers, de dix mille fantassins Mores et de quatre mille Elches (c'est-à-dire Renégats ou Andalous et Mores d'Espagne), tous mousquetaires. La première partie de la journée fut employée à laisser reposer l'armée ; l'après-midi, la bataille s'engagea de part et d'autre avec une égale fureur. Au bout de quelques heures, il y avait déjà un grand nombre de morts de chaque côté ; les Turcs commençaient à plier, parce que, d'une part, les contingents Arabes n'étaient pas de force à résister à la cavalerie de Fez, qui était nombreuse et bonne, et que, du reste, les Elches se battaient si bien, qu'ils avaient fait subir de grosses pertes aux Janissaires et les avaient acculés à une montagne voisine. La nuit fit cesser le combat, et les Turcs profitèrent de l'obscurité pour se retrancher sur les hauteurs par des fossés et des parapets. Hassan Pacha tint conseil avec les principaux chefs pour savoir si l'on recommencerait la bataille le lendemain matin ; il fut décidé qu'en raison des grosses pertes subies, il ne convenait pas de combattre, mais de se retirer sur Tlemcen dans le meilleur ordre possible. A minuit, Hassan donna l'ordre de s'apprêter à partir, et pour que l'ennemi, qui était tout près de lui, ne s'aperçut pas de sa marche, il fit entretenir toute la nuit de grands feux au moyen de gros bûchers qui purent brûler jusqu'au jour. Cet ordre fut exécuté ; l'armée Turque s'éloigna avec le moins de bruit possible, au milieu de la nuit, et l'opération fut faite si prudemment, que le Roi de Fez n'en eut connaissance qu'au matin, quand il vit toute la montagne abandonnée. Et comme il avait lui-même perdu beaucoup de monde, et qu'il avait de nombreux blessés, principalement parmi les Elches, qui composaient sa meilleure troupe, il ne chercha pas à atteindre les Turcs, auxquels il aurait sans doute fait subir de grosses pertes, s'il les avait poursuivis pendant quelques jours l'épée aux reins. Hassan Pacha partit donc avec son armée, et arriva vers le milieu d'août au Port Neuf, où se trouvait sa flotte ; là, il licencia toute sa cavalerie, les contingents Mores, une partie des Turcs, et s'embarqua avec le reste de l'armée et son artillerie. Et, comme il lui vint l'idée de pousser une reconnaissance à Melilla, il le fit avec la galiote de Mostafa-Arnaut, et de là s'en retourna à Alger.

§ 2.

Ce fut l'année suivante, 1558, qu'arriva la triste défaite de Mostaganem, dans laquelle périt le Comte d'Alcaudete Don Martin, général d'Oran, avec plusieurs milliers de soldats Espagnols, tués ou pris. Le Comte s'était fait donner par Sa Majesté le Roi d'Espagne, douze mille soldats pour prendre la ville de Mostaganem, qui est à douze lieues à l'est d'Oran, sur la route d'Alger. Cette troupe, ayant été levée en Espagne, ne put se rendre en une seule fois à Oran ; la plus grosse partie traversa la mer au milieu du mois de juillet, et le reste, qui se composait de cinq mille hommes, qu'on appelait le régiment de Malaga, sous les ordres de Don Martin, fils du Comte du même nom (qui aujourd'hui est Marquis de Cortès et Général d'Oran, comme le fut son père), ne put s'embarquer aussi vite que le Comte le désirait. Celui-ci, pour exercer les hommes nouvellement venus d'Espagne, en attendant l'arrivée du régiment de Malaga, fit quelques sorties d'Oran, et quelques incursions sur les terres des Mores ennemis. Ensuite, au commencement d'août, le régiment de Malaga étant débarqué, le Comte sortit avec toute l'armée (1) marchant à petites journées. Comme Mostaganem n'est (ainsi que nous l'avons dit) qu'à douze lieues d'Oran, s'il eût précipité le mouvement, les

---

(1) Marmol (liv. V, chap. XIX), dit : *six mille cinq cents hommes.* Il ajoute que les vivres et les munitions avaient été envoyés par mer, et que les Turcs s'emparèrent des bâtiments qui les portaient, ce qui aurait été la principale cause du désastre.

Turcs eussent été pris au dépourvu, et, comme ils étaient en petit nombre dans une place très faible, on eût obtenu le succès avec bien peu de pertes. Mais le Comte s'avança lentement, et laissa ainsi le temps aux Mores et aux Arabes voisins, sujets des Turcs, de rassembler plus de six mille cavaliers ; Hassan Pacha, qui avait été averti de l'arrivée des troupes Espagnoles et de la sortie du Comte, eut ainsi le temps de quitter Alger et de marcher sur Mostaganem, à sa rencontre. Il menait avec lui cinq mille Turcs et Renégats mousquetaires, mille Spahis à cheval et dix canons. Arrivé près de Mostaganem, il fut rejoint par les Arabes qui, comme nous l'avons dit, étaient au nombre de six mille cavaliers et dix mille fantassins (1). Le Comte fut averti de l'arrivée de Hassan par un Renégat qui s'était enfui du camp des Turcs ; il eût encore pu, s'il l'eût voulu (et plusieurs le lui conseillèrent), s'emparer de Mostaganem, qui était très faible, s'y fortifier et y attendre l'attaque de l'ennemi (2) ; mais son courage trop impétueux ne lui laissa pas prendre ce parti. Il en résulta qu'à l'arrivée des Turcs, il fut forcé de livrer bataille dans des conditions désavantageuses. Il fut tué en combattant

(1) A la nouvelle de la marche du Comte d'Alcaudete, Euldj-Ali était sorti de Tlemcen, dont il était alors gouverneur, et avait coupé les vivres à l'armée Espagnole, en escarmouchant sur ses derrières. Cette troupe était complètement démoralisée par la faim, la soif et la fatigue, si bien que, lorsque les Turcs l'attaquèrent sous les murs de Mazagran, son chef ne put, malgré de nobles efforts, arrêter la débandade, et fut renversé et foulé aux pieds par les fuyards. (Marmol, loc. cit.).

(2) Il résulterait du récit de Marmol, que le jour même de l'arrivée de l'armée Espagnole sous les murs de Mostaganem, elle faillit prendre la ville de vive force : une compagnie d'avant-garde avait pénétré dans l'intérieur à la suite des fuyards, et l'Enseigne avait déjà planté son drapeau sur les remparts. Le Comte fit sonner en retraite, et *châtier l'Enseigne, qui avait donné sans son ordre*. Le lendemain, on attaqua le faubourg, et on le prit, non sans éprouver de grandes pertes. Le surlendemain, l'armée Algérienne arrivait, et il fallait battre en retraite. (Marmol, loc. cit.).

très courageusement ; son armée fut vaincue et mise en désordre ; plus de douze mille Espagnols furent faits prisonniers. Cette célèbre défaite arriva le 26 août 1558, et Hassan Pacha retourna à Alger, content et triomphant, avec cette grande quantité de captifs, parmi lesquels se trouvait Don Martin, aujourd'hui Marquis de Cortes, fils dudit Comte.

§ 3.

En l'année suivante, 1559, il eut une autre guerre avec le Roi de Labes, dont les états se trouvent dans les montagnes du Sud de Bougie. Cela arriva parce que ni lui, ni ses prédécesseurs n'avaient jamais voulu obéir aux Rois d'Alger, ni leur payer aucun tribut, ainsi que l'avaient fait le Roi de Kouko, son voisin, et quelques autres chefs. Il se fiait à l'élévation et à l'apreté des montagnes dans lesquelles il vivait avec ses sujets. De plus, il faisait souvent la guerre aux Arabes soumis aux Turcs, descendant de ses montagnes, et leur enlevant tout ce qu'ils possédaient. Comme il était généreux, quelques Renégats d'Alger s'étaient mis à son service, parce qu'il leur donnait bonne paye, étant très désireux d'avoir des mousquetaires. En outre, beaucoup de Chrétiens captifs s'enfuyaient d'Alger et se réfugiaient chez lui ; il les recevait bien ; quand ils consentaient à se faire Mahométans, il les mariait et les enrichissait ; et, quand ils voulaient rester Chrétiens, il leur en laissait la liberté, pourvu qu'ils le servissent à la guerre. De cette façon, ce Roi était parvenu à avoir une bonne troupe de mousquetaires, en partie Renégats et en partie Chrétiens. Avec cette troupe réunie à ses sujets, il faisait beaucoup de mal aux Mores soumis ainsi qu'aux Turcs eux-mêmes. On avait envoyé deux armées d'Alger contre lui. Il les avait défaites et massacrées, ne laissant en vie qu'un Turc, auquel il avait ensuite fait couper le membre par le milieu ; puis il l'avait renvoyé, les mains attachées derrière le dos, perdant son sang de telle façon, qu'il expira le long du chemin. Hassan Pacha, se voyant victorieux dans la mémorable bataille qu'il venait de gagner sur les Chrétiens, se résolut donc à faire la guerre à ce Roi et à venger toutes les offenses passées; puis, considérant qu'il y avait dans Alger un grand nombre de captifs pris à Mostaganem, il ordonna d'élever une bannière dans son bagne, et de proclamer que tout Chrétien qui se ferait Musulman aurait sa liberté à condition de le servir dans cette campagne contre le Roi de Labès. Beaucoup d'Espagnols se firent Mahométans à cette occasion, et donnaient pour excuse d'un aussi grand péché qu'ils ne l'avaient fait que pour combattre contre les Mores, et que, lorsqu'ils avaient été d'Espagne en Barbarie, cela n'avait pas été pour autre chose. Hassan forma une armée de six mille arquebusiers, et de six cents spahis, avec ces nouveaux convertis, d'autres Renégats et des Turcs ; il fut rejoint le long du chemin par quatre mille cavaliers Arabes, et, avec tout ce monde et huit pièces de canon, il partit pour Bougie et le pays de Labes. Au mois de septembre de l'année suivante 1559, le Roi de Labes, averti de son arrivée, descendit de la montagne avec plus de six mille cavaliers, dix mille fantassins et plus de mille arquebusiers, moitié Renégats, moitié Chrétiens, de ceux qu'il avait recrutés et de quelques-uns de ses sujets qu'il avait dressés à l'usage du mousquet dans les escarmouches qu'il avait eues avec les Turcs. Son attaque fut si vigoureuse qu'elle jeta un grand désordre dans l'armée Algérienne (car c'était réellement un homme valeureux). Enfin il fut tué d'une arquebusade dans la poitrine, et les siens regagnèrent la montagne, où ils choisirent pour Roi un de ses frères, et firent avec Hassan Pacha un traité d'alliance offensive et défensive, sans aucune obligation de tribut. Cependant l'habitude fut prise qu'à l'arrivée d'un nouveau Roi à Alger, le Roi de Labès offrit un présent, en retour duquel le Roi d'Alger lui donnait un riche sabre et un vêtement à la Turque ; cet usage et cette alliance durent encore aujourd'hui. En 1580, le 16 septembre, un fils du Roi de Labes vint rendre visite et donner la bienvenue à Djafer Pacha arrivant de Turquie, et lui apporta un présent qui valait plus de six mille doubles (qui font deux mille quatre cents écus d'or), quatre cents chameaux et mille moutons.

§ 4.

Après cet arrangement, Hassan Pacha revint à Alger, et s'y reposa tout l'hiver et l'année suivante 1560. Il se maria ensuite avec une fille du Roi de Kouko, qui était très belle ; et, comme il chérissait un des neveux du Caïd Ochali (qu'on devrait prononcer Aluch Ali Scanderiza) qui était son grand ami et son Beglierbey, il maria ce jeune homme, qui s'appelait Caïd Hassan Griego, avec une sœur aînée de sa femme, nièce de ce même Roi de Kouko (1). Hassan envoya chercher ces princesses par une nombreuse escorte de cavaliers Mores et Turcs et les reçut à Alger avec pompe, célébrant les noces par de grandes fêtes. Cette alliance avec le Roi de Kouko amena Hassan à permettre aux Kabyles de se montrer à Alger avec des armes offensives et défensives, ce qui n'avait jamais été toléré jusque là. Et, comme ces Mores de Kouko, qu'on appelle généralement Azuagues (comme nous l'avons dit ailleurs) (2) étaient très nombreux, qu'ils ne faisaient qu'aller et venir, achetant des armes, se promenant librement dans Alger, comme si la ville eût été à eux, cela fit venir de grands soupçons aux Turcs et Renégats, qui craignaient que le Roi de Kouko et Hassan Pacha ne se fussent entendus pour rendre

---

(1) Il semble résulter de là que le Roi de Kouko avait épousé la veuve d'un de ses frères.
(2) Dans la Topografia, chap. XI.

celui-ci maître d'Alger, et le soustraire à l'obéissance due au Sultan. Ces inquiétudes augmentèrent encore, lorsque, au mois de septembre 1561, plus de six cents Mores Azuagues de Kouko entrèrent à Alger en troupe et formés par compagnies (1). L'Agha des Janissaires, auquel sa charge et son devoir commandaient plus qu'à un autre de porter remède à tout cela, réunit le Divan (c'est ainsi que se nomme le Conseil des Janissaires), où il fut décidé qu'on inviterait Hassan Pacha à faire proclamer qu'il serait interdit, sous peine de mort, aux Azuagues et aux Mores de Kouko d'acheter des armes, et aux Algériens de leur en vendre ; et enfin, que tous les Kabyles qui étaient dans Alger eussent à en sortir au bout de deux heures. Cela fait, et les Azuagues sortis d'Alger, les Janissaires vinrent au palais, y prirent Hassan Pacha, et, lui ayant mis les fers aux pieds, le placèrent sous bonne garde. Ils envahirent immédiatement la maison d'Ochali et celle de son neveu Caïd Hassan, beau-frère du Pacha, s'en emparèrent, les mirent en prison chargés de fers, et firent armer tout de suite six galères, dans lesquelles ils les envoyèrent tous trois enchaînés au Sultan avec un mémoire des fautes commises par eux, et des soupçons auxquels elles avaient donné lieu. Cela eut lieu au commencement d'octobre 1561 (2), en sorte que, cette

---

(1) Il est très certain que Hassan voulait se soustraire au joug de la milice, et que c'est pour atteindre ce but qu'il se constituait une armée de Renégats et de Kabyles ; cette politique fut celle de tous les grands Pachas, jusqu'à la mort d'Euldj-Ali ; sa réussite eût assuré l'ordre et la fixité du pouvoir ; elle fut malheureusement toujours entravée par les défiances jalouses de la Porte. Ce ne fut que bien longtemps après qu'elle s'aperçut elle-même combien il était impossible à un gouvernement régulier de supporter l'existence des Janissaires.

(2) Cette date n'est pas tout-à-fait exacte. En effet, dans une lettre datée de Constantinople, le 15 juillet 1561, M. de Petremol fait savoir à Catherine de Médicis qu'il a prié le Grand Vizir de recommander l'alliance Française à « Achmat-Bassa, nouveau Beglerbey d'Algier, » en la place du fils de Barberousse, qui a esté amené lié à ceste » Porte par les siens mesmes, accusé de trahison, etc. » (*Négociations de la France dans le Levant*, t. II, p. 664.)

fois là, Hassan Pacha régna à Alger quatre ans et quatre mois, à savoir du mois de juin 1557 à la fin de septembre 1561.

CHAPITRE XIII

Hassan Agha et Couça Mohammed, quatorzièmes.

§ 1er.

Les principaux auteurs de cet emprisonnement et de l'affront qui fut fait à Hassan Pacha étaient au nombre de deux ; l'Agha des Janissaires, qui se nommait Hassan, et le Beglierbey, ou Capitaine général de la Milice qui se nommait Couça Mohammed ; tous deux étaient Turcs, et leurs charges leur donnaient à Alger une autorité prépondérante. Aussi, après l'emprisonnement d'Hassan, furent-ils élus tous deux par la milice et les Turcs Gouverneurs d'Alger, non avec le titre de Pacha ou Roi, mais avec celui de Khalifa, c'est-à-dire Vice-Roi. Il n'arriva sous leur gouvernement rien de digne d'être raconté. Cet état de choses dura cinq mois, de la fin de septembre 1561, au milieu de février 1562 (1) époque où Ahmed Pacha arriva, nommé par le Grand Seigneur. Le fils de Barberousse, soit qu'il ne fût pas coupable de la faute qu'on lui imputait (comme c'est l'opinion générale), soit qu'il eût su, par son habileté, convaincre le Sultan de son innocence, avait fait ordonner au nouveau Pacha d'envoyer à Constantinople ses ennemis Hassan Agha et Couça Mohammed, afin qu'il pût obtenir justice contre eux. En vertu de ces ordres, Ahmed Pacha, arrivé à Al-

---

(1) Voir, pour ces dates, la note précédente.

ger, les fit saisir, et vingt jours après, les envoya au Sultan, avec les six galères dans lesquelles il était venu. Arrivés à Constantinople, ils défendirent si mal leur cause, et Hassan Pacha s'arrangea si bien que le Sultan le déclara innocent et donna l'ordre de couper la tête aux autres. Hassan Agha était Bosnien, âgé d'environ quarante-deux ans, grand, brun et mince. Couça Mohammed était Turc, de ceux qu'on nomme Chacals ou Vilains, comme il en passe chaque année de Turquie en Algérie; il était âgé de cinquante ans, de taille moyenne et fort gros; il avait les yeux très grands, le nez camus et son teint était olivâtre.

CHAPITRE XIV

Ahmed Pacha, quinzième Roi.

§ 1ᵉʳ.

Ahmed Pacha fut très bien reçu à Alger; les Janissaires et les habitants lui firent le meilleur accueil possible et s'efforcèrent d'accomplir tous ses désirs parce qu'il était grand favori du Sultan. Et comme la coutume veut qu'à l'arrivée d'un nouveau Roi, les Caïds, les principaux et les riches lui fassent de nombreux présents, ils en offrirent encore davantage à Ahmed, qui les reçut très volontiers et avec une grande joie, montrant à tous qu'il était très cupide, ce qui était vrai; on raconte qu'à l'époque où il était au service du Sultan, comme chef des jardins de son sérail de Constantinople (telle avait été la première cause de sa faveur), il avait trouvé moyen de faire fortune, rien qu'avec la vente des herbes, des fleurs et des fruits du jardin, et qu'il en avait offert une bonne partie à la Sultane favorite Rose (1), pour qu'elle lui fît avoir le Gouvernement d'Alger. Pour rentrer dans ses avances, il s'empressa de récolter de part et d'autre le plus d'argent possible; car il se doutait qu'il n'occuperait pas longtemps sa charge, ce qui arriva. En effet, au bout de quatre mois de règne, au mois de mai de cette même année 1562 (2) il mourut de la dyssenterie et on

---

(1) La Sultane favorite était alors Roxélane.

(2) Dans une lettre de M. de Petremol, datée de Constantinople, le 8-16 juin 1562, on lit : « Ce matin, au Divan, le fils de Barberousse » a baisé la main au G. S. pour s'en retourner Beglerbey en la place » de Hassan Aga, qui y est mort. Quand il sera pour partir, je l'iray » visiter pour luy recommander toujours les navires et subjects du » Roy, etc. » (*Négociations de la France dans le Levant*, t. II, p. 697.)

l'enterra au cimetière des Rois, dans une Kouba qui est à côté de celle de Yahia; il ne resta donc à Alger que depuis le milieu de février jusqu'à la moitié du mois de mai de la même année. C'était un homme d'environ soixante ans, les cheveux tout blancs, robuste, grand, gros et brun.

CHAPITRE XV

Yahia, seizième Roi.

§ 1er.

Ahmed Pacha étant mort, Yahia son Khalifa gouverna jusqu'à l'arrivée d'Hassan Pacha, fils de Barberousse, pendant plus de quatre mois, en grande paix et sans qu'il arriva rien de remarquable pendant tout ce temps. Il mourut, comme nous l'avons dit précédemment, en 1570, en revenant avec Ochali de la prise de Tunis.

CHAPITRE XVI

Hassan Pacha, Roi pour la troisième fois et dix-septième.

§ 1er.

Les services et mérites de Barberousse furent toujours, même après sa mort, la grande raison qui fit favoriser son fils Hassan Pacha par le Sultan, malgré le nombre et la puissance de ses ennemis et de ses rivaux; on en a une preuve éclatante par cette troisième nomination au gouvernement d'Alger. Car, non-seulement, il reçut satisfaction par le supplice de ses accusateurs dans une occasion où il y avait eu de graves soupçons élevés contre lui, mais encore il se vit rendre la Royauté que le Sultan avait donné quelques mois auparavant à son favori. Quand il partit de Constantinople, Piali Pacha, Général de la mer, lui donna pour l'accompagner à Alger dix galères, de celles qu'il avait prises à la bataille des Gelves en 1560, étant Amiral de la flotte Turque (1). En arrivant à Alger, au commencement de septembre 1562, sa venue inespérée causa un tel contentement à tout le monde que les femmes elles-mêmes, qui, dans ce pays, sont enfermées, montèrent sur les terrasses pour lui souhaiter la bienvenue par leurs cris joyeux. Et, quoique la coutume veuille que le Roi nouveau venu loge quelques jours dans un palais situé près de la Marine, d'où on y va par un grand escalier de pierre (2), Yahya quitta

---

(1) Au sujet du désastre des Gelves, voir Marmol, Lib. VI, chap. XLI.

(2) En 1830 ces escaliers existaient encore. Le palais était situé sur l'emplacement actuel de la caserne Lemercier. M. Devoulx *(Mosquées*

au contraire tout de suite le palais destiné aux Rois pour lui laisser la place libre. Hassan Pacha, en débarquant, se rendit à ce même palais, comme pour donner a entendre qu'Ahmed n'avait pas été un Roi véritable et que lui-même n'avait pas cessé de l'être ; il fit cet affront à son prédécesseur, qui avait cependant été réellement envoyé par le Sultan. Tout d'abord, il commanda de préparer rapidement de grosses provisions de biscuit, de projectiles, munitions, et autre matériel de guerre, sans laisser soupçonner à personne l'intention qu'il avait de marcher sur Oran et Mers-el-Kébir ; il cherchait non-seulement la gloire de prendre ces villes, mais encore (comme on le sut plus tard) à se venger des Janissaires et soldats qui l'avaient jadis maltraité et insulté ; il savait bien que, dans une entreprise aussi importante et périlleuse que celle-là, il y en aurait beaucoup de tués et que sa haine serait satisfaite. Il partit le 5 février de l'année suivante 1563, avec la plus grosse armée qu'ait jamais levée Roi d'Alger ; tant en Janissaires, Turcs, Renégats, Andalous (ou Mores d'Espagne), il avait réuni jusqu'à quinze mille mousquetaires et mille spahis à cheval. Son beau-père, le Roi de Kouko, lui envoya mille cavaliers, ce qui, avec ceux des autres chefs Mores, porta sa cavalerie à dix mille hommes. Il envoya par mer trente-deux galères ou galiotes chargées d'artillerie, de munitions et d'approvisionnements, et trois saëties ou caravelles Françaises, portant quantité de biscuit, farine, beurre, figues, huile et autres comestibles, et beaucoup de barils de poudre. Arrivé à Oran, il jugea bon d'attaquer d'abord Mers-el-Kébir pour devenir maître de ce grand port, parce que c'était le point le plus important et le mieux fortifié. Il l'investit le 3 avril 1563, et l'assiégea par une vigoureuse canonnade longtemps prolongée et plusieurs

---

et Établissements religieux d'Alger), parle de cet édifice et de ces escaliers ; mais il n'en a pas connu la véritable destination. Plus tard, au temps des Deys, ce bâtiment devint une caserne de Janissaires.

cruels assauts ; la place fut défendue par Don Martin de Cordova, Marquis de Cortès, Général d'Oran et de la Province ; enfin, après une grande tuerie des Turcs ainsi que des Chrétiens assiégés dans la place, le 7 du mois de juin, au bout de deux mois et quatre jours de tranchée ouverte, il vit arriver par mer le seigneur André Doria, qui, pendant qu'on se hâtait en Espagne d'assembler une grosse armée pour se porter au secours d'Oran, était venu avec ses galères, celles de Naples, et beaucoup d'infanterie pour secourir cette ville par ordre du Vice-Roi de Naples Don Perafan de Ribera, Duc de Alcala (1). Quand les Turcs virent cette armée, ils n'osèrent pas l'attendre ; les galiotes et les galères Turques s'enfuirent vers Alger, et Hassan Pacha leva le camp en emmenant ses canons, et reprit sans tarder le chemin par où il était venu. Il arriva à Alger le 24 juin et, pendant longtemps, la ville ne retentit que des plaintes et des cris des femmes qui pleuraient leurs maris, et des pères qui pleuraient leurs enfants ; quant à Hassan Pacha, il ne pouvait dissimuler le plaisir qu'il éprouvait d'avoir fait tuer dans cette guerre une grande quantité de ceux qui lui étaient hostiles (2).

§ 2.

Dans cette année et dans l'année suivante 1564, Hassan Pacha se reposa et il n'arriva rien de remarquable à

---

(1) Il avait été gouverneur de Bougie en 1533, 1534 et 1535. (Voir les *Documents Espagnols*, traduits par M. de La Primaudaye (déjà cités.)

(2) Il est presque inutile de faire remarquer combien le rôle attribué à Hassan est improbable. Quant à l'insuccès des Turcs, il est confirmé par une lettre de M. de Boistaillé, datée du mois de juillet 1563 *(Négociations de la France dans le Levant*, t. II, p. 736), et par Marmol (Lib. V. Chap. XIX). D'après ce dernier, Hassan se conduisit très courageusement, et la place était en grand danger d'être prise lorsque Doria arriva à son secours.

Alger. En septembre 1564, il reçut très secrètement des lettres du Sultan qui lui faisait savoir qu'au printemps suivant, il était décidé à diriger un gros armement contre Malte, et lui ordonnait de s'appréter à s'y joindre avec tous ses Reïs et le plus de forces possible. En vertu de ces instructions, l'hiver arrivé, il ordonna aux Corsaires de se préparer et de mettre leurs vaisseaux en état, sans leur dire pourquoi, leur faisant seulement entendre que le Grand Seigneur enverrait ses commandements quand il en serait temps. Au mois de mars 1565, il reçut de nouvelles lettres du Sultan qui l'invitaient à se mettre en route pour Malte au mois de mai. En conséquence, il partit au milieu de ce mois avec vingt-huit galères et galiotes très bien pourvues de monde, d'artillerie et de munitions; il laissa le reste de ses navires à la garde d'Alger. La flotte portait trois mille hommes, troupe choisie de vieux soldats expérimentés. Tout le monde sait le désastre qui arriva aux Turcs dans cette guerre; Alger fut particulièrement éprouvé; car il ne revint pas la moitié des trois mille Janissaires qui étaient partis; les autres restèrent presque tous à l'assaut du fort Saint-Elme, parce que, les Turcs et Renégats d'Alger étant considérés comme la troupe la plus brave et la mieux dressée que le Sultan ait dans tout son Empire, Mustapha Pacha, Général de l'armée de terre dans cette guerre, en fit grand usage dans les occasions les plus périlleuses. Hassan rendit les plus grands services pendant toute la durée de cette campagne; il fut particulièrement chargé par l'Amiral Piali Pacha de la sûreté de l'Armada, et celui-ci lui commanda continuellement des sorties pour le protéger et lui faire escorte. A la fin, les Turcs furent battus par les Chrétiens, que Don Garcia de Tolède, Général de la flotte du Roi d'Espagne et Vice-Roi de Sicile, avait envoyés au secours de Malte et de ses Chevaliers, sous le commandement de Don Alvaro de Sande, Ascanio de la Cornea et Chapin Vitello; l'armée Turque fut forcée de se retirer et Hassan retourna fort mécontent à Alger avec ses vingt-huit navires ; il y arriva au commencement d'octobre 1565 (1).

§ 3.

Après ces événements, Hassan Pacha se reposa jusqu'en 1567 ; au commencement de cette année, vers le 8 janvier (ce mois et celui de février sont habituellement les plus froids à Alger), il arriva huit galères qui tirèrent un coup de canon, comme nous avons déjà dit que le font d'habitude les vaisseaux qui viennent de Constantinople avec un nouvel ordre du Sultan ; Hassan Pacha envoya une frégate et apprit qu'il lui venait un successeur. Il quitta le palais royal et s'en fut au logement où les Rois font leur premier séjour, emportant avec lui tous ses biens. A l'arrivée du nouveau Pacha, il lui remit le gouvernement de la ville et du Royaume, et se disposa immédiatement à partir pour Constantinople. Et, cette fois, n'espérant plus revenir à Alger, il légua le grand bain qu'il y avait fait bâtir à tous les Rois ses successeurs, qui en touchent encore aujourd'hui le revenu (comme nous l'avons dit plus haut). Il donna au Beylik une grande quantité d'officiers captifs et de maîtres-ouvriers pour les constructions maritimes ; il en existe encore aujourd'hui beaucoup qui ne sont employés qu'au service de l'État et par les ordres de la milice (qui gouverne l'intérieur, comme nous l'avons écrit ailleurs plus au long) (2). Il n'emmena pas avec lui la fille du Roi de Kouko, sa femme, avec laquelle il vivait depuis longtemps, quoi qu'il en eut un fils, alors tout enfant. Il partit d'Alger à la fin de ce même mois de janvier, et vécut ensuite plusieurs années en Turquie et à Constan-

---

(1) Voir Vertot, *Histoire des Chevaliers de St-Jean de Jérusalem* (Paris, 1726, 4 vol. in-4º), T. III, p. 144 et suiv.
(2) Dans la *Topografia*, chap. XLI. — Nous ferons remarquer que, lorsqu'Haëdo emploie le mot : *aujourd'hui*, il faut lire : *de 1578 à 1581*, époque à laquelle il se trouvait captif à Alger.

tinople en grand honneur et réputation. Il mourut en 1570, et fut enterré dans la Kouba qui sert de sépulture à son père Kheïr-ed-Din Barberousse, à cinq milles de Constantinople. En outre du jeune fils qu'il avait eu de la fille du Roi de Kouko, il en laissa un autre plus âgé, nommé Mohammed Bey, qu'il avait eu jadis d'une femme Turque à Constantinople; quelques-uns disent que cette femme était une Renégate Corse, très belle. Ce Mohammed, après la mort de Dragut Reïs, qui fut tué au siège de Malte, se maria avec la fille unique et héritière de ce même Dragut. En l'année du Seigneur 1571, lorsque le seigneur Don Juan d'Autriche livra la bataille de Navarin, il se trouvait dans la flotte Turque avec une galère à lui bien armée; le Marquis de Santa-Crux, Général des galères de Naples, vint lui barrer le passage, et avant qu'il n'eût pu s'échapper, l'aborda et l'attaqua; les rameurs Chrétiens de la galère de Mohammed, qu'il avait exaspérés par ses cruautés, se précipitèrent sur lui à la poupe, avant que les troupes du Marquis n'eussent pris le bâtiment, le tuèrent et le mirent en morceaux avec les étais (1). Quand Hassan Pacha termina son règne, qui dura cinq ans, il avait cinquante-un ans; il mourut à l'âge de cinquante-cinq. Il était petit, très gras, et resta tel en dépit de beaucoup de remèdes et de soins; son teint était très blanc; il avait de grands yeux et des sourcils très épais, comme son père; il avait une forte barbe noire, et zézayait très gracieusement; il parlait plusieurs langues comme si chacune d'elles eût été sa langue natale; particulièrement, lorsqu'il parlait espagnol, tout le monde eût dit qu'il était né en Espagne. Il fut très libéral et populaire, s'acquit une grande réputation et était très aimé de ceux qui l'entouraient; la majeure partie des Caïds et des Renégats qui sont aujourd'hui à Alger ont fait partie de sa maison.

---

(1) Cervantes, qui fait le même récit, raconte que les rameurs le déchirèrent avec leurs dents, enchaînés qu'ils étaient à leurs bancs et n'ayant pas d'autres armes.

CHAPITRE XVII

Mohammed Pacha, dix-huitième Roi.

§ 1er.

Le successeur d'Hassan fut Mohammed Pacha, fils de Sala Reïs, jadis Roi d'Alger, comme nous l'avons dit. Il arriva à Alger au commencement de janvier 1567, accompagné de huit galères ; il ne régna qu'un an et deux mois, pendant lesquels il y eut à Alger une grande famine ; mais il y remédia par ses soins. Il fut très bon justicier, et, comme avant lui, beaucoup de voleurs Mores infestaient les routes, il les poursuivit si activement, qu'en peu de temps il les eut tous pris et pendus. Et comme peu de jours se passaient sans qu'il fût fait justice de quelqu'un d'entre eux, un jour, regardant de chez lui la muraille, aux créneaux de laquelle se faisaient les exécutions, et voyant qu'elle était inoccupée, il se tourna vers ses gens et leur dit : « Comment, la muraille n'a pas déjeuné aujourd'hui ? » Et aussitôt, sachant qu'il y avait un condamné à mort à la prison, il ordonna qu'on le pendît à l'instant même. Il fut très amateur de la chasse aux faucons, vautours et milans, dont se soucient habituellement peu les Turcs ; pour cet exercice, il entretenait en sa maison beaucoup d'oiseaux et de chiens, et allait chaque jour avec eux dans la campagne d'Alger et dans les montagnes, chassant et tuant beaucoup de lièvres, perdrix, palombes, tourterelles, cailles et sangliers qui abondaient dans le pays, n'étant ni tracassés ni chassés. Il fut le premier Roi qui réconcilia la milice avec les Levantins et les marins, en ordonnant que les Janissaires pussent, comme ils le désiraient tant, aller dans les navires de course comme soldats; et que les Levantins, soit Turcs, soit Renégats, pussent être Janissaires sur leur demande; de cette façon, il mit un terme à la grande discorde qui régnait depuis longtemps à Alger entre ces deux corps (1). Il fut le premier des Rois qui apporta un esprit de suite à fortifier la ville d'Alger, dont la position naturelle est faible; à cet effet, dès les premiers mois de son règne, il se servit d'un Renégat Sicilien, nommé Mustapha, qui avait fortifié La Goulette; il lui fit faire les fondations d'un ouvrage qui s'appelle aujourd'hui de son nom Bordj Mohammed Pacha. Il est situé en dehors de la ville, à l'entrée de la montagne, à cinq cents pas de la Casbah, dans une situation très importante; nous en avons donné une description très détaillée dans la *Topographie ou description de la ville d'Alger,* à laquelle nous renvoyons le lecteur (2). Pendant toute l'année de son règne, il n'y eut pas de guerre; mais, au mois de mai 1567, les habitants de la ville de Constantine se révoltèrent contre la garnison et le Caïd Turc, et tuèrent quatre ou cinq hommes; le bruit courut que les Mores avaient justement agi en cette occasion, parce que le Caïd avait voulu violer une très belle fille de leur nation. Mohammed Pacha fut en personne à Constantine, et pour punir les habitants de leur révolte et d'avoir chassé le Caïd, il les fit tous vendre à l'encan, hommes, femmes et enfants, et confisqua tous leurs biens. Mais quelques-uns des Mores qui s'échappèrent gagnèrent Tripoli par terre et

---

(1) Il eût été plus exact de dire qu'il apaisa momentanément la discorde ; mais elle ne devait pas tarder à se réveiller pour ne jamais cesser depuis.

(2) *Topografia*, chap. IX. — Le fort des Vingt-quatre heures a été également construit par lui, ainsi que l'atteste une Inscription Turque, conservée au Musée d'Alger sous le n° 29. MM. Berbrugger et Devoulx ont cherché à faire croire, par des arguments plus ou moins spécieux, que ce fort avait été élevé par Euldj Ali : ces allégations ont été émises pour les besoins d'une cause que nous n'avons ici ni à attaquer ni à défendre ; mais, jusqu'à preuve contraire, qui n'a pas été fournie, l'Inscription fait foi pour l'Histoire.

de là passèrent en Turquie et à Constantinople, où ils se plaignirent au Sultan. Celui-ci ordonna qu'on leur rendît la liberté, leurs habitations et leurs biens, et pour punir Mohammed Pacha, il le remplaça au commencement de l'année suivante par Ochali, qui fut plus tard son Grand Amiral. Ochali arriva à Alger au commencement de mars 1568. Mohammed avait régné un an et deux mois; il avait à cette époque trente-cinq ans, était de taille ordinaire, de grosseur moyenne, d'un teint blanc avec la barbe noire; il louchait. Plus tard, en 1571, quand le seigneur Don Juan d'Autriche vainquit la flotte turque, Mohammed Pacha fut fait prisonnier avec beaucoup d'autres Turcs de distinction, fut ensuite envoyé par Don Juan au Pape Pie V, à Rome, avec les fils du Pacha et d'autres prisonniers, et, quelques années après, fut délivré avec eux en échange du Seigneur Gabriel Cerbelloni, et d'autres Chevaliers qui avaient été pris dans le fort de Tunis en 1574.

CHAPITRE XVIII

Ochali Pacha, dix-neuvième Roi.

§ 1er.

Un des hommes de notre temps sur lesquels le Destin sembla, suivant l'expression du poète, prendre plaisir à montrer la puissance de ses fantaisies, fut Aluch Ali, que nous appelons par corruption Ochali ; Aluch signifie, en langue Moresque, nouveau More, ou nouveau converti, ou Renégat, et ce n'est donc pas un nom, mais un surnom. Le nom propre est Ali ; Aluch Ali se traduit donc par : le Renégat Ali. Aujourd'hui on l'appelle Ali Pacha, en supprimant le mot Aluch ; mais, imitant le vulgaire, suivant le conseil d'Aristote, nous l'appellerons Ochali (1). Il était né dans le Royaume de Naples, à Licasteli, petit bourg de la province de Calabre, près du cap des Colonnes, de parents très pauvres et misérables. Dès son enfance, il se fit pêcheur et batelier jusqu'au moment où il fut pris par un célèbre corsaire, nommé Ali Ahmed, Renégat Grec, qui fut longtemps amiral d'Alger. Comme il était adulte et propre au service de la mer, Ali Ahmed le mit à la chiourme de sa galiote, où il rama plusieurs années ; il était teigneux et entièrement chauve, et cela lui valut mille affronts des autres Chrétiens, qui ne le laissaient ni manger avec eux, ni s'asseoir sur le même banc, et l'avaient surnommé *Fartas,* mot qui signifie, en Turc, teigneux. A la fin, un soldat

---

(1) C'est le nom qui a été le plus défiguré de toute l'histoire de ce temps. On le trouve écrit *Ochali, Occiali, Luccioli, Luciali, Loucioly, Luccioni,* etc. L'usage a prévalu de se servir de la transcription *Euldj-Ali.* Après la bataille de Lépante, il reçut le glorieux surnom de *Kilidj* (l'Épée).

corsaire Levantin lui ayant donné un grand soufflet, il se fit Turc et Renégat pour avoir la faculté de se venger, ce qu'il ne pouvait faire en restant Chrétien. Le Turc, son patron, ayant appris cela et sachant qu'il était bon marin, le nomma peu de temps après Comite ; dans ce poste, il gagna rapidement une bonne somme, avec laquelle, et en compagnie de quelques autres Corsaires, il arma à Alger une frégate, sur laquelle il continua à pirater, et parvint à posséder une galiote et à devenir un des principaux Reïs d'Alger. Plus tard, il se joignit avec son navire à Dragut Reïs, qui résidait aux Gelves, s'était fait grand seigneur en Barbarie, et lui avait offert un bon parti. Lorsque le Duc de Médina-Cœli, Vice-Roi de Sicile, entreprit, en 1560, d'enlever les Gelves à Dragut, celui-ci, averti de l'arrivée de la flotte Chrétienne, qui resta tout un hiver et une partie du printemps à Syracuse et à Malte, envoya en grande hâte Ochali à Constantinople, pour demander le secours d'une flotte Turque. Il négocia si bien, que le Sultan consentit à faire partir son Grand Amiral, Piali Pacha, avec cent galères et une grosse armée. En arrivant à vingt mille des Gelves, Piali craignait d'attaquer la flotte Chrétienne : ce fut Ochali qui le décida à le faire, et lui procura cette victoire, dans laquelle la plus grande partie des galères Chrétiennes fut prise ; c'est à peine si le Duc de Médina et Jean-André Doria parvinrent à s'échapper avec quelques galères ; les Turcs prirent ensuite le fort que les Chrétiens avaient bâti sur les Gelves, et firent captifs le Général Don Alvaro de Sande, Don Gaston, fils du Duc de la Cerda, Don Béranger, Général des Galères de Sicile, et Don Sanche de Leïva, Général de celles de Naples, avec plus de dix mille Espagnols et autres vieux soldats de valeur, parmi lesquels il y avait beaucoup de Capitaines, d'Alferez et d'Officiers, tous gens considérables (1). Depuis ce moment,

---

(1) Au sujet de la reprise des Gelves, voir les *Négociations de la France dans le Levant* (t. II, p. 610, 616, etc.). Don Alvaro de Sande

la renommée et la réputation d'Ochali s'accrurent beaucoup, et Piali l'eut particulièrement en grande affection. Plus tard, il alla à la guerre de Malte de 1565, en compagnie de Dragut, qui y fut tué à l'attaque de Saint-Elme, d'un éclat de pierre à la tête (1) ; Piali, en sa qualité de Capitan-Pacha de la mer et des places maritimes, nomma Ochali, qu'il aimait beaucoup, Roi et Gouverneur de Tripoli, en remplacement de Dragut, duquel il lui ordonna de faire les funérailles. Ochali partit de Malte avec trois galiotes, et, arrivé à Tripoli, s'empara des bâtiments, munitions, marchandises, trésors, esclaves et biens de son prédécesseur. Il gouverna à Tripoli deux ans et demi, pendant lesquels il devint fort riche, tant de cet héritage, que de ce qu'il amassa par des courses continuelles dans les mers de Sicile, de Calabre et de Naples. Il envoyait perpétuellement de riches présents à Piali Pacha, de l'amitié duquel il faisait grand cas ; celui-ci, reconnaissant de ces procédés, fit tant qu'il décida le Sultan, mécontent de la conduite qu'avait tenue Mohammed Pacha à l'égard des Mores de Constantine, à envoyer Ochali à sa place pour gouverner Alger ; il y arriva, comme nous l'avons dit, au commencement de mars 1568. A ce moment, la guerre de Grenade

---

et Don Sanche de Leïva furent menés à Constantinople, et recouvrèrent leur liberté en 1562 ; ils étaient logés chez l'Ambassadeur de France, qui donne sur eux des détails assez curieux : « Alvaro de » Sande et Sanche de Leïva avoient une haine plus que fraternelle » entre eux, et il fallut les traiter à des tables différentes. » (Loc. cit., p. 705.) — D'après de Thou (*Histoire universelle*, t. III, p. 591 et suiv.), Doria perdit à cette affaire ses plus beaux navires et jusqu'à sa propre galère.

(1) De Thou raconte que cette attaque sur Malte avait été conseillée au Sultan par Dragut et par Hassan ben Kheïr-ed-Din, qui y firent des prodiges de valeur : Euldj-Ali s'y fit remarquer par son courage. D'après le même historien, Hassan s'opposa à la levée du siège, demandant l'assaut, et s'offrant à y monter le premier avec ses janissaires. L'amiral Piali Pacha s'y opposa, disant qu'on avait déjà perdu assez de monde inutilement. (*Histoire universelle*, t. V, p. 50, 71, 87, etc.).

était très violente (1), les Mores de cette Province s'étant soulevés ; ils demandèrent à Ochali du secours par lettres et messagers. Celui-ci se contenta de permettre à quelques Corsaires et Turcs de s'y rendre à leurs risques et périls, mais n'y envoya ni des secours réguliers, ni des troupes, disant qu'il était plus sage de veiller à la conservation d'Alger et de son Royaume. Avant lui, on embarquait à Alger beaucoup d'épées, d'escopettes et d'autres armes pour les porter au Royaume de Grenade et les vendre aux Mores ; les principaux intermédiaires

---

(1) Ici l'historien a été insuffisamment renseigné : la révolte des Mores d'Espagne ne devait éclater que pendant la semaine sainte. Elle fut découverte quelques jours avant, par l'imprudence d'un des principaux chefs qui laissa saisir un dépôt d'armes depuis longtemps préparé. Mais, là où Haëdo commet la plus grande erreur, c'est dans le rôle qu'il fait jouer à Euldj-Ali, qu'il nous représente comme peu sympathique à la cause de ses coreligionnaires. Il avait, tout au contraire, rassemblé quatorze mille arquebusiers, soixante mille Mores, et envoyé quatre cents chameaux chargés de poudre à Mazagran, pour tenter à la fois une attaque de diversion sur Oran et un débarquement sur la côte d'Espagne (lettre de M. de Fourquevaux, fin mars 1568 ; Corr. d'Espagne, Harlay). Le Mercredi-Saint, il envoyait quarante galiotes devant Almeria pour y attendre le signal de la réussite de la révolte de Grenade : mais le complot était découvert, et l'entreprise avait échoué. Cet insuccès ne le découragea pas, et, au mois de janvier 1569, six galiotes d'Alger débarquèrent près d'Almeria des canons, des munitions, des armes et des renforts. Trente-deux galères chargées de troupes furent dispersées par la tempête au moment où elles apportaient un appoint précieux à l'insurrection, qui éclatait en ce moment dans toute sa force. Au mois d'octobre de la même année, Alger faisait parvenir aux révoltés quatre mille arquebuses, des munitions, et leur envoyait quelques centaines d'anciens Janissaires pour leur servir de Capitaines. Au commencement de 1570, il y eut un nouvel envoi d'armes et de troupes, et Euldj-Ali se disposait à s'y rendre en personne, lorsque Don Juan d'Autriche l'en empêcha, en commençant la campagne qui devait se terminer par la bataille de Lépante. (Voir les *Négociations de la France dans le Levant*, t. III, p. 26, 28, 32, 42, 46, 94, 129, etc.). Ajoutons que l'ambassadeur des Morisques se nommait Partal, de la ville de Narilla ; il fit deux voyages à Alger, où il se retira plus tard avec sa famille, quand tout espoir fut perdu. (DE THOU, *Histoire universelle*, t. VI, p. 80).

de ce commerce étaient les Mores originaires d'Espagne qui s'étaient réfugiés jadis à Alger et en Barbarie ; Ochali leur défendit ce négoce, ne voulant pas qu'on dépourvût Alger des armes nécessaires. Il accorda seulement à leurs importunités, que celui qui aurait deux armes d'une même sorte pourrait en envoyer une aux Mores de Grenade, mais seulement pour l'amour de Dieu et le service de Mahomet, et jamais à prix d'argent ; il fut ordonné que toutes ces armes seraient réunies dans une petite mosquée, qui est au Souk de la Verdure, où chacun devait les apporter ; il y en eut une telle quantité, que l'étonnement fut extrême, tant se montrèrent généreux, pour cette cause pieuse et sainte (1), les Mores originaires d'Espagne ; Ochali en fit conserver quelques-unes pour le Beylik dans l'arsenal de la Ville, et laissa parvenir le reste à destination. Dans cette même année 1568, il commença à bâtir un Bordj hors de la porte Bab-El-Oued, comme défense de l'Ouest, pour que, si une flotte Chrétienne venait attaquer Alger, elle ne pût opérer un débarquement sur une petite plage très sûre qui est tout près de là. Nous avons décrit minutieusement la fortification et la forme de ce château, dans la *Topographie* ou description d'Alger (2).

§ 2.

L'année suivante 1569, Ochali conquit pour le Sultan la ville et le Royaume de Tunis de la manière suivante : Muley-Hassan, auquel l'Empereur Charles-Quint avait rendu ce Royaume en 1535, après en avoir chassé Barberousse, avait un fils nommé Hamida, qui se souleva

---

(1) Il est bien évident qu'en se servant de ces épithètes, Haëdo se place au point de vue des Algériens.

(2) *Topografia*, chap. IX. — Nous avons déjà fait observer que l'inscription Turque placée sur la porte de ce fort en attribue la construction à Mohammed ben Salah-Reïs.

depuis contre son père alors absent à l'aide d'une grande partie de la population. Le père, qui était allé à Naples pour traiter avec l'Empereur, en partit à cette nouvelle avec plus de seize cents Chrétiens, dont la moitié avaient été levés à ses frais, et l'autre moitié fournie par Don Pedro de Tolède, Vice-Roi de Naples, pour recouvrer son Royaume sur ce fils rebelle ; il ne put y arriver, fut battu avec perte de toute son armée, et tomba entre les mains de son fils qui lui fit crever les yeux. Pendant plusieurs années, Hamida persécuta les partisans de son père, qui, ne pouvant souffrir ni sa tyrannie, ni celle de ses ministres, hommes de basse naissance, que Hamida (pour abattre la noblesse) avait élevés en dignités et auxquels il avait donné les charges et offices principaux, écrivirent plusieurs fois à Ochali, aussitôt qu'il fut Roi d'Alger, lui demandant de venir à Tunis et lui promettant de lui livrer le Royaume et la ville. Les trois principaux de ceux qui faisaient ces propositions étaient Ben-Djibara, Caïd de la Cavalerie, secrètement révolté contre le Roi, le Caïd Bou-Taïb et le Caïd Alkader. Ochali tardant à venir, ils se résolurent, au commencement de 1569, à renouveler leur demande et à le supplier très instamment de se rendre à leurs désirs, ce qui le détermina enfin à faire ce dont il était tant prié. Il partit en octobre 1569, laissant comme lieutenant un Renégat Corse, son majordome, qui s'appelait Mami-Corso. Il n'envoya pas de flotte et partit par terre avec cinq mille Turcs et Renégats Mousquetaires. En passant par Bône et Constantine, il en réunit trois cents autres, et le long du chemin, il s'était adjoint six mille cavaliers Mores, vassaux du Roi de Kouko, de celui de Labes, et de quelques autres chefs. Avec cette troupe et dix pièces de canon montés sur affuts, il arriva à la ville de Beja, qui est à deux petites journées en avant de Tunis. Le Roi Hamida se porta à cet endroit à sa rencontre avec environ trente mille Mores fantassins ou cavaliers. Quand la bataille fut commencée, les trois Caïds dont nous avons parlé et leurs complices, qui s'étaient entendus d'avance, passèrent du côté d'Ochali, comme ils l'avaient promis, en sorte qu'Hamida et ses partisans se retirèrent, voyant la trahison des leurs, et rentrèrent à Tunis sans avoir fait de pertes ; car le Roi espérait que la garnison de la ville l'aiderait à se défendre. Ochali arriva en le poursuivant à deux mille de Tunis, au Bardo, ou jardin du Roi. Il s'y arrêta avec tout son monde, pour voir ce que feraient les Tunisiens; ceux-ci, qui étaient déjà presque tous subornés, mécontents du gouvernement de leur Roi, et qui, du reste, sont d'une race sans foi, inconstante et amoureuse du changement, passèrent peu à peu du côté du vainqueur. Hamida, voyant cela et ne sachant à qui se fier, prit ses deux femmes, ses deux fils, le plus d'argent qu'il put, avec beaucoup de bijoux et d'effets, et se dirigea vers la Goulette avec vingt-cinq serviteurs ou amis. A cette nouvelle, quelques Mores se jetèrent à sa poursuite, et pillèrent la plus grande partie de ce qu'il emportait; il s'enferma dans la Goulette avec ses femmes, ses fils, ses amis et ce qu'il put sauver de ses trésors. Ochali, ayant appris la fuite de Hamida, marcha sur Tunis, avec son armée et y entra à la fin de décembre 1569 ; il y fut obéi de tous, fit beaucoup de faveurs, et nomma aux charges principales les notables et les Caïds qui l'avaient appelé et s'étaient joints à lui. Les Arabes de la campagne vinrent le trouver et lui offrirent leur soumission. Ochali les reçut d'abord de bonne grâce et leur fit bon visage; mais, peu de jours après, il leur déclara qu'ils devraient lui payer tribut, parce que c'était la seule manière d'entretenir le Royaume, la ville et la garnison de Turcs qu'il avait l'intention d'y laisser. Les Arabes répondirent fort librement que, s'il voulait un tribut, il sortît en plaine avec la lance et qu'alors ils le paieraient, mais non autrement; et la chose en resta là. Ochali passa tout l'hiver à Tunis, pacifiant le Royaume et soumettant à son obéissance la plupart des villes et des provinces. Au mois de février de l'année suivante 1570, il délégua le gouvernement à un

Renégat Sarde de très bon jugement qui se nommait Caïd Rabadan et nomma Beglierbey un Renégat Napolitain du même Rabadan nommé Caïd Mohamed ; il laissa une garnison de trois mille Turcs Mousquetaires, se mit en chemin à la fin du mois, et arriva à Alger au milieu d'avril 1570.

§ 3.

Un bon nombre de jours avant qu'Ochali ne retournât à Alger, il avait envoyé en avant un More qui avait un esclave Nègre, grand coureur, qui allait aussi vite que la poste (1), nommé Peyq, pour prévenir tous les Reïs de mettre en ordre leurs galères et leurs galiotes, de façon à ce qu'elles fussent prêtes et toutes espalmées à son arrivée ; il avait fait dire à son majordome, Mami-Corso, qu'il avait laissé à Alger en qualité de Khalifa (ainsi que nous l'avons dit), d'armer une galère bâtarde qu'il avait fait construire jadis. En sorte que, arrivé à Alger, il fut prêt en un mois et demi à peine, s'embarqua au mois de juin dans une galère bâtarde de vingt-six bancs, et mit le cap à l'Est, avec vingt-trois autres gros bâtiments bien approvisionnés et bien pourvus de monde. Son intention était d'aller avec son escadre à Constantinople, afin de demander au Sultan une flotte et une armée pour prendre la Goulette ; car il jugeait que ni lui ni les Turcs ne seraient vraiment maîtres de Tunis tant qu'il y aurait des Chrétiens dans ce fort. Il était arrivé devant le cap Passaro, en Sicile, quand il apprit d'un jeune garçon capturé par ses galiotes que quatre galères Maltaises se trouvaient à Licata, ville maritime de Sicile, pour passer de là à Malte. A cette nouvelle, Ochali ordonna que tous ses vaisseaux prissent la mer, de manière qu'on ne pût pas les découvrir, pour attendre ces

---

(1) Sic.

galères dans le canal qui est entre Malte et la Sicile. Cela fut fait, et les vingt-quatre vaisseaux, démontant leurs mâts, naviguèrent à la rame en guettant les galères, et, quand ils les aperçurent et furent aperçus d'elles, ils se lancèrent dessus à toute vitesse. Les Chevaliers, qui se virent attaqués par tant de vaisseaux, furent d'avis différents ; les uns voulaient en venir aux mains, disant que Dieu les aiderait ; les autres, au contraire, opinaient pour qu'on cherchât à s'échapper. Le Général des galères fut de ce dernier avis, et trois des navires s'enfuirent vers la Sicile. Un seul d'entre eux, nommé *Santa-Anna,* tint tête aux Turcs et fut attaqué par huit de leurs vaisseaux, contre lesquels il combattit très rudement pendant plus de deux heures, après lesquelles il fut pris, tous les Chevaliers ou soldats étant morts ou blessés. Des trois autres, l'un s'échappa et, en retournant au cap Passaro, prit sur sa route un brigantin Turc. Et, comme vint à passer par hasard une galiote Chrétienne qui allait en Corse, il s'y réunit et ces deux navires donnèrent ensemble la chasse à deux autres brigantins Turcs, qu'ils prirent. Des deux autres galères, l'une s'échoua à terre près de la Licata, et l'autre un peu plus loin, près d'une tour qui était sur le rivage ; les Chevaliers, pour empêcher les Turcs de s'emparer des vaisseaux, convinrent de les saborder, de les couler à fond et de débarquer la chiourme. On aurait bien pu le faire ; mais le Général (1) s'y opposa, pensant qu'une fois à terre, il pourrait empêcher les Turcs de s'emparer des bâtiments. Cependant le contraire arriva, et ils prirent ces deux galères avec une grosse et bonne chiourme de Turcs et Mores qu'ils délivrèrent, beaucoup de matériel, et un gros butin dont elles étaient chargées. Beaucoup disent que cette prise leur coûta cher ; car Ochali changea de dessein à la suite de cet événement, et, ne poussant pas plus avant,

---

(1) C'était le Commandeur de St-Clément, qui fut tué dans le combat. (Vertot, *Hist. des Chev. de St-Jean de Jérusalem*, t. IV, p. 108).

il retourna à Alger, où il rentra le 20 juillet 1570, avec ses galères toutes pavoisées remorquant celles de Malte. Et, en mémoire de cet exploit, il fit accrocher, devant la porte de la Marine, beaucoup de boucliers et de targes qu'il avait trouvés sur les trois galères, et les croix blanches de Malte dont elles étaient ornées, suivant l'habitude des Chevaliers en temps de guerre; ces trophées sont encore aujourd'hui (1) à la même place. Il fit mettre au milieu la statue de saint Jean-Baptiste qui décorait la galère Capitane; mais, en 1578, Hassan-Pacha, Renégat Vénitien, Roi d'Alger, sur les instances des Marabouts, qui sont les lettrés parmi les Mores, donna l'ordre de l'ôter et de la brûler à la porte de son palais, avec d'autres emblèmes qui avaient été pris plus tard par les Corsaires dans d'autres galères, et qui étaient accrochés au même endroit.

§ 4.

Ochali, revenu à Alger, fut en très mauvais accord avec les Janissaires, toute cette année là et tout le temps qu'il resta ensuite à Alger (2); la véritable cause fut son inexactitude à leur délivrer leur paye, si bien qu'ils le menacèrent plusieurs fois de le tuer, et qu'ils furent, d'autres fois, sur le point de le faire. Au commencement de l'année 1571, il fit apprêter en grande diligence autant de navires que possible, et, le mois d'avril arrivé, il quitta Alger presque comme un fuyard avec vingt galères

---

(1) En 1578-1581.
(2) Le mauvais accord datait de bien plus loin, et M. de Fourquevaux écrivait au Roi à la date du 7 avril 1569: « Il tient à l'ancre
» quatorze bons vaisseaux chargez de tout son bien et de ce qu'il a
» peu desrober et armez d'hommes à lui fidelles. Et, afin de ne pou-
» voir estre empesché de faire voille à sa vollonté, il a donné com-
» mission à toutz les coursaires de ladite ville d'aller en course à leur
» adventure, de sorte que seulement sesdits quatorze vaisseaux y
» sont demourez. » (*Corr. d'Espagne*, Harlay).

et galiotes; quoique la mer fut très mauvaise, il n'en sortit pas moins du port, pour se délivrer de la milice qui cherchait à l'empêcher de s'en aller, et se dirigea vers Matifou; il avait mis sur sa galère des rameurs Chrétiens en nombre suffisant. Les Janissaires, pensant qu'il s'arrêterait à Matifou, y envoyèrent par terre vingt de leurs principaux Boulouks-Bachis pour qu'ils le fassent revenir, ou, en cas de refus, pour qu'ils fissent mutiner les soldats et Janissaires qui étaient dans les navires. Mais Ochali était parti malgré le temps contraire, et, quand les Boulouks-Bachis arrivèrent, ils ne le trouvèrent plus. Il avait délégué ses pouvoirs au Caïd Mami Corso, le même qu'il avait eu pour Khalifa les années précédentes, et, malgré ce qui s'était passé, tout le monde lui obéissait. Ochali rencontra en route une galiote qui lui apportait un commandement du Sultan (d'autres disent qu'il l'avait déjà reçu depuis longtemps) le prévenant qu'on assemblait à Constantinople un grand armement contre la chrétienté et lui ordonnant de venir s'y joindre avec le plus de navires possible; car les Vénitiens, qui guerroyaient contre les Turcs à l'île de Chypre, s'étaient alliés avec le Pape Pie V et avec Philippe, Roi d'Espagne, et avaient levé, à frais communs, une puissante armada pour se défendre contre les agressions du Grand Seigneur. En vertu de ces ordres, Ochali se rendit immédiatement avec ses vingt navires (1) au port de Coron, en Morée, qu'il quitta ensuite pour se joindre à la flotte turque, dont l'Amiral fut fort content de le voir arriver, étant très heureux de renforcer son armée d'un aussi bon marin qu'Ochali, et des Reïs et Turcs qu'il amenait avec lui. Pendant tout le printemps, il fit, joint à la flotte Turque, de grands dégâts dans les îles de Candie et de Cerigo qui sont aux Vénitiens; le

---

(1) La lettre du Chevalier de Romegas, qui assistait à la bataille, ne donne que sept galères à Euldj-Ali; elle ajoute qu'il prit le commandement de la retraite et parvint à sauver trente navires.

jour où se donna la bataille navale entre les deux flottes, il commandait l'aile gauche, et s'y montra si bon marin qu'il ne se laissa jamais investir ni aborder par les galères Chrétiennes, étant toujours prêt à se dérober quand cela était nécessaire. Plus tard, quand il vit que les galères de Malte, qui étaient devant lui, avaient beaucoup souffert, il les aborda, tua à coups d'arquebuses un grand nombre de Chevaliers, et les chargea de telle sorte que ses soldats s'emparèrent de la capitane de Malte (1). Mais ensuite, ne pouvant plus douter que la victoire ne se déclarât en faveur des Chrétiens, il se retira, traînant à la remorque la capitane de Malte et emportant l'étendard de la religion. Il n'osa pas s'arrêter à Lépante quand il fut certain de la défaite complète de la flotte Turque, et fit route vers Constantinople. Grâce à la faveur de son ami Piali, qui vivait encore, et à la prise de l'étendard de Malte qu'il présenta au Sultan, il put si bien défendre sa cause que, non-seulement le Grand Seigneur ne s'irrita pas contre lui, mais que, peu de mois après (il avait offert très audacieusement, si on lui donnait une flotte, non-seulement de défendre les côtes de l'Empire, mais encore de combattre les armées Chrétiennes si elles sortaient l'année suivante), il fut fait Grand Amiral (2) sur l'avis de

---

(1) Au sujet de la bataille de Lépante, et du rôle glorieux qu'y joua Euldj-Ali, voir les *Négociations de la France dans le Levant* (t. III, p. 186 et suiv. et 243) et l'*Histoire universelle* de De Thou. (t. VI, p. 233, 244, etc.). Ali ne voulait pas que la flotte Turque restât dans la rade, et avait conseillé un déploiement qui eût évité le désastre ; mais il dut obéir aux ordres de l'Amiral ; les Algériens se distinguèrent tout particulièrement dans le combat.

(2) Une lettre de M. de Noailles, ambassadeur à Constantinople, datée du 23 mars 1572, informe le Roi de cette nomination. Elle annonce qu'Euldj-Ali est venu lui faire une visite courtoise, et l'a assuré de son bon vouloir et du désir qu'il avait de rendre service à la France. (*Négociations de la France dans le Levant*, t. III. p. 251). Une autre lettre, du 18 juin, parle de l'activité avec laquelle le Grand Amiral arme la flotte ; il a fait abandonner l'usage de l'arc, et armer d'arquebuses tous les équipages. (Loc. cit., p. 272). D'après De Thou, l'Espagne cherchait à se concilier la faveur du nouveau Capitan-

Piali. En 1572, il sortit au mois de juin de Constantinople, avec une flotte de deux cent trente galères (tel fut l'empressement qu'on eut en Turquie de travailler tout l'hiver à faire et à armer de nouveaux bâtiments!); il vint avec elles en Morée et fit face aux Chrétiens comme pour engager le combat; cette démonstration ne fut pas suivie d'effet, par la faute des chefs de l'armada, qui eussent pu vaincre s'ils eussent osé attaquer. J'ai entendu dire par des Turcs qui étaient alors avec Ochali, que les Chrétiens étaient assez forts pour détruire ou mettre en fuite la flotte Ottomane; mais ce sont là des jugements de Dieu et des choses ordonnées par sa Divine Providence et Sagesse infinie! Cette fois, rien que pour ne pas avoir été vaincu, Ochali gagna l'honneur que lui aurait rapporté une victoire, et son crédit et sa renommée s'en accrurent auprès du Sultan.

§ 5.

En l'année suivante 1573, Don Juan d'Autriche vint à Tunis et conquit la ville et le Royaume pour la couronne d'Espagne (1). La nouvelle de cette victoire causa un

---

Pacha. Après la bataille de Lepante, le Pape Pie V, par l'intermédiaire du Cardinal Alexandrini, avait fait conseiller à Philippe II de chercher à séduire Euldj-Ali par l'offre d'un bon gouvernement en Espagne ou en Sicile : « Quand même on ne réussirait pas, dit-il, cela n'en » serait pas moins utile : car on exciterait ainsi les soupçons de » Sélim ; et Euldj-Ali est le seul homme qui soit capable, par sa » valeur et son habileté, de soutenir les affaires de la Porte. » (*Histoire universelle*, t. VI, p. 254).

(1) Il se passa ce qui avait été prévu par Euldj-Ali; il n'avait cessé, depuis la reprise de Tunis, de demander qu'on chassât les Chrétiens du fort de La Goulette, qui offrait à l'attaque un point d'appui naturel, dont profita habilement Don Juan, au moment où la flotte Ottomane, désemparée par deux tempêtes successives, avait dû rentrer pour se refaire. Quoiqu'il en soit, la fureur du Sultan fut grande, et l'Amiral faillit y laisser sa tête, qu'il ne sauva qu'à prix d'or : « Moyennant plusieurs centaines de milliers de ducats

grand chagrin à Ochali, qui demanda instamment au Sultan de l'envoyer avec une flotte à Tunis, promettant non-seulement de reprendre cette ville et le fort que les Chrétiens avaient construit, mais encore La Goulette, quoiqu'elle passe pour inexpugnable. Le Grand Seigneur lui accorda sa demande et lui adjoignit, pour les opérations de terre ferme (afin qu'il ne se séparât pas de la flotte), un Renégat Bosnien, nommé Hassan Pacha. Ochali arriva à Tunis, au mois de juillet 1574 (1), avec deux cent cinquante galères, dix mahonnaises et trente caramuçaux transportant ses troupes, artillerie, munitions et victuailles. Il fit sa jonction avec le Roi d'Alger, Arab Ahmed, qui l'avait remplacé par ordre du Sultan, quelques années auparavant, et avec le Roi de Tripoli et le Caïd de Kairouan (2), chef des Turcs qui s'étaient retirés de Tunis avec lui, à l'arrivée de Don Juan et de son armée. Il réunit encore une grande quantité de Mores et d'Arabes de l'intérieur du pays, qui vinrent se mettre sous ses ordres, mus par leur amour du changement. Avec tout ce monde, il éleva quatre batteries, deux contre le nouveau fort que Gabriel Cerbelloni avait construit par ordre du Roi d'Espagne ; le Roi de Tripoli en commandait une, le Caïd de Kairouan une autre, et tous deux obéissaient à Hassan Pacha ; il employa à battre La Goulette deux autres batteries très fortes : l'une, du côté de Arreïs, et l'autre, du côté de Carthage ; celle de Arreïs était sous les ordres d'Arab

---

qu'il donne au maistre, et si, je crois que le vin du vallet n'y est pas oublié. » Lettre de M. de Noailles à Catherine de Médicis. (*Négociations de la France dans le Levant*, t. III, p. 452.)

(1) Le 13 juillet 1574, les Espagnols n'avaient pas terminé les travaux de défense ; le 23 août, La Goulette fut prise et presque toute la garnison massacrée ; le 13 septembre, le fort de Tunis succomba, à la suite d'un terrible siège et d'une défense héroïque.

(2) Le Cheik Kaïder. — Il parait prouvé que Don Juan n'avait pas rencontré à Tunis de résistance sérieuse, Rabadan Pacha ayant pris la fuite dès la nouvelle du débarquement des Espagnols. (De Thou, *Histoire universelle*, t. VI, p. 561, etc.).

Ahmed; il prit lui-même le commandement de l'autre ; en moins de quarante jours, par ses efforts et ses soins, les deux forteresses furent prises, et il s'en retourna à Constantinople, victorieux et très content, avec beaucoup de gloire et nombre de captifs (1). En l'année suivante, 1575, il se reposa à Constantinople. En 1576, il en sortit au mois de juillet, avec soixante galères, et, malgré un temps très mauvais qui le rejeta deux fois de Calabre en Morée, il atteignit le but fixé, et, débarquant du monde près de Squillace, saccageant, ravageant plusieurs villages, s'avança jusqu'au Cap des Colonnes, lieu de sa naissance, et, de là, s'en revint à Constantinople. Il y passa toute l'année 1577 ; en 1578, la Milice qu'entretenait le Sultan à l'île de Chypre, massacra Arab Ahmed, Roi et Gouverneur de cette province, parce qu'il ne leur payait pas régulièrement la solde (2) ; le Sultan, à cette nouvelle, envoya Ochali avec cinquante galères pour châtier les auteurs de la sédition et lui donna l'ordre de couper la tête à une grande partie d'entre eux, d'en empaler quelques-uns et d'en jeter d'autres aux ganches ; enfin, de tirer de tous une justice terrible et éclatante, ce qui fut exécuté.

§ 6.

En 1579, pendant les grandes guerres qui survinrent

---

(1) Voir les relations du siège, par le comte Gabrio Serbelloni, qui commandait à Tunis, et Don Juan de Zamoguerra, chargé de la défense du fort de l'île Chekli. (*Revue africaine*, 1877, p. 294-298 et 361-379, etc.).

Voir encore Diègo de Torres, *Cronica de guerra* (Sarragosse, 1579). Cet écrivain avait combattu à La Goulette, dont il était un des rares survivants.

(2) Et aussi parce qu'il les avait exaspérés par sa cruauté ; ils le firent périr dans d'horribles supplices et le coupèrent en petits morceaux, qu'ils se partagèrent entre eux. (Hammer, *Histoire de l'Empire Ottoman*, t. III, p. 57, traduction de Hellert).

entre le Grand Seigneur, le Sophi, Roi de Perse, et d'autres grands Royaumes d'Orient, le Sultan fut forcé (ayant perdu beaucoup de monde dans trois défaites que le Sophi lui avait infligées) de demander secours au Grand Tartare, qu'on nomme le Grand Kan; celui-ci lui envoya un de ses frères avec cent cinquante-mille cavaliers. Le Sultan, ayant appris la levée de cette armée et voulant empêcher les Géorgiens alliés du Sophi (qui sont les anciens Hibères et Aulnes, tous chrétiens aujourd'hui) de fermer le passage aux Tartares, qui étaient forcés de traverser leur territoire, ordonna à Ochali de traverser la mer Noire, et de bâtir un fort sur une rivière voisine de Trébizonde, qui traverse le pays des Géorgiens. Ochali partit à cet effet de Constantinople à la fin de mai 1579, avec quarante galères; il construisit le château au lieu désigné (1); mais, peu de temps après, les Géorgiens survinrent, le forcèrent à se retirer, coupèrent la tête à tous les Turcs qui étaient dans le château, qu'ils rasèrent entièrement. Ochali, fort mécontent, revint à Constantinople; peu de jours après, ces mêmes Géorgiens, unis à d'autres troupes que le Sophi leur avaient envoyées, fermèrent le chemin aux Tartares qui descendaient des Monts-Carpios (2), coupèrent la tête à plus de la moitié d'entre eux et forcèrent les autres à la fuite. Ochali vécut en grande réputation parmi les Turcs et il fut le maître absolu de tout ce qui concernait la marine et les côtes de l'Empire Ottoman, avec plus de pouvoir que n'en avait jamais eu aucun Grand Amiral avant lui (3). Il tenait con-

---

(1) C'est la forteresse de Kars: mais Haëdo est dans l'erreur en disant que les Géorgiens la reprirent à Euldj-Ali, qui n'en termina même pas la construction, dont l'achèvement fut dû au Seraskier Mustafa-Pacha. (Voir *Négociations de la France dans le Levant*, t. III, p. 808.) Il ne paraît pas avoir connu davantage le projet du percement de l'Isthme de Suez, qu'Ali commença à exécuter, et dont l'achèvement ne fut entravé que par l'avarice de Sélim. (Loc. cit. t. IV, p. 536, etc.)

(2) *Sic.*

(3) Ce n'est pas peu dire: car les pouvoirs d'un Capitan Pacha

seil indépendamment des autres Pachas, et il y donnait seul les ordres, ce que jamais Amiral n'avait fait. Il avait une habitude singulière : les jours où il se trouvait mélancolique, et où il ne voulait pas qu'on lui parlât d'affaires, il s'habillait de noir ; quand il était vêtu de couleurs claires, c'était un signe que chacun pouvait l'aborder et lui parler. Il se fit construire pour l'habiter un grand et somptueux palais à cinq milles de Constantinople, sur la rive du détroit qui va de cette ville à la mer Noire ; peu de temps après il éleva, sur le bord même de la mer, une mosquée très grande, riche et somptueuse, et à côté d'elle, une kouba ou sépulture très belle et très ornée à la mode Turque ; c'est là qu'il fut enterré après sa mort. Il n'avait ni fils, ni fille, mais gardait dans sa maison plus de cinq cents Renégats, qu'il appelait ses fils et traitait comme tels. En 1580, il avait 72 ans (1) ; sa barbe n'a-

---

étaient immenses. Tout ce qui se rattachait à la marine était sous ses ordres absolus ; personnel, arsenaux, îles, côtes et ports, garnisons et milices. Il avait le droit de lever des troupes et de frapper des contributions. Hors des Dardanelles, il tenait Divan et jugeait en dernier ressort, sans appel. Il donnait les charges et places dans la marine, traitait directement pour les constructions et les réparations. D'énormes revenus lui étaient assignés sur l'Archipel et l'Anatolie. Trois compagnies de Janissaires lui servaient de gardes de corps, indépendamment de ses officiers et de sa maison militaire. Enfin, il avait le cinquième de toutes les prises maritimes. (*Abrégé chronologique de l'histoire Ottomane*, De La Croix, Paris, 1768, 2 vol. in-12, t. I, p. 402.)

(1) Il mourut le 27 juin 1587, comblé d'honneurs et de richesses, mais n'ayant jamais pu parvenir à son *desideratum*, celui de tous les grands Pachas d'Alger depuis Barberousse, c'est-à-dire la fondation d'un État unique comprenant tous les royaumes de l'Afrique septentrionale. La réalisation de ce grand rêve, qui eût peut-être donné la Méditerranée à l'Islam, fut toujours entravée par les défiances du Grand Divan. Il est utile de faire remarquer que, jusqu'à sa mort, il est qualifié de Roi d'Alger dans les lettres et mémoires des Ambassadeurs Européens, pour lesquels ses successeurs ne sont que des gouverneurs intérimaires. (Voir *(passim)* les *Négociations* déjà citées). Après les fondateurs de la Régence, Euldj-Ali fut le plus illustre des Pachas d'Alger. Il fut aussi le dernier de ceux qui méritèrent ce titre par leur valeur personnelle. Après lui, nous ne verrons plus de chefs

vait aucunement blanchi ; il était de haute taille, robuste, brun, avait la voix voilée à tel point, qu'on ne pouvait l'entendre que de près ; sa tête (comme elle l'avait toujours été) était pelée par la teigne. Il régna et gouverna à Alger trois ans et un mois en personne, depuis le mois de mars 1568 jusqu'au mois d'avril 1571, où il se rendit en Turquie pour se joindre à la flotte Turque ; il resta Roi pendant une absence de plus d'un an, jusqu'au moment où fut nommé Arab-Ahmed, en 1572 (1) ; pendant ce temps il avait laissé comme lieutenant à Alger, son Kahia ou majordome, le Caïd Renégat Mami-Corso.

---

de guerre, ni de grands politiques : ce ne seront plus que des envoyés triennaux, qui ne chercheront même pas à gouverner, et ne songeront qu'à s'enrichir, tout en sauvant leur tête, se résignant à subir le mépris et les caprices des Janissaires et de la Taïffe. La mort d'Euldj-Ali marque donc une des *époques* de l'Histoire de la Régence : elle est suivie de l'abandon de la protection effective de la Porte pour Alger, et, réciproquement, de la rupture des liens d'obéissance qui rattachaient cette ville au chef de l'Islam. On verra plus tard, malgré les ordres du Grand Divan, la milice et les Reïs déclarer la guerre à des nations amies de leur Suzerain, s'érigeant ainsi de fait en état indépendant. La France notamment, vit changer du tout au tout des relations jusqu'alors excessivement cordiales, et que Euldj-Ali, pour sa part, avait entretenues avec la plus grande affection. (Loc. cit., t. III, p. 251, 799, 848, 854, 876, etc.)

(1) La vérité est qu'Arab-Ahmed, Rabadan et Hassan-Vénitien ne furent, à proprement parler, que des Khalifats d'Euldj-Ali, qui continua à gouverner l'Afrique, et y fit nommer les Pachas à sa volonté, jusqu'au moment où une intrigue de sérail amena le gouvernement intérimaire de Djafer, qui est lui-même qualifié de *Lieutenant d'Ali* dans les lettres de nos Ambassadeurs.

CHAPITRE XIX

Arab Ahmed Pacha, vingtième Roi.

§ 1er.

Au moment de la nomination d'Ochali au commandement des flottes Turques, Arab Ahmed fut pourvu du gouvernement d'Alger. Il était More ou Arabe, né à Alexandrie, en Égypte; son nom propre était Ahmed, et comme il était More ou Arabe, on le nomma Arab Ahmed, pour le distinguer des autres Ahmed. Il fut élevé, dans sa jeunesse avec les Turcs; étant ensuite passé à Constantinople, il devint gardien des esclaves du Sultan, charge très prééminente et de grand profit, parce que celui qui l'occupe prend une grande partie de ce qui est donné pour la subsistance des pauvres esclaves Chrétiens. Comme il était intelligent et subtil, il sut se faire de si bons amis que, lorsque Ochali, nommé Pacha de la Mer, quitta le gouvernement d'Alger, il en fut pourvu à sa place. Il y arriva au mois de mars 1572, avec six galères qu'il renvoya tout de suite, à cause du besoin qu'en avait son prédécesseur; car, cette année là, qui fut celle de la bataille de Navarin, il combattait contre la flotte Chrétienne (1). Et, comme à cette époque, on eut bien peur que cette flotte ne vînt attaquer Alger, Ahmed s'occupa activement à rendre la ville aussi forte que possible (2). Tout d'abord, il fit raser un grand et riche

---

(1) Il résulte d'une lettre de M. du Ferrier au Roi, qu'au mois de juillet 1572, les Mores de l'intérieur étaient révoltés contre les Turcs. (*Négociations de la France dans le Levant*, t. III, p. 282).

(2) Charles IX, instruit des projets de l'Espagne contre Alger, en avait fait instruire Ahmed par le Gouverneur de Marseille. (Voir sa lettre, citée dans les *Négociations*, t. III, p. 388). En revanche, le

faubourg composé de beaucoup de maisons, en dehors de la porte Bab-Azoun ; on en voit encore aujourd'hui les ruines et les murs. Il détruisit cette porte elle-même, et la refit entièrement à neuf, avec un ravelin en avant, et agrandit partout le fossé, à la largeur qu'il a encore aujourd'hui, comme nous l'avons dit dans la *Topographie d'Alger* (1). De ce même côté de la ville, qui est celui où une attaque de l'ennemi est le plus à craindre, il éleva un fort bastion ou cavalier à l'extrémité de la muraille qui touche à la mer. Il édifia aussi, en dehors de cette porte, une fontaine qui donne continuellement de l'eau. Il tourna ensuite ses soins sur l'île qui est réunie à la ville par le môle et le terre-plein qui forment le port, et (comme nous l'avons dit ailleurs) (2) il l'entoura d'une petite muraille formant comme un parapet fortifié, pour que l'ennemi ne put y débarquer et, de là, battre la ville. Il y construisit la tour du Fanal et l'autre tour qui est à la pointe de l'île, pour garder le port pendant la nuit. Depuis, il fit une autre fontaine considérable en dehors de la porte Bab-el-Oued, en réunissant beaucoup de sources qui prennent naissance dans les petites montagnes voisines d'Alger ; les eaux en sont très claires, très fraîches et salubres. Il s'occupa à ces divers travaux pendant tout le temps de son règne qui dura deux ans et deux mois, toujours présent au milieu des ouvriers et les dirigeant, un bâton à la main. Il n'arriva rien de remarquable de son temps (3), hors une grande peste qui dura près de deux ans et enleva plus d'un tiers de la

---

Roi d'Alger avait envoyé à son allié des présents de chevaux, lions, tigres et bubales (que M. de Menillon appelle : *vache fort estrange*). (Loc. cit., p. 552).

(1) Chap. IX.

(2) Id.

(3) Haëdo ne semble pas avoir eu connaissance des démarches qui furent faites en 1572 pour mettre un prince Français sur le trône d'Alger. On peut lire toutes les lettres relatives à cette singulière tentative dans le tome III des *Négociations* (p. 231 et 291-348).

population. Il rendit une justice rigoureuse et fit pendre une grande quantité de Mores pour des fautes très légères. Il était naturellement cruel, et comme il avait été longtemps gardien de captifs, il avait toujours le bâton à la main, en frappait les esclaves, et si quelque Chrétien cherchait à s'enfuir (comme cela arrivait chaque jour) il remplissait lui-même l'office de bourreau, tout Roi qu'il était, et les bâtonnait sans pitié de sa propre main. Il eut un soin particulier de satisfaire la milice, que son prédécesseur Ochali avait mécontentée et avec laquelle il avait toujours vécu en dissention; cette conduite lui concilia l'affection des Turcs (1) qu'il put gouverner quoiqu'il fut More ou Arabe, chose qui se voit rarement, parce que les Turcs considèrent tous les Mores comme de la vile canaille ou à peu de chose près.

§ 2.

En 1574, quand Ochali attaqua La Goulette et le fort de Tunis, Arab Ahmed, aussitôt qu'il eut appris son arrivée, partit d'Alger à la fin de mai, laissant à Alger son successeur Rabadan Pacha. Il emmenait trois galères à lui, et quatre autres appartenant à des Reïs ses amis; ils s'arrêtèrent quelque temps à Bougie, jusqu'à ce qu'ils surent l'arrivée d'Ochali à La Goulette et ils vinrent alors se joindre à lui. L'Amiral lui donna le commandement d'une des batteries dressées contre La Goulette, du côté de Arraez; Arab Ahmed se montra diligent et valeureux,

---

(1) Tout cela n'est pas très exact. Les Turcs ne laissèrent pas Ahmed gouverner aussi tranquillement que le dit Haëdo. Le parti des Reïs, commandé par Mami Arnaute, se mit en révolte ouverte et gagna sa cause. En même temps, Charles IX se plaignait à la Porte des infractions non réprimées par Ahmed, qui fut disgracié et destitué sur les réclamations de l'évêque d'Acqs : « Il y a plus de deux mois » qu'il a esté faict *mansy* (c'est-à-dire privé de solde et de grade), et » en sa place a esté destiné un autre Turc appelé Caïd Ramdan, etc. » (Lettre de M. l'évêque d'Acqs au Roi, *Négociations*, t. III, p. 553, 554).

non-seulement comme chef, mais encore dans le combat où il se portait en personne comme un simple soldat. Après la prise de La Goulette et du fort, il revint à Constantinople avec Ochali. En 1577, le Sultan lui donna le gouvernement de l'île de Chypre, qu'il exerça toute cette année; en 1578, les Janissaires s'insurgèrent contre lui, à Famagouste, parce qu'il ne leur donnait pas leur paye au temps voulu; ils envahirent son palais et lui coupèrent la tête (1); il fut donc Roi à Alger deux ans et deux mois, et dans l'île de Chypre un peu plus d'un an. A son départ d'Alger, il commençait à grisonner et avait cinquante ans; à sa mort, il en avait cinquante-quatre; c'était un homme robuste, très charnu, très brun, très velu et barbu; son poil était noir, sa stature moyenne, son caractère très colère et cruel. Il y avait eu dans son temps une grande peste à Alger; les Rois, comme nous l'avons dit ailleurs, héritent de ceux qui meurent sans enfants, et des Mores mêmes s'ils en ont, à moins qu'ils ne soient majeurs; encore, dans ce cas là, prennent-ils une part; cette épidémie lui procura ainsi de grandes richesses, dont hérita son fils, qui fut capitaine à Fanal, et possédait deux galères bien armées; ce fils s'appelait Mohammed, et vécut à Constantinople.

---

(1) Voir p. 150, note 2.

CHAPITRE XX

Rabadan Pacha, vingt-unième Roi

§ 1er.

A la fin du mois de mai 1574, Rabadan Pacha, Renégat Sarde (1), prit possession du Pachalik. Il avait été capturé tout jeune en Sardaigne, un jour où il gardait un petit troupeau de chèvres appartenant à son père ; son patron, marchand Turc d'Alger, qui l'avait acheté, vit que c'était un enfant bien doué et intelligent, et l'envoya à l'école, où il apprit les langues Turque et Arabe, ainsi que la lecture et l'écriture (2) de ces deux idiomes. Il vécut longtemps avec son patron et, devenu grand, se maria avec une Renégate Corse, s'occupant de commerce ; plus tard, il fut nommé Caïd dans divers pays. Pendant les nombreuses années qu'il occupa ces charges, il acquit de grandes richesses, du crédit et de la réputation, et se fit connaître de tout le monde comme un homme juste, droit, doux, bénin, ce qu'il était réellement ; il avait un jugement et une prudence remarquables pour un Turc. Ce fut pour ces raisons qu'Ochali l'emmena avec lui, en 1569, quand il entreprit la conquête du Royaume de Tunis. En 1570, en retournant à Alger, il le laissa comme Gouverneur de la Tunisie, se disant qu'avec la prudence, la justice, la douceur et le bon jugement qu'il avait plus que tous autres, Rabadan contenterait et pacifierait les Mores de ce Royaume nouvellement conquis. Les prévisions d'Ochali furent justifiées, et Rabadan gouverna en grande paix jusqu'au moment où Don Juan d'Autriche,

---

(1) D'après notre ambassadeur à Constantinople (lettre de M. de Noailles à Charles IX), Rababan était de nation Turque, et non Renégat Sarde, comme le dit Haëdo. *(Négociations*, t. III, p. 554).

(2) Sic.

qui prit Tunis en 1573, le força de se retirer à Kaïrouan avec tous ses Turcs (1). Pendant le temps de son gouvernement, il ne fit rien de remarquable, sinon quelques escarmouches contre les Chrétiens qui occupaient alors la Goulette. Après sa retraite à Kaïrouan, il battit une armée de Mores qui, aidée de cinq cents soldats Chrétiens que le Général de la Goulette leur avait envoyés, était venue l'attaquer à Mahamete, ville située entre Tunis et Kaïrouan ; il en fit un grand massacre et captura quelques Chrétiens. En 1573, les Mores et les habitants d'Alger demandèrent au Sultan de faire remplacer Arab Ahmed (2) et de leur envoyer pour roi Rabadan, qui leur était connu depuis son enfance et était très aimé et chéri à cause de sa bonté. Pour mieux réussir, ils envoyèrent à Constantinople un de leurs principaux marabouts, nommé Sidi Bou Taïb, sur la galiote de Mami-Arnaute, Capitaine de la mer, qui y allait pour se plaindre d'Arab Ahmed, qui lui avait enlevé sa charge et l'avait donnée à un autre Renégat Albanais, nommé Morat Reïs le Grand ; sur cette même galiote, se trouvait Muley Maluch, frère du Roi de Fez Muley Abdallah et oncle de Muley Mohammed (plus tard, il fit la guerre à ce dernier et fut tué à la même bataille que le Roi de Portugal Don Sébastien, au mois d'août 1578). Muley Maluch allait en Turquie pour demander au Sultan de l'aider à recouvrer le Royaume de Fez, dont il avait été chassé depuis plusieurs années, pendant lesquelles il avait vécu à Alger, en grande crainte de son frère Muley Abdallah. Le Sultan leur accorda à tous leur demande, c'est-à-dire, aux habitants d'Alger Rabadan pour Roi, et à Muley Maluch l'investiture du Royaume de Fez ; à cet effet, il écrivit à Rabadan de ré-

---

(1) Voir page 149, note 3.
(2) Voir page 156. D'après une lettre adressée par M. de Menillon à Charles IX, Arab Ahmed avait voulu faire délivrer des esclaves Français pris par quelques corsaires ; Mami Arnaute excita une émeute de la Taïffe, et le Pacha, abandonné de tous, se vit réduit à l'impuissance. *(Négociations,* t. III, p. 553).

tablir Muley Maluch sur son trône. Il chargea le Capitaine Mami-Arnaute de porter ses dépêches (en lui restituant la charge de Capitan qu'Arab Ahmed lui avait enlevée), et celui-ci partit de Constantinople le 20 mars, y laissant Ochali qui faisait ses apprêts pour se rendre à la Goulette (1). A ce moment, Rabadan était retiré à Kaïrouan (comme je l'ai dit), s'étant enfui de Tunis d'où Don Juan l'avait chassé. En conséquence, le Capitaine Mami Arnaute vint à Sus, port du Royaume de Tunis, et de là fit savoir à Rabadan sa nomination au gouvernement d'Alger, l'invitant à venir s'embarquer. Celui-ci ne retarda pas son départ, et laissa à sa place un de ses Renégats, qui était Beglierbey de son armée, lui donnant le commandement des Turcs jusqu'à l'arrivée d'Ochali. Il se trouvait en mer, à la hauteur du cap Bon (qu'ils appellent Cimbulo), quand sa flotile fut aperçue par Don Juan de Cardona, Général des galères de Sicile, qui lui donna la chasse pendant six ou sept milles seulement ; ils parvinrent à lui échapper en faisant quelques signaux qui donnèrent à croire à Don Juan de Cardona que, derrière une pointe voisine où les Turcs avaient mis le cap pour prendre terre, il devait y avoir plusieurs vaisseaux amis qu'ils appelaient par ces signaux à leur secours ; comme il était seul et très en avant des galères de Sicile, il n'osa ni pousser plus loin, ni continuer la chasse ; s'il eût fait deux milles de plus, il les eût pris, car Rabadan, Muley Maluch, son beau-frère Hadj Morat, le Capitan Mami-Arnaute et tous les autres, s'étaient déjà déshabillés et mis à la légère, pour se jeter à la mer et s'échapper en gagnant la côte (2). Le nouveau Pacha arriva à la fin de mai et fut reçu avec un contentement général. Il

---

(1) Voir la lettre de M. de Noailles, d'avril 1574 (*Négociations*, t. III, p. 488, etc.).

(2) Cette anecdote, jointe à l'abandon précipité de Tunis lors de l'attaque de Don Juan d'Autriche, ne nous montre pas Rabadan sous un aspect très belliqueux.

s'occupa tout d'abord de grands préparatifs de guerre pour se rendre à Fez, avec Muley Maluch, conformément aux ordres du Sultan, et d'envoyer du monde à la Goulette, afin d'aider Ochali à son arrivée, ce que le Grand Seigneur lui avait encore ordonné. A la fin de juillet, ayant appris qu'il y était arrivé, il lui envoya ce même Capitan de la mer, Mami Arnaute, avec neuf grosses galères et galiotes chargées de troupes, artillerie et munitions, qui furent très utiles à Ochali. Au mois de décembre 1575, il partit d'Alger pour Fez, dans l'intention de mettre Muley Maluch en possession de ce Royaume. Il avait avec lui six mille mousquetaires Turcs, mille Mores Azuagues, vassaux du Roi de Kouko, armés de mousquets et bons soldats (les Rois d'Alger se servaient d'eux depuis plusieurs années dans leurs guerres et dans les détachements qu'ils envoyaient à travers le pays pour recueillir l'impôt), huit cents Spahis à cheval et douze canons, avec beaucoup de projectiles, poudre et munitions. En chemin, il augmenta son armée d'environ six mille cavaliers provenant de ses vassaux Mores ou des Arabes amis. Il arriva avec son armée, au milieu de janvier 1576, à deux milles de Fez, où Muley Mohammed le Nègre, neveu de Muley Maluch, l'attendait avec environ trente mille cavaliers Mores et autant de fantassins, parmi lesquels il y avait près de trois mille mousquetaires Elches et Andalous, ou Mores d'Espagne. Pendant tout le temps que Muley Maluch était resté à Alger, à l'époque de sa fuite et de son absence de Fez, il n'avait pas cessé d'entretenir des intelligences avec les principaux Caïds de Fez et du Maroc, qui lui avaient assuré qu'ils désiraient beaucoup le voir remonter sur le trône. Depuis son retour de Constantinople, il avait continué ses démarches avec encore plus d'activité, et avait prévenu ses partisans que le Roi d'Alger et tous ses Turcs allaient arriver, en les priant de se tenir prêts et de se déclarer en sa faveur, aussitôt qu'il serait entré dans le Royaume. En résumé, Muley Maluch, homme prudent, et (comme je l'ai entendu dire de beaucoup de personnes qui l'approchaient de près) très perspicace et très éloquent, sut si bien négocier, que lorsque le Roi d'Alger arriva à Fez, les principaux Caïds et tous les Elches et Andalous mousquetaires étaient subornés et rangés à son parti. Aussi, dès le commencement de la bataille, ils passèrent de son côté ; Muley Mohammed fut obligé de s'enfuir vers Maroc, avec quelque peu de Caïds qui le suivirent et furent fidèles ; de sorte que Rabadan Pacha, Roi d'Alger, et son armée n'eurent personne à combattre. Aussi entrèrent-ils tous à Fez sans opposition, furent-ils bien reçus, et Muley Maluch se vit obéi de tous sans contradiction ; presque tous les Caïds et les vassaux de son neveu vinrent lui baiser la main. Cela fait, Rabadan se décida à regagner Alger, et Muley Maluch, en récompense de son aide, lui donna trois cent mille metikals d'or, beaucoup de richesses et cent Chrétiens esclaves de son neveu, qui se trouvaient à Fez ; quant aux Turcs, il ajouta à la paye qui leur était due beaucoup de joyaux, et leur répartit une grosse somme qu'il emprunta aux Mores et aux Juifs de Fez, en sorte qu'ils s'en allèrent tous très contents et satisfaits. Et, pour s'affirmer davantage sur ce trône nouvellement conquis, il obtint de Rabadan Pacha qu'il lui laisserait les mille Azuagues qu'il avait amenés et environ trois cents Turcs ; de plus, quelques-uns des principaux de ceux-ci, auxquels il offrit de riches récompenses, restèrent avec lui de bonne volonté sur sa demande ; c'est avec leur aide que, plus tard, il conquit le Royaume de Maroc et d'autres Provinces, chassa Muley Mohammed dans les montagnes, et le força ensuite de s'enfuir à Tanger y demander en désespéré la protection du Roi Don Sébastien de Portugal ; ce fut encore grâce à ces auxiliaires, qu'il put battre ce Roi et son rival, dans la bataille qui se livra, le 5 août 1578, près de la ville de Alcacer, où il fut tué lui-même d'un coup de mousquet qu'un Portugais lui tira dans la poitrine, au commencement de l'action. Rabadan rentra à Alger au milieu de mars 1576; le 29 juin 1577, jour de Saint-Pierre et Saint-Paul, arriva à Alger Hassan Pacha, Vénitien, Renégat d'Ochali, que le Sultan lui envoyait pour successeur. Rabadan régna donc à Alger trois ans et un mois; pendant ce temps, Alger fut plus tranquille qu'il ne l'avait jamais été (1), parce que Rabadan gouverna avec une telle justice et équité, qu'il n'y avait pas un seul homme qui se plaignît de lui, et on ne peut dire desquels il fut le plus aimé, des Mores ou des Turcs. Aussi, quand ils virent qu'il les quittait, tout le monde en éprouva un immense chagrin. Pendant son règne, il fit élever un bastion très beau et très fort, au-dessous de la porte Bab-el-Oued, à l'extrémité des murailles qui touchent à la mer; nous en avons donné ailleurs (2) la forme et les dimensions.

§ 2.

Au mois d'août suivant, et le 19 de ce mois, il partit d'Alger pour Constantinople dans la galère *Saint-Paul* de Malte, que les Corsaires d'Alger avaient prise, le 1er avril de cette même année, à l'île Saint-Pierre, près de la Sardaigne; elle lui appartenait, parce que les Rois d'Alger retenaient pour leur part de prise toutes les coques et les agrès des navires qui se capturaient; il partit avec cinq autres galères Turques qui avaient servi d'escorte à son successeur, Hassan Pacha. Arrivé à Constantinople, il fit si bien, que le Sultan, informé de ses services et de sa très bonne manière de gouverner, lui confia tout de suite le Pachalik de la ville et du Royaume de Tunis. Il y arriva au milieu d'octobre, et tous les habitants, qui connaissaient sa justice et sa bonté, l'y reçurent très

---

(1) Au printemps de l'année 1576, Don Alvarez de Bazan, marquis de Santa-Cruz, fit une descente dans l'île de Kerkennah et la ravagea à fond. (De Thou, *Histoire universelle*, t. VII, p. 350).

(2) *Topografia*, chap. IX.

joyeusement ; il gouverna ce Royaume pendant deux ans, en grande paix et tranquillité, très bien vu de tous les Mores, Turcs et Arabes. En octobre 1579, le Sultan lui envoya un successeur, et, pour qu'il conservât à jamais le gouvernement de Tlemcen, qui lui fut donné à cette époque, il n'y fut pas simplement nommé Caïd, comme l'avaient été tous les autres, ni soumis aux Pachas, mais il reçut lui-même le titre de Pacha et fut exceptionnellement soustrait à la juridiction d'Alger. En ce temps-là, le Sultan fut informé que le Roi de Fez, frère et successeur de Muley Maluch, cherchait à faire alliance et amitié avec le Roi d'Espagne Philippe II, et ne voulait pas reconnaître le Grand Seigneur comme suzerain, ainsi que l'avait fait son frère ; depuis la bataille où moururent les trois Rois Don Sébastien, Muley Maluch et Muley Mohammed, et où il avait gagné de si grandes richesses, il ne lui avait envoyé ni présent, ni ambassade, quoiqu'il eût reçu lui-même un envoyé de Constantinople, qui était venu le féliciter de ses victoires et de son avènement, et lui offrir un très riche sabre ; informé aussi qu'il avait fait décapiter la plupart des Turcs qui étaient dans son Royaume, il soupçonnait (comme ce fut en ce temps-là le bruit public) que le Roi de Fez se disposait à déclarer la guerre à Alger, allié pour cela au Roi d'Espagne (1). Il envoya donc l'ordre à Rabadan de pénétrer les desseins du Roi de Fez, de lui déclarer la guerre et de le chasser de son Royaume, si les informations prises confirmaient ses soupçons ; il ordonna en même temps au Roi d'Alger et à ceux de Tripoli et de Tunis, de fournir à cet effet toutes les troupes, l'artillerie et les munitions nécessaires, et de faire, chacun de leur côté, tout ce dont ils seraient re-

---

(1) Il est certain qu'à cette époque, les souverains du Maroc cherchèrent à s'allier à l'Espagne : Euldj-Ali surveillait avec soin leurs menées, sur lesquelles il était renseigné par les ambassadeurs français, et ne cessait d'exciter le Sultan à en finir avec ces vassaux révoltés et à faire de l'Afrique du Nord un Empire unique, dont Alger eût été la capitale. *(Négociations,* déj. cit., t. IV, p. 241, 266, 517, etc.)

quis par Rabadan. Celui-ci partit de Tunis dans l'intention d'exécuter ces ordres, et se rendit à Bizerte pour s'embarquer dans sa galère, le *Saint-Paul*, qui s'y trouvait alors, et se diriger de là vers Alger et Tlemcen. A la fin de novembre, comme il était encore à Bizerte, logé sous la tente avec tout son monde, attendant que sa galère et les autres qui devaient l'accompagner fussent prêtes, arriva une galère d'Alger, que la milice envoyait au Sultan pour lui porter des plaintes et des accusations contre Hassan Pacha, Renégat Vénitien, qui gouvernait Alger; dans ce navire, se trouvaient les principaux Janissaires, les Boulouks Bachis, et des Mores des Provinces d'Alger, que la milice avait envoyés en personne à Constantinople pour informer le Sultan des violences et des vexations commises contre eux par Hassan Pacha. Parmi eux, pour le même objet, et de la part de la ville d'Alger, se trouvait le marabout Sidi Bou Taïb, *Caciz* (1) de la principale mosquée d'Alger; tous avaient commission, de la part de tout le Royaume, de demander au Sultan qu'il leur donnât pour roi Rabadan Pacha. En apprenant ces nouvelles, celui-ci empêcha la galère de passer outre, et écrivit à la milice que, pour l'amour de lui, elle calmât sa haine contre Hassan Pacha; il se conduisait ainsi pour deux raisons : la première était l'obligation que lui aurait de cette démarche Ochali, maître et patron d'Hassan, qui lui avait fait donner le Royaume d'Alger, et la seconde la crainte qu'Ochali ne crût que c'était lui qui avait excité la milice à le demander pour Roi. Tel était le respect que tout le monde avait pour Ochali, à cause de sa grande puissance et de son autorité ! Mais la milice d'Alger ne voulut pas se rendre aux prières de Rabadan et envoya, au contraire, en grande hâte et par la même route de terre, d'autres Boulouks Bachis à Bizerte; ils devaient arrêter les premiers, qui n'a-

---

(1) Ce mot est transcrit par Haëdo, tantôt sous cette forme, tantôt sous celle de *Chaciz*.

vaient pas continué leur route, les envoyer enchaînés à Alger, et aller à Constantinople à leur place ; ceux-ci, effrayés de la colère de la milice, n'osèrent ni désobéir ni attendre. un nouvel ordre. Il s'en suivit que Rabadan Pacha, espérant être nommé Roi d'Alger, séjourna à Bizerte, d'où il ne partit que le 15 mars 1580 ; il se dirigea vers Alger, où il arriva le 4 avril. Il y avait en ce moment une grande sécheresse (1) qui mettait en danger les récoltes, parce qu'il y avait longtemps qu'il n'avait plu ; il arriva que la nuit même de l'arrivée de Rabadan, et avant qu'il ne débarquât, il tomba une grosse pluie. Cela fut cause que toute la ville commença à proclamer, qu'à cause du mérite de Rabadan, qui était un saint homme et un marabout, Dieu avait envoyé cette pluie pour fêter son arrivée. A son débarquement, il ne demeura en ville que trois jours, quoiqu'il y possédât de très beaux palais, et se rendit à la hâte dans une de ses fermes, située à quatre milles d'Alger, où il se logea avec les nombreux Renégats et domestiques de sa suite dans de petites maisons ou sous la tente, répandant le bruit qu'il s'apprêtait à aller immédiatement à Tlemcen, afin de ne pas exciter les soupçons d'Hassan Pacha, qui était défiant et sournois. Ensuite, ne voyant pas arriver la galiote de son gendre, le Caïd Khader de Constantine, dont il avait besoin pour prendre la mer, attendant son kahia ou majordome qu'il avait envoyé au Sultan avec quelques commissions particulières, dans la galère des Janissaires dont nous avons parlé, il continua à rester où il était, s'attendant toujours à être nommé roi d'Alger. Il y séjourna jusqu'au 29 août, jour où arriva l'eunuque Djafer Pacha qui venait prendre le gouvernement (2).

---

(1) Pendant l'hiver de 1579-1580, il y avait eu à Alger une famine terrible ; les Janissaires s'étaient révoltés et avaient pillé les magasins publics et privés.

(2) Dans les lettres de nos ambassadeurs, Djafer est qualifié de *Lieutenant d'Euldj Ali*. (Lettres de M. de Germigny au Roi, *Négociations* déjà cit., t. IV, p. 85, 86, etc.)

Cela décida Rabadan à aller en personne à Constantinople, en compagnie d'Hassan qui cessait d'être Roi. S'embarquant donc dans sa galère, le *Saint-Paul de Malte,* il partit avec Hassan le 19 septembre 1580. C'était un homme de cinquante-cinq ans, de taille moyenne, d'un teint brun, avec une forte barbe noire, de l'embonpoint et les yeux un peu bigles ; c'était, comme nous l'avons dit, un bon gouverneur, très juste, sans cupidité, très amateur de la lecture des livres religieux arabes et turcs, occupation qui lui prenait tout le temps que les affaires lui laissaient (1). Il n'eut qu'une seule femme, Renégate Corse, qui lui donna un fils alors âgé de vingt-un ans, et deux filles, dont l'aînée épousa un riche Renégat Espagnol, nommé Caïd Mami, et la seconde le Caïd Khader, fils d'un Renégat Napolitain.

---

(1) Ramadan revint à Alger comme Pacha en avril 1582 ; mais la milice se refusa à le reconnaître, et redemanda Hassan Vénitien, ce qui cadre assez mal avec les appréciations d'Haëdo. Il quitta Alger en août 1583, et fut nommé Pacha à Tripoli ; il y mourut en 1584 ; De Thou dit qu'il fut massacré par la milice, étant en guerre avec le Roi de Kairouan. (*Histoire universelle*, t. IX, p. 226). D'après une lettre de M. de Maisse au Roi, il aurait été empoisonné. (*Négociations*, t IV, p. 315). Ce fut sa veuve qui fut la victime de la cruauté du patricien Emo, et dont la fin dramatique faillit rallumer la guerre entre la Porte et Venise. (*Négociations*, t, IV, p. 313-327, 358, 551, etc).

CHAPITRE XXI

Hassan Pacha, Vénitien, vingt-deuxième Roi.

§ 1er.

Hassan Pacha, Renégat Vénitien, succéda à Rabadan Pacha. Étant tout jeune garçon, il naviguait sur un vaisseau Esclavon ou Ragusain, où il servait de commis à l'écrivain ; ce vaisseau fut pris, dans un combat, par Dragut-Reïs, Roi de Tripoli ; Hassan devint esclave des Turcs et fut amené dans cette ville. Son nom chrétien était Andretta ; il tomba en partage à un Turc Levantin, qui le fit renier et le garda longtemps avec lui ; puis, étant mort sans enfants, tous ses biens et ce même Andretta ou Hassan échurent à Dragut. Quand ce dernier eut été tué à Malte, en 1556, et qu'Ochali lui eut succédé, en s'emparant de tout son héritage, Hassan devint l'esclave du nouveau Pacha, et, comme il fut toujours astucieux, plein de savoir-faire, d'audace et de désinvolture, il gagna, tant par ces qualités que par des *veillaqueries* (1) familières aux Turcs, la faveur d'Ochali ; quand celui-ci fut nommé Roi et Gouverneur d'Alger, il le fit son Elami, c'est-à-dire Trésorier ou Intendant général. Il continua à remplir les mêmes fonctions auprès de lui, quand il fut Grand Amiral en Turquie, et, comme il était d'une nature très ambitieuse et très active, il occupa tous les offices chez son maître, même le commandement des esclaves captifs, qui le craignaient comme un diable, à cause de sa cruauté et des supplices qu'il leur

---

(1) *Vellaquerias*. — Le mot ne peut pas se traduire exactement en français. C'est un terme méprisant qui laisse entendre de basses complaisances et des actes infamants.

infligeait. Plus tard, Ochali lui donna le commandement d'une galère; quand il prit la mer avec son patron, il eut toujours soin de composer sa chiourme des meilleurs rameurs qui se trouvaient dans le bagne; ils étaient aussi les plus battus et les mieux rossés de toute la flotte, en sorte que sa galère était toujours en avant des autres. Il se trouvait avec Ochali à la prise de la Goulette, et, en 1577, il en obtint, à force d'importunités, le Gouvernement d'Alger, quoique celui-ci, comme il le dit souvent, craignît, connaissant bien le caractère d'Hassan, qu'il n'eût avec la Milice d'Alger, race indomptable, les mêmes désagréments qu'il avait eus lui-même autrefois. Il fut cependant nommé, et Ochali lui donna une de ses galères et cinq autres galères Turques bien armées, avec lesquelles il partit de Constantinople, à la fin de mai 1577, emmenant avec lui Mustapha de Xilo, Renégat de cette île, pour commander la flotille pendant le voyage.

§ 2.

Il était à peine nommé, que quelques-uns des Renégats d'Ochali, qui partaient avec lui et qui le détestaient à cause de sa cruauté et de sa basse condition, firent le complot de le tuer en route et de se sauver en terre Chrétienne avec la galère. Mais, comme on était près d'arriver à Malvasia, ville de Morée, trois de ces Renégats s'étant disputés avec un jeune garçon Vénitien nommé Xavan, qui était un des auteurs et un des chefs de la conspiration, celui-ci découvrit le complot à Hassan en lui nommant ses complices. Hassan, arrivé à Malvasia, fit attacher par le bras gauche un de ces Renégats, nommé Jusuf, de nation Grecque, à la pointe de l'antenne de sa galère, et le fit percer cruellement de flèches; il fit mettre un autre Renégat Grec, nommé Amuça, dans une barque où on l'étendit, tout nu, sur une planche, attaché, par les pieds et les mains, à quatre cordes sur chacune desquelles tira une galère lancée à toutes rames, et il le fit mettre ainsi en quatre quartiers ; plus tard, en arrivant à Coron, ville de Morée située à cent milles plus loin, il fit attacher, par le bras droit, à la pointe de l'antenne de sa galère, un autre Renégat Calabrais, nommé Reyeb, et le fit tuer à coups de flèches. Il fit mettre le reste des conjurés à la chaîne, après s'être longtemps laissé supplier de leur faire grâce de la vie pour cette fois.

§ 3.

Il arriva à Alger le 29 juin 1577, le jour même des Apôtres saint Pierre et saint Paul, et commença d'abord (contre toute justice) par s'emparer de tous les esclaves aptes à payer une bonne rançon, qui appartenaient aux Reïs, aux Turcs, aux Mores et à Rabadan Pacha lui-même, ce qui était la meilleure manière possible de se procurer de l'argent. Personne n'osa s'opposer à sa volonté, excepté le Caïd Mohammed le Juif, qui ne voulut jamais consentir à se laisser prendre un Chevalier de Malte et deux prêtres qui étaient ses esclaves, ce qui leur coûta quatre ans et demi de la plus terrible captivité qu'on ait jamais subie à Alger et dans la Barbarie. En outre, il força les Reïs et les Corsaires, qui ne payaient auparavant aux Rois que le septième de leurs prises, à en donner le cinquième, et il ne laissa aucun d'eux armer un bâtiment sans se faire comprendre pour une part personnelle dans les chances de l'entreprise. De plus, il fit acheter beaucoup de blé, duquel il y avait alors disette à Alger et dans le Royaume, en fit faire du pain et le fit vendre ; il agit de même pour le beurre, l'huile, le miel et les légumes, si bien que les Janissaires lui disaient plus tard en face que tout ce qui se vendait au marché était à lui, excepté les choux et le cresson. Il augmenta beaucoup le tribut des Mores et des Arabes, et, comme pendant les trois ans que dura son gouvernement, il y eut une grande famine à

Alger, il les força de payer en blé et en orge, qu'il fit vendre ensuite, dans toutes les villes et bourgades du Royaume, à ces mêmes Mores et Arabes, en retirant le double du prix pour lequel on le lui avait donné. Il fit aussi le commerce de la viande, se procurant une grande quantité de moutons qu'il vendit aux boucheries, par l'intermédiaire de quelques Mores, ses affidés. Il ramassa aussi presque toute la monnaie d'argent, c'est-à-dire les aspres, qu'il y avait à Alger, et fit faire chez lui de la nouvelle monnaie par des orfèvres Chrétiens, ses esclaves, transformant l'ancienne en aspres de Turquie, qu'il envoyait à Constantinople, où l'argent était très recherché; avec le reste, qu'il mélangea avec beaucoup d'alliage, il fit faire des aspres d'Alger. De plus, il ne permit de vendre des captifs, soit en public, soit de gré à gré, ni à aucun d'eux de se racheter, sans qu'auparavant on ne l'eût amené devant lui; et s'il lui semblait qu'on pût y gagner seulement trente écus, il le payait à son patron et s'en emparait (1); et ensuite le malheureux captif avait des milliers d'écus à débourser pour se racheter. D'après l'ancien usage, les Rois accordaient le courtage des cuirs et des cires que les marchands Chrétiens achètent à Alger à un Turc ou à un More, qui peut seul les acheter aux Indigènes et les vendre aux Chrétiens; désirant garder ce gain pour lui, il s'empara de cette charge et fit faire l'achat et la vente par ses Renégats ou ses serviteurs Mores. L'usage était encore que les marchands Chrétiens pussent vendre librement après avoir payé les droits, et que le Roi, s'il achetait quelque chose, le payât comme les autres; mais il voulut qu'on lui présentât les marchandises avant le payement des droits, et il choisissait ce qu'il voulait et pour le prix qui lui plaisait; encore ne

---

(1) Le droit de préemption et de retrait des captifs avait toujours appartenu aux Pachas; c'était un de leurs droits régaliens, et Haëdo le constate lui-même dans plusieurs passages du *Dialogo de los Martyres*.

payait-il que très tardivement, après mille importunités, offrant en payement des cuirs pourris que personne ne voulait plus prendre, et si le marchand n'en voulait pas, il devait se résigner à perdre le tout. Avec la même avarice, il exigea que les Turcs payassent, comme le font les Mores, les droits de succession, dont ils avaient toujours été exemptés jusque-là, ou qu'ils abandonnassent l'héritage, et, sinon, qu'ils renonçassent aux paies-mortes qu'ils touchaient presque tous ; mais il ne put pas obtenir cela, parce qu'ils se révoltèrent tous contre lui. Quant à la justice, il la rendit comme une bête féroce, principalement contre les pauvres Chrétiens ; car, lorsqu'un Chrétien était pris cherchant à fuir, il le faisait saisir par ses esclaves et brûler vif en leur présence; il faisait bâtonner les autres jusqu'à la mort, et leur coupait lui-même les narines et les oreilles, ou faisait exécuter ce supplice devant lui (1).

Mû par le désir de s'emparer d'un vaisseau Catalan et de rendre captifs les neuf marins Chrétiens de l'équipage, il suborna (cela fut su de tout le monde) des Turcs qui firent cacher deux Chrétiens Catalans dans ce vaisseau, qui était une jolie saëtie ; puis il envoya visiter le bâtiment, et quand on y eut trouvé les captifs, s'en empara, ainsi que de l'équipage, qu'il mit à la chiourme de sa galère. Il pendit de ses propres mains, dans son palais et dans sa chambre même, un de ses esclaves nègres qui avait commis un vol domestique. De son temps, la Limosna de Portugal arriva à Alger avec des Pères Théatins qui venaient faire des rachats d'esclaves; comme ils avaient apporté quatorze mille écus de quatre et de huit réaux, il s'en empara sans raison, les paya aux Pères comme il le voulut, et bien moins que ce qu'ils valaient dans le pays. Enfin, il fit tant d'injustices, d'extorsions, de violences et de vols, que les Turcs et les Mores invo-

---

(1) Cervantes, dont ce terrible homme fut le patron, nous en a laissé un portrait tout à fait semblable à celui d'Haëdo.

quaient Dieu contre lui, et un des principaux Marabouts, ou Chaciz, dans une procession que faisaient les Mores pour demander de la pluie, parce qu'il n'en était pas tombé depuis dix mois (d'avril 1578 jusqu'en février 1579), lui dit en face que c'était à cause de ses péchés que Dieu ne donnait pas d'eau.

En ce moment, se trouvait à Alger le Renégat Morat-Reïs, de nation Arnaute (que nous nommons Albanais), fils de parents Chrétiens, tombé à douze ans au pouvoir du corsaire Carax Ali, un des Capitaines les plus fameux d'Alger (1) ; ce Morat étant un garçon bien doué, son patron lui avait donné une galère de dix-neuf bancs, pour qu'il l'accompagnât en course, comme il l'avait fait plusieurs fois, donnant de nombreuses preuves de son habileté, de sa valeur et de son intrépidité, qualités qu'il montra bien clairement en 1565, lorsque la flotte Turque attaqua Malte ; car, s'étant séparé de son maître pour aller en Corse avec le vaisseau qu'il lui avait donné, arrivé à Pianosa, qui est près de l'île d'Elbe, non loin de Piombino, son vaisseau s'étant brisé contre un rocher, il trouva moyen de ne perdre que la coque, sauvant toute sa chiourme et tout ce que contenait la galiote, présage certain de la grande fortune qui lui était réservée. Il cacha dans une caverne ses captifs, ses voiles, ses rames et agrès, et passa quarante jours dans l'île, jusqu'à l'arrivée fortuite de quatre galiotes Turques qui allaient en Corse, sur lesquelles il embarqua ce qu'il avait caché et revint à Alger, où se trouvait son patron Carax Ali, qui, pour le punir de l'avoir quitté et de n'avoir pas été à l'attaque de Malte, lui enleva tous les Chrétiens qu'il avait

---

(1) De Thou le nomme *Caraccioli* et *Caragiali*. Le jour de la bataille de Lépante, il alla, seul, reconnaître la flotte Chrétienne, en compter les bâtiments et en évaluer les forces ; cet acte d'audace le mit en relief. En 1568, lorsque le prince de Piombino avait tenté de prendre Bône par surprise, Carax Ali, à la tête de la flotille algérienne, l'attaqua et le força de se retirer après un rude combat. (De Thou, *Histoire universelle*, t. V, p. 509, et t. VI, p. 233.)

ramenés ; cela fut cause que Morat-Reïs, fort mécontent de son maître, le quitta, très désireux de faire la course pour son compte, afin de se relever et de réparer son échec. Il arma une galiote de quinze bancs, bien pourvue de tout le nécessaire, et s'en fut avec elle sur les côtes d'Espagne, où il prit trois brigantins qui allaient à Oran, avec cent quarante Chrétiens ; cette victoire fut si rapide qu'il arriva à Alger, à sa grande joie, sept jours seulement après son départ. Depuis ce moment, il eut l'affection des Corsaires et des habitants, et son patron lui arma un vaisseau de dix-neuf bancs pour continuer la course qu'il faisait avec tant de succès. Le premier voyage que Morat fit avec cette galiote fut en compagnie d'Ochali, Roi d'Alger, qui, sorti en course avec quatorze vaisseaux, prit quatre galères de Malte, près de Licata, en Sicile (comme nous l'avons raconté) ; il s'en fallut de peu qu'Ochali ne fît tuer Morat, à cette occasion; celui-ci tenait la tête de la flotte avec un autre corsaire nommé Kara Oja, qui commandait une galère de vingt-quatre bancs, et ils attaquèrent ensemble la galère de Malte la *Sainte-Anne,* qui était restée seule à attendre le choc des Turcs. Ochali, voyant qu'on lui avait manqué de respect au point de chercher à le précéder et à lui enlever l'honneur de cette prise, qu'il pouvait faire avec sa galère sans l'intervention de Morat, faillit le punir sévèrement; toutefois, il dissimula sa colère, par égard pour Carax Ali. Après le départ de ce dernier pour Constantinople, Morat-Reïs résida à Alger, partant souvent en course, faisant de grosses prises et bien du mal à la Chrétienté. Ces captures le rendirent si riche qu'il devint un des plus grands Corsaires d'Alger et un de ceux qui nous châtièrent le plus durement de nos péchés. Nous n'en fîmes que trop la triste expérience en 1578 (1), lorsque,

(1) Ce fut dans cette course qu'Haëdo fut pris. Nous sommes tout au moins certain que c'est à la même date, et le ton personnel que prend ici l'auteur nous est une preuve surérogatoire qui ne manque pas de valeur.

sortant d'Alger, au mois de janvier, avec huit galiotes, partie à lui, partie à cinq autres Reïs de ses amis, il suivit la côte de Barbarie jusqu'à Porto-Farina, lieu situé à quarante milles de Tunis, où il resta plus de deux mois à cause du mauvais temps, ravitaillé par le Roi de cette ville jusqu'au moment où le temps lui permit de continuer son expédition ; il passa alors en Calabre avec ses vaisseaux, resta en relâche pendant assez longtemps (suivant la coutume des Corsaires) dans les petites baies qui sont sur la côte, jusqu'à ce que, un matin qu'il se trouvait près de Policastro, il découvrit deux galères de Sicile, dans lesquelles se rendait en Espagne le Duc de Terranova, Président et Capitaine général, qui gouvernait la Calabre. Morat donna si vivement la chasse à ces galères, avec ses huit vaisseaux, que six d'entre eux en atteignirent une, nommée le *Saint-Ange,* qui, ayant gagné le large, fut prise très aisément sans que personne pût s'en échapper. Morat-Reïs, avec sa galiote et une autre qui le suivit, attaqua la capitane de Sicile, en laquelle se trouvait Terranova, qui, se voyant moins fort que l'ennemi, prit le parti d'aborder à l'île de Capri, qui est à trente milles de Naples. Et, y étant arrivé, il se jeta à terre et se sauva avec la plupart des passagers et de l'équipage, laissant la galère et la chiourme au pouvoir des Turcs, qui attaquèrent à l'Ave-Maria du soir. Cette entreprise aventureuse augmenta le crédit et la réputation du Renégat, qui s'en retourna très content et triomphant, sans entreprendre autre chose pour le moment (1). Lorsqu'il fut arrivé à Alger, au mois de juin, le

---

(1) Ce Morat-Reïs fut un des premiers qui, au mépris des traités et des ordres du Grand Seigneur, attaquèrent des navires Français. Sa tête fut demandée par nos ambassadeurs, et il ne parvint à la sauver qu'en changeant de résidence. On lit dans une lettre de M. de Germigny à Henri III : « Commandement exprès a été donné pour
» faire appréhender et conduire lié aux fers en ceste Porte ung nom-
» mé Morat-Reïs, grand Corsaire de la coste de Barbarie, qui est le
» principal auteur des susdites prinses et voleries, avec saisissement

Roi Hassan Vénitien lui prit la Capitane du Duc, dont il venait de s'emparer, la fit tirer à terre et arranger pour son usage, et s'en servit depuis ce temps-là.

Revenons au récit de ce que fit Hassan pendant son gouvernement. Tout d'abord, désireux de se faire craindre par la Chrétienté comme grand corsaire, il sortit d'Alger, le 20 juillet 1578, avec quinze galères et galiotes, et se rendit à Matifou, d'où il partit le 30 du même mois, emmenant avec lui tous les navires qui étaient venus se joindre à lui, c'est-à-dire vingt-deux galères et galiotes et quatre brigantins, que les Turcs appellent frégates ; ce jour-là, il s'en fut jusqu'à Mayorque, où il débarqua du monde, le 1er août, pour s'emparer d'un petit bourg voisin ; comme les Turcs commençaient le pillage, arrivèrent des cavaliers et des arquebusiers de Mayorque et d'autres endroits, qui les forcèrent à se rembarquer, emmenant toutefois avec eux trente personnes, la plupart femmes et enfants. De là, il se rendit à Iviça, où il débarqua encore ; les Turcs vinrent jusqu'aux fortifications de la ville, y perdirent soixante hommes et furent obligés de se retirer. Il se dirigea ensuite vers Alicante et rencontra, près de cette ville, un navire de six mille *salmas*, qui venait de Gênes ; il le prit rapidement, y fit quatre-vingt-dix captifs, tant des passagers que de l'équipage, s'empara des riches marchandises qui s'y trouvaient, et, sans poursuivre davantage sa course, retourna vers Alger, où il arriva le 11 août, en sorte que, en comptant le jour où il partit de Matifou, qui fut le 30 juillet, il ne resta que douze jours pour l'aller et le retour de ce voyage, qui fut le premier et le dernier qu'il fit pendant son règne.

§ 4.

L'hiver suivant (le Roi Don Sébastien de Portugal étant

» des biens, facultez, marchandises et esclaves qui se retrouveront
» en ses mains. » *(Négociations*, t. IV, p. 124.)

mort), le Roi Philippe II d'Espagne avait la prétention de s'emparer du Portugal à la suite de la mort du Cardinal Don Henri, successeur de Don Sébastien. Connaissant les divisions qui existaient dans ce royaume, au sujet de la succession au trône, Philippe faisait de grands préparatifs de guerre pour donner la prépondérance à son parti. Au printemps de 1579, il avait fait rassembler beaucoup de troupes et de vaisseaux dans toute l'Andalousie, le port de Cadix et autres lieux. Quand on apprit cette concentration à Alger, ainsi que les perpétuelles arrivées de troupes en Espagne qui se faisaient par une foule de vaisseaux et de galères chargés d'infanterie et de munitions, que les corsaires rencontraient chaque jour et de tous côtés, les Algériens furent pris d'une frayeur très grande et générale (1); ils crurent que tous ces préparatifs étaient faits contre eux; aussi Hassan Pacha s'empressa-t-il de faire fortifier en grande hâte le château et la tour qu'Hassan Pacha, fils de Barberousse, avait fait bâtir autrefois à un mille d'Alger, sur la colline où l'Empereur Charles-Quint, de glorieuse mémoire, avait (comme nous l'avons dit précédemment) planté son pavillon quand il était venu attaquer Alger, en l'an du Seigneur 1541. Nous avons décrit en détail dans la *Topographie d'Alger* (2), à laquelle nous renvoyons le lecteur, cette forteresse avec son château rond, ses quatre tours en carré, ses terre-pleins et ses bastions qui en faisaient un ouvrage très respectable. On ne peut nier que dans cette œuvre, qui dura toute l'année 1579, et une partie de 1580, Hassan Pacha n'ait montré beaucoup de soin et d'activité; il était souvent là, depuis le matin jusqu'à la nuit, faisant travailler les Chrétiens, les Mores et Juifs de la cité qu'il forçait à la besogne, les taxant à tant de travail par jour. En même temps, en 1579 et 1580, où une terrible famine fit mourir comme des mouches une

---

(1) Voir les *Négociations* déjà cit., t. III, p. 756, 764, etc.
(2) Caput IX.

quantité infinie de Mores et d'Arabes pauvres d'Alger, Hassan Pacha eut la charité de faire donner à tous les morts un suaire d'étoupe ou de linge grossier pour les enterrer. On compte que, depuis le 17 janvier 1580 (jour de la Pâque des Mores, nommé par eux la fête du mouton) jusqu'au 17 février, il mourut de faim, dans les rues d'Alger, cinq mille six cent cinquante-six Mores ou Arabes pauvres. Pendant cette année et la moitié de l'autre, on reçut de plus en plus de nouvelles des grandes forces que le Roi d'Espagne amassait à Cadix et à d'autres endroits; malgré tous les avis que recevaient le Roi, les Turcs et la Milice, ils ne pouvaient savoir contre qui ces forces allaient être dirigées, et cela continuait à tenir Alger dans une grande terreur; Hassan Pacha ne cessait d'envoyer un grand nombre de galiotes et de frégates prendre langue à la côte d'Espagne. Et quand on lui amenait quelque Chrétien qui lui paraissait de bon jugement, il s'enfermait avec lui dans sa chambre et le fatiguait de demandes, n'épargnant rien pour obtenir une certitude; il ne put pourtant jamais l'avoir, jusqu'au moment où l'armée Espagnole pénétra en Portugal. Pendant que régna cette terreur, il fit plusieurs fois prévenir le Sultan et son patron Ochali des craintes que lui inspirait l'Espagne et demanda du secours (1). Et comme on disait que le Roi de Fez s'alliait contre lui avec les Chrétiens, il envoya un des principaux Marabouts d'Alger pour lui persuader de ne pas le faire. Comme, d'autre part, son avarice ne diminuait pas, que les vexations qu'il faisait subir aux villages de l'intérieur étaient graves et con-

---

(1) Il demanda aussi du secours à la France. M. de Juyé écrivait de Constantinople, le 19 mai 1579, à M. de Villeroy, pour lui faire savoir qu'Euldj-Ali l'avait prié, de la part d'Hassan, de demander au Roi la permission de se procurer à Marseille des munitions de guerre et des agrès. L'ambassadeur avait répondu qu'il était inutile que le Grand Seigneur en fît une demande spéciale, et que, si Hassan se conduisait bien à l'égard des Français, on lui procurerait tout ce dont il avait besoin (*Négociations*, t. III, p. 800).

tinuelles, les Janissaires ne pouvant dissimuler les grandes plaintes qu'ils avaient à faire de lui, rédigèrent un long mémoire sur ses fautes et sur son mauvais gouvernement, et envoyèrent cette plainte au Sultan par une galère, dans laquelle ils firent embarquer quelques-uns des principaux Mores de l'intérieur, et, Sidi Bou Taïb, Marabout et *Chaciz* de la principale Mosquée, leur délégué, avec trois Boulouks Bachis les plus anciens d'entre eux, tous chargés d'informer le Sultan de ce qui se passait, de lui demander justice d'Hassan Pacha, et de le prier d'envoyer un nouveau Roi à Alger.

§ 5.

Cette galère partit, avec les députés et les plaintes dirigées contre Hassan, le 16 novembre 1579, et resta quelque temps à Bizerte, pour y attendre le départ de Rabadan Pacha, qui cessait d'être Roi de Tunis. Elle arriva à Constantinople à la fin de janvier 1580. Ochali apprenant cette nouvelle, et connaissant les griefs qu'on venait faire valoir contre son Renégat qu'il avait fait nommer Roi d'Alger, chercha à dissuader les envoyés Turcs ou Mores, de se plaindre au Sultan; mais ce fut en vain, tellement ils étaient offensés des tyrannies d'Hassan. L'ambassade parvint donc au Grand Seigneur, qui, lorsqu'il eut connaissance des exactions du Pacha, leur promit de le châtier exemplairement. Pour leur donner un homme capable de punir Hassan, et de gouverner Alger, il fit appeler Djafer Pacha, renégat Hongrois, eunuque qui l'avait servi et porté sur ses bras dans son enfance, et qui gouvernait une province en Hongrie avec une renommée méritée de justice. Pendant ce temps là, Hassan, ayant suborné à Alger quelques Caïds et d'autres notables Turcs et Mores, fit un faux mémoire en riposte à celui de la Milice et l'envoya à Ochali, avant que Djafer Pacha ne fut arrivé à Constantinople. Le Capitan Pacha alla avec ce mémoire trouver la mère du Sultan, le lui montra, lui fit en même temps un présent de trente mille écus, et obtint d'elle qu'elle parlât à son fils pour apaiser sa colère. Cependant Djafer était arrivé et fut chargé par le Sultan de faire une enquête à Alger sur les deux affirmations contradictoires ; dans le cas où Hassan serait reconnu coupable, il devait lui faire couper la tête. Mais Ochali s'arrangea si bien que la mère du Sultan ordonna à Djafer d'être indulgent en tous cas pour Hassan, et en même temps, Ochali donna à Djafer vingt mille écus pour les frais de son voyage, afin de l'engager à la douceur.

Au mois d'avril de cette année, Morat Reïs sortit d'Alger avec un autre Corsaire, et, ayant mis le cap sur les côtes Romaines, ils arrivèrent à un lieu nommé *Januti* (port de Toscane); là, ils aperçurent deux galères du Pape qui faisaient le long de cette côte un voyage de plaisance avec leur Général, nouvellement promu par Grégoire XIII ; Morat, qui n'avait que deux galiotes, n'osait pas attaquer les galères chrétiennes et était perplexe, lorsqu'il eut la chance de voir arriver Amosa Reïs et Ferru Reïs, corsaires qui pirataient avec deux autres vaisseaux ; il leur fit part de leur projet et tous quatre se résolurent à attaquer les galères du Pape qui venaient d'arriver et de s'arrêter au port de Saint-Étienne, se doutant si peu de ce qui les attendait, que le Général et la plus grande partie des soldats étaient descendus à terre pour se livrer à la chasse et à d'autres amusements. Morat et ses compagnons, ayant trouvé les galères abandonnées, les prirent sans difficulté ni résistance, et les emmenèrent immédiatement avec la chiourme, parmi laquelle il y avait beaucoup de clercs et de religieux condamnés en punition de leurs délits ; à la vérité, les Turcs firent peu d'autres captifs ; car presque tout le reste de l'équipage présent s'était sauvé à terre dans les barques pendant les quelques instants où cela leur fut possible. Morat Reïs revint à Alger avec cette prise ; il y arriva au mois de juin, partagea le butin avec ses compagnons, donnant sa part à chacun, et fut reçu avec une grande joie par toute la ville ; Hassan Pacha prit pour lui la capitane du Pape et fit un ponton de l'autre navire pour fermer une brèche du môle. Djafer Pacha arriva à Alger le 29 août 1580, ne s'occupa pas des affaires d'Hassan et le laissa en liberté. Celui-ci partit d'Alger le 19 septembre suivant avec onze vaisseaux, quatre à lui et à son Kahia, tous armés de ses esclaves et de ses Renégats, et sept de Constantinople qui avaient servi d'escorte à Djafer.

A son départ, c'était un homme de trente-cinq ans, de haute taille, maigre, les yeux brillants et sanglants, avec un nez effilé aux larges narines, la bouche fine, la barbe rare, châtaine tirant sur le rouge ; tout son visage décelait son mauvais caractère. Il eut à Alger, d'une Renégate esclave, un fils qui mourut au bout d'un an ; il le fit enterrer (avec un de ses neveux qui était venu de Venise le retrouver, s'était fait Turc à sa sollicitation, et était mort un an après) dans une Kouba très bien sculptée qui est la première qu'on rencontre en sortant de la porte Bab-el-Oued. Il avait encore une fille de trois ans, qui naquit aussi à Alger. Arrivé à Constantinople, il put, grâce à l'influence de son patron Ochali, et surtout à la protection de la mère du Sultan, faire oublier toutes les mauvaises actions qu'il avait commises pendant qu'il gouvernait Alger.

CHAPITRE XXII

Djafer Pacha, vingt-troisième Roi.

§ 1er.

Djafer Pacha, qui gouverne Alger en ce moment, (1581) est, comme nous l'avons dit, Hongrois (1), et fut pris, étant enfant, en même temps que sa mère, un frère déjà grand et une sœur, dans une incursion que les Turcs firent en Hongrie. Comme ils étaient tous de belle apparence, ils furent offerts à la mère du Sultan qui règne aujourd'hui, et devinrent serviteurs dans son palais; pendant l'enfance du Grand Seigneur, Djafer, qui était Renégat et eunuque, le portait continuellement entre ses bras. Cela lui valut plus tard l'affection du Souverain, de laquelle il ne démérita pas par ses actions; car ayant été chargé de plusieurs gouvernements, et, entre autres, d'un Pachalik très important en Hongrie, il s'y montra toujours juste, droit, doux, affable et, en même temps grand justicier et terrible pour les brigands. Il en résulta, qu'au moment où le Sultan reçut (comme nous l'avons dit) les réclamations d'Alger, il l'y envoya pour châtier Hassan Pacha, Vénitien, qui y exerçait mille tyrannies; il le choisit comme très apte à faire justice et à restaurer un Royaume qui était presque perdu. Il arriva à Alger, comme nous l'avons dit, le 24 août 1580, et le contentement de tous en fut immense. Il ne fit pas justice d'Hassan pour les raisons que nous

---

(1) M. de Maisse écrivait à Henri III, au mois de mars 1586 : « L'on » doubte de la mort du Jaffer Bassa, lequel est subject du roy, natif » de Dieppe, et est estimé entre eux très vaillant homme. » (*Négociations*, t. IV, p. 373). Après son départ d'Alger, il fut nommé pacha à Tauris, pour commander l'armée contre la Perse.

avons données plus haut ; il est vrai qu'il fit emprisonner quelques Caïds Turcs, tels que le Caïd Daüt et le Caïd Bendali, auxquels on reprochait d'être complices de quelques-unes des fautes d'Hassan ; mais, peu de jours après, il les fit relâcher, n'ayant rien découvert sur leur compte. Il tranquillisa et ramena à l'obéïssance tous les Turcs et Mores d'Alger et du Royaume, promettant à tous paix, équité et justice, disant à tous et tout haut qu'il n'était pas venu à Alger pour s'enrichir, attendu que ce qu'il possédait lui suffisait jusqu'à la fin de ses jours et qu'il n'avait pas d'enfants·à qui laisser son héritage. Il amena avec lui sa mère, qui, comme l'assurent des gens de la maison du Roi, et comme c'est un fait notoire à Alger, y vit plutôt en Chrétienne qu'en Turque ou Renégate. Il amena aussi avec lui son frère cadet, Renégat et eunuque comme lui. Jusqu'aujourd'hui, 8 mars 1581, qui font huit mois qu'il règne et gouverne, au moment où j'écris ces lignes (1), on n'a remarqué en lui ni vice ni méchanceté, et l'on n'a jamais appris qu'il ait fait de mal à personne. Il est très compatissant pour les Chrétiens ; si on lui en amène un qui ait voulu s'enfuir (c'est la coutume de les amener dans ce cas au Roi) ou qui ait cherché à s'emparer d'une barque pour s'échapper, il en est quitte pour des réprimandes et pour dix, douze ou quinze coups de bâton. Quant à ses esclaves, il a ordonné depuis son arrivée qu'on ne leur mit pas la chaîne et qu'on ne les bâtonnât pas sans son ordre exprès ; il leur fait donner de bons vêtements et une bonne nourriture. Tout le vin qui lui vient des droits perçus sur les navires Chrétiens qui viennent en vendre à Alger,

---

(1) Il est bon de noter cette phrase, qui nous apprend clairement qu'Haëdo écrivit son *Epitome* pendant sa captivité, bien que l'ouvrage n'ait paru qu'en 1612. A partir de ce moment, il ne parlera plus que par ouï-dire, et on devra beaucoup moins se fier à ses assertions, souvent émises sur la foi de gens mal renseignés eux-mêmes. C'est ce qui explique les erreurs fréquentes que nous rencontrerons à dater de 1582.

il le fait distribuer à ses esclaves, au lieu d'exiger qu'on le lui paie en argent, comme le faisaient ses prédécesseurs. Il a fait savoir à tous les marchands Chrétiens et aux Pères de la Limosne qui se trouvaient à Alger, d'écrire en Espagne et à toute la Chrétienté, qu'on pouvait librement venir pour le commerce ou pour effectuer des rachats, et qu'il promettait de montrer par ses actions qu'on n'avait plus affaire à Hassan Pacha, vu qu'il n'était pas venu à Alger pour s'enrichir, mais pour y faire bonne justice à tout le monde. Le Khalifa qu'il avait amené de Constantinople ayant excité les plaintes de sa maison par sa brutalité et ses intrigues, fut renvoyé et remplacé. Quelques Janissaires s'étant plaints de ce que leur Agha (qui était cependant venu avec Djafer de Constantinople) avait commis de mauvaises actions, qu'il les privait arbitrairement de leur paie, et qu'il avait extorqué à d'autres de l'argent et des présents, il le cassa de son grade, après avoir obtenu le consentement de la milice, sans lequel aucun Roi ne pourrait prendre une pareille décision. Cela se passa au commencement d'avril de cette année 1581:

§ 2.

Il résulta de ces mesures que les Agha et Khalifa, que le Roi avait chassés, se concertèrent avec le Caïd Turc Bendali, qui, comme nous l'avons dit, avait été emprisonné par le Roi, lors de son arrivée de Constantinople, en même temps que le Caïd Daüt, pour avoir trempé dans les fautes d'Hassan Pacha. Bendali était alors au moment de quitter Alger, avec une mahalla de quatre cents Turcs, à la tête de laquelle le Roi l'avait mis pour aller châtier quelques Arabes révoltés. Les conjurés obtinrent de lui (qui avait conservé un grand ressentiment de son arrestation), qu'il subornât à prix d'or les Janissaires et les soldats placés sous ses ordres. On dit qu'un More d'Alger, très riche, nommé Caxès, avait donné cet argent; ils devaient se rendre à Alger et tuer le Roi; il était convenu entre eux que l'Agha prendrait sa place; que le Khalifa recouvrerait son emploi, c'est-à-dire la lieutenance de la Royauté, et que Bendali serait Beglierbey, ou Capitaine Général de la milice; ils avaient promis à Caxès des Caïdats et une grosse récompense. Pour faire réussir ce projet, l'Agha et le Khalifa, qui avaient été longtemps Janissaires, et avaient conservé dans la milice des amis nombreux et très affectionnés, surtout dans la mahalla que commandait alors Bendali, communiquèrent leurs desseins à leurs partisans, les séduisirent par leurs offres et leurs promesses, en sorte que beaucoup d'entre eux s'associèrent au complot et promirent d'y amener les autres pendant l'expédition. Bendali se chargea de les décider; il se trouvait alors à six journées d'Alger, et, désireux d'en finir, il fit des ouvertures à la plupart de ses soldats qui, alléchés par ses promesses et par l'espoir de s'enrichir (c'est ce que ces barbares désirent le plus), se rangèrent à son parti. Mais comme il s'était ouvert de son dessein à quatre vieux soldats, Boulouks Bachis, ceux-ci répondirent que, même au péril de leur vie, ils ne consentiraient pas à une telle méchanceté et trahison envers le Sultan. Cette fidélité eut le pouvoir de ramener dans l'ordre ceux qui étaient déjà pervertis; ils mirent le Caïd Bendali aux fers, et informèrent le Roi de ce qui se passait. Cet avis arriva à Alger le 30 avril, et le Roi l'ayant reçu fit arrêter très vite et très secrètement l'Agha et le Khalifa, qu'il enferma dans une prison bien sûre de son palais, les faisant charger de lourdes chaînes aux bras et au cou, séparés l'un de l'autre; il divulgua la cause de leur emprisonnement et rendit publiques les lettres que les Janissaires lui avaient écrites à ce sujet; il dépêcha un chaouch à ceux-ci avec une lettre qui leur donnait l'ordre de tuer Bendali et de lui couper la tête. La nuit suivante, qui fut le 1er mai, à minuit, le Roi fit sortir de la prison le Khalifa et l'Agha, leur fit couper la tête dans un souterrain et les fit enterrer dans le jardin (1) qui est contigu à son palais. Le matin arrivé, il laissa courir le bruit qu'ils s'étaient enfuis, et fit publier qu'il donnerait cent doubles de paie mensuelle et mille doubles de récompense à celui qui les lui amènerait ou qui lui dirait où ils se trouvaient. Le 8 mai, arrivèrent quelques Janissaires envoyés par leurs camarades de la mahalla avec la tête de Bendali, duquel le Roi fit confisquer tous les biens, ce qu'il avait fait trois jours auparavant pour les trésors et les esclaves de l'Agha et du Khalifa. Caxès se cacha pendant quelque temps et trouva plus tard de si bons médiateurs, qu'il obtint le pardon de son crime, en donnant au Roi Djafer une grosse somme, qui, selon ce qu'on m'a affirmé, se montait à trente mille ducats.

§ 3.

A la fin de mai, Ochali arriva à Alger avec soixante galères à fanal ; il allait à la conquête du Royaume de Fez, et voulait en chasser le Chérif pour le punir de la mauvaise volonté qu'il manifestait envers la Porte (comme nous l'avons dit dans le chapitre XX). Ochali, qui haïssait Djafer Pacha, parce qu'il n'avait pas traité aussi bien qu'il le lui avait demandé son Renégat Hassan Vénitien, prit occasion de la nécessité où il se trouvait de se pourvoir des choses nécessaires à son entreprise, pour le déposséder de beaucoup d'esclaves et d'agent ; cela causa un grand mécontentement au Roi, qui fut cependant forcé de se soumettre, Ochali étant supérieur à tous ceux qui gouvernaient les Provinces de l'Empire, et maître absolu pour tout ce qui concernait la guerre. Il voulut emmener avec lui la Milice d'Alger, tant à cause du besoin qu'il en avait pour son expédition que pour se venger de

---

(1) Jenina.

l'injure qu'il en avait reçue du temps où il gouvernait à Alger, d'où il avait été forcé de s'enfuir devant leurs menaces de mort (comme nous l'avons raconté). Quand il leur ordonna de s'embarquer, ceux-ci, craignant sa haine, s'y refusèrent, déclarant qu'ils n'obéiraient qu'à un ordre exprès du Sultan ; ils ajoutaient qu'il n'était pas juste de faire la guerre à un aussi bon Roi que le Chérif de Fez, qui ne leur avait jamais fait de mal et ne leur inspirait aucun soupçon pour l'avenir ; ils demandaient à Ochali d'envoyer immédiatement cinq galiotes pour aviser le Sultan de tout ce qui se passait, et celui-ci le fit, mettant ces navires sous le commandement de son Renégat Morat Agha. Dans ces galiotes, les Janissaires envoyèrent un Marabout renommé parmi eux, nommé Sid Bou Tika, avec des lettres pour le Sultan, dans lesquelles ils lui soumettaient les motifs de leur conduite et le suppliaient de ne pas permettre à Ochali, si fin et si astucieux, de s'emparer de Fez, parce que s'il conquérait ce Royaume, ayant une si puissante armée et déjà maître de Tripoli, où commandait un de ses Renégats, il pourrait facilement se soulever et se rendre Seigneur de toute la Barbarie (1). Les galiotes partirent d'Alger à la fin de mai et arrivèrent rapidement à Constantinople, ne s'étant arrêtées qu'à Modon et Galipia.

Au commencement de ce même mois, Morat-Reïs partit d'Alger avec huit galères, et suivit toute la côte de Barbarie, du Ponent jusqu'au détroit ; de là, il gagna Lagos, où il rencontra deux vaisseaux Bretons qui retournaient chez eux chargés de sel et ayant à bord plus d'un million de

---

(1) Haëdo nous montre bien clairement ici l'opposition que fit toujours la Milice au projet de la réunion de tous les royaumes de l'Afrique septentrionale. C'est en partageant ces défiances jalouses que la Porte perdit l'occasion d'assurer sa prépondérance dans la Méditerranée, et laissa les Pachaliks des côtes Barbaresques en proie aux discordes et à l'indiscipline des Janissaires. Plus tard, lorsqu'elle vit ces États se soustraire un à un à son obéissance, elle put regretter le passé.

pièces de quatre et de huit réaux ; il entoura ces vaisseaux avec ses galiotes, faisant un grand feu d'artillerie et d'arquebuses, et malgré la valeureuse défense des Bretons, qui répondirent aux Turcs par un tir bien nourri (car ils étaient très bien armés), après un rude combat des deux côtés, les Turcs coulèrent un des navires, duquel il ne se sauva que quatorze personnes qui furent prises ; l'autre continua seul la lutte, mais finit par être forcé de se rendre et tomba au pouvoir de Morat-Reïs, qui, avec cette riche capture d'argent et de captifs, s'en retourna à Alger, où il arriva le 24 août ; il y trouva Ochali et fut forcé de lui donner la plus grande partie de l'argent de la prise, pour subvenir aux frais de son armement.

En ce temps-là, Arnaute Mami, Capitan d'Alger, partit en course avec quatorze galères ; pendant les deux mois que dura son expédition, il ne fit pas d'autre prise que celle d'un Chrétien aveugle, dans l'île de Turçia, et revint à Alger à la fin de juillet ; il y trouva les cinq galiotes qui avaient été à Constantinople avec le Marabout Sid Bou Tika, envoyé de la Milice ; ce voyage n'avait pas duré plus d'un mois, et le Sultan Amurat avait envoyé l'ordre à Ochali de renoncer à son entreprise, qu'il déclarait contraire à sa volonté ; il le menaçait de lui faire couper la tête, s'il contrevenait à ses ordres. Ochali partit donc d'Alger, où il avait attendu les commandements du Grand Seigneur. Il revint à Constantinople avec sa flotte, au mois d'octobre (1), et s'occupa avec activité et par tous les moyens possibles de faire nommer de nouveau au gouvernement d'Alger son Renégat Hassan Vénitien (2) ;

---

(1) Les Indigènes s'étaient soulevés, et le pays était en proie à l'anarchie la plus complète. (Voir les *Négociations*, T. IV, p. 85.)

(2) D'après une lettre de M. de Germigny à Catherine de Médicis, ce fut Ramadan qui fut nommé à Alger : « Commandement a été
» bâillé et recommandé à Ramadan-Bassa, nouvellement party et dé-
» pesché pour vice-roi en Alger, et duquel j'ay souvent escrit à
» V. M. ; mesme pour faire appréhender et conduire lié aux fers en

il obtint ce résultat en quelques jours ; Djafer Pacha avait régné vingt mois environ, du mois d'août 1580 à mai 1582 ; il s'en alla en juin, avec six vaisseaux, deux à lui, et quatre de ceux qui avaient escorté Hassan Pacha, son successeur. Quand Djafer Pacha partit d'Alger, il était âgé de soixante ans, de haute taille, robuste, eunuque, très juste et plus compatissant pour les captifs Chrétiens que ne l'avaient été tous ses prédécesseurs.

» ceste Porte ung nommé Morat-Reis, grand Corsaire, etc. » (Loc. cit., t. IV, p. 124.)

CHAPITRE XXIII

Hassan Pacha Vénitien, vingt-quatrième Roi.

§ 1ᵉʳ.

Hassan Pacha Vénitien fut nommé une deuxième fois Roi d'Alger, sur les grandes instances qu'en fit au Sultan son patron Ochali ; il partit de Constantinople avec onze galiotes, dont sept à lui et quatre à son maître, au mois d'avril 1582, et arriva à Alger au mois de mai (1).

Avant sa venue, en mars, Morat Reïs était sorti avec neuf galères, côtoyant les côtes d'Espagne, sans avoir fait de prises ; après avoir doublé le cap Saint-Vincent, il rencontra une galère Espagnole, nommée *la Renommée*, qui avait été séparée de ses neuf conserves par une bourrasque qui l'avait surprise la veille ; la galère Chrétienne, en voyant les neuf Turques, les prit pour ses compagnons, et tomba ainsi déplorablement entre les mains de l'ennemi. Morat mit sur sa prise quelques Janissaires, et se rendit avec elle à Tenez, ville située à cent vingt milles à l'ouest d'Alger ; il l'envoya de là à destination, et se dirigea sur Alicante avec ses vaisseaux. Pendant le voyage, un captif Chrétien lui offrit, en échange de sa liberté, de lui procurer la prise d'un bourg, situé entre Alicante et l'île de Bendorni, à trente

---

(1) Voir la note précédente. Les choses ne se passèrent point comme Haëdo les décrit : Ramadan fut nommé et vint à Alger, où les habitants se soulevèrent contre lui, ainsi que le prouve une lettre de M. de Maisse au Roi, du 30 août 1584. « Assan-Aga s'est retiré » en Argier, et les habitants du païs ont faict entendre au G. S. » qu'ilz luy obéiront très volontiers, mais qu'ilz ne vouloient souf- » frir autre gouverneur que luy ; qui est une espèce grande de sou- » lèvement parmy telles gens. » (Loc. cit., t. IV, p. 213.)

milles à l'est d'Alicante. Morat accepta le marché et débarqua nuitamment avec six cents mousquetaires, qui s'avancèrent à plusieurs milles dans l'intérieur des terres, saccagèrent et pillèrent ce bourg, y prenant plus de cinq cents personnes, tant grandes que petites; exemple des grands malheurs qu'entraîne la captivité, puisque ceux qui sont au pouvoir de ces brigands infidèles leur servent de lumière pour nous nuire! Il retourna à Alger avec ses captifs et son butin, et y arriva avec un temps favorable, le 1er juin. Hassan Pacha reprocha très rudement à tous les Reïs d'être devenus bien timides et négligents de leurs devoirs, puisqu'ils avaient cessé de faire la course (à l'exception de Morat-Reïs); il leur déclara que, dorénavant, il faudrait faire comme par le passé, leur ordonna de mettre leurs navires en bon état, et les réunit au port d'Alger, où ils se trouvèrent au nombre de vingt-deux galères ou galiotes, avec lesquelles il partit sans plus attendre, et se dirigea vers les îles de Saint-Pierre, en Sardaigne, dans les petites baies où ils se cachèrent, avec l'intention de saccager un bourg nommé Iglesia; mais les insulaires les ayant découverts, et s'étant mis en armes, ils changèrent de dessein et vinrent à la plage d'Oristan, dans le même Royaume; là, ils débarquèrent quinze cents Mousquetaires, et, ayant pris pour guide un captif Chrétien, ils entrèrent à quarante milles dans l'intérieur, et y saccagèrent un bourg nommé Polidonia, où ils prirent sept cents personnes; et quoiqu'ils eussent été chargés par quinze cents cavaliers et beaucoup de fantassins, ils en furent quitte pour la perte d'une trentaine de Turcs, qui furent tués dans un défilé. Hassan, ayant embarqué ses prises, passa à l'île de Mal-de-Ventre, en face d'Oristan, et y arbora la bannière de rachat, ce qui fit accourir les habitants du Royaume pour traiter de la rédemption des captifs qui venaient d'être faits; il en demandait trente mille ducats; les Sardes n'en offrant que vingt-cinq mille, il rompit les négociations et partit, fort en colère, pour l'île de La Asinara, où il répartit les sept cents captifs entre ceux qui les avaient pris, et fit espalmer ses navires ; il y tint conseil avec ses Reïs sur ce qu'il y avait à entreprendre. Avant la clôture de la discussion, un captif Corse lui offrit, en échange de sa liberté, de lui procurer facilement la prise d'un bourg Corse fort riche, nommé Monticello. Cet avis lui sembla bon, et il promit la liberté au Chrétien, si sa proposition était suivie d'effet. Il se mit immédiatement en route, et, débarquant la nuit mille mousquetaires, il saccagea et pilla le bourg, en y prenant quatre cents personnes, se rembarqua sans résistance, prit avec ses vaisseaux la route de Gênes, et un dimanche, au point du jour, ravagea un autre bourg nommé Sori, situé à sept milles à l'est de Gênes, y prenant cent trente personnes, sans autre perte que celle de quatre Turcs qui furent tués à coups de pierres du haut des fenêtres. La nuit précédente, le Prince Jean-André Doria était arrivé d'Espagne à Gênes avec dix-sept galères ; aussitôt qu'il apprit l'incursion de la flotte Turque, il sortit du port dès le matin pour aller l'attaquer ; mais le Roi d'Alger fit si bien, que les galères de Doria ne purent le découvrir ; il continua sa course du côté de la Provence, et le Prince jugea bon de rentrer au port.

§ 2.

Peu de jours avant ces événements, le Vice-Roi de Sicile Marc-Antoine Colonna était parti pour l'Espagne avec douze galères, mandé par le Roi Philippe II ; en passant au cap de Noli, il rencontra lesdites galères de Gênes qui venaient d'Espagne, et ne voulut pas abaisser le pavillon de la Capitane qu'il montait devant la Réale de l'Amiral Jean-André, ainsi qu'il eût dû le faire, suivant l'usage, bien qu'il fût un des plus grands et des plus anciens Princes d'Italie ; mais son orgueil ne voulut pas se soumettre à cette obligation; cela excita le courroux de Doria, qui le poursuivit avec ses galères pendant plusieurs milles, et qui, ne pouvant atteindre la Capitane, fit tirer un coup de canon. Immédiatement, Don Pedro de Leïva, Général de ces galères, monta dans sa frégate, vint trouver le Prince avec les onze galères qu'il commandait, et lui affirma qu'il avait été empêché de donner le salut par la défense formelle du Vice-Roi; cette explication ne satisfit pas beaucoup Jean André, qui cependant laissa les onze galères suivre la Capitane qu'elles rejoignirent à Villafranca de Nice, et s'en retourna directement à Gênes. Les vingt-deux galiotes d'Alger, étant sur la côte de France (1), reçurent des informations sur ces douze galères, qu'elles suivirent depuis Caborojo jusqu'à Marseille sans pouvoir les découvrir; poursuivant leur route vers la côte de Barcelone, elles arrivèrent, un matin, avant la pointe du jour, à Cadaques, et mirent à terre un peu de monde et une pièce d'artillerie, pour assiéger cette ville et la piller; les Turcs entrèrent dans quelques fermes, où ils prirent cinq Chrétiens qui donnèrent des nouvelles des douze galères et assurèrent qu'elles étaient à Palamos, sans méfiance, et qu'ils pourraient ainsi les prendre facilement; voyant, en outre, que Cadaques résistait plus qu'ils ne l'auraient pensé, et qu'ils couraient grand risque d'y être battus, ils se dirigèrent vers Palamos pour attaquer les galères Siciliennes; leur dessein ne réussit pas, parce qu'ils manquèrent leur atterrissage, à cause de l'obscurité de la nuit, et qu'au lieu d'entrer à Palamos, ils allèrent plus loin à l'Ouest, à une ville nommée Saint-Félix de Rijoles, située

---

(1) Une lettre de Henri III à M. de Maisse, du 4 août 1584, nous donne quelques détails sur cette campagne : « Assan Aga, roy d'Alger, a séjourné huict jours aux isles de Marseille, après avoir poursuivy le Doria jusques à trois milles de Gênes, et failly à rencontrer Marc Antonio Colonna, cestuy-ci ayant receu en son passage toute faveur et assistance de mes ministres, ce qui luy a donné moyen d'eschapper ledit rencontre. » (*Négociations*, t. IV, p. 300.)

à quatorze lieues de Barcelone, et, y trouvant quelques saëties, ils crurent voir les galères qu'ils cherchaient et les attaquèrent ; ils furent ensuite très courroucés de leur insuccès, et, ne pouvant plus espérer faire du mal à nos galères, ils poussèrent en avant et saccagèrent un bourg nommé Pinéda, situé à huit lieues de Barcelone, où ils prirent cinquante personnes ; ensuite, voyant que sur toute cette côte on connaissait leur arrivée et que tous les habitants y étaient en armes, ils ne cherchèrent plus à entreprendre quelque chose d'importance, et cinglèrent vers l'embouchure de la rivière d'Althea, près d'Alicante, où ils débarquèrent. Hassan Pacha fit dire à des Morisques (qui lui avaient écrit, quatre mois auparavant, de venir les chercher avec ses galiotes pour les transporter à Alger) de s'embarquer avec leurs familles ; pour faciliter cette opération, il envoya deux mille mousquetaires Turcs pour assurer leur route ; c'est ainsi que s'embarquèrent environ deux mille Morisques, tant hommes que femmes; Hassan reprit avec eux la route d'Alger, et rencontra chemin faisant un navire Ragusain de cinq mille *salmas*, qui venait de Pulla et allait à Cadix avec une cargaison de blé ; il prit sans difficulté ce bâtiment, qui fut depuis racheté par son propriétaire, nommé le Capitaine Gaspard de Vicencio, Ragusain, pour neuf mille écus, en comprenant dans le rachat le pilote écrivain et la cargaison ; le capitaine eut un délai de trois mois pour payer la rançon. Cette course dura environ trois mois, du mois de juin au milieu d'août 1582 (1). Hassan retourna à Alger triomphant et enrichi de butin et de captifs ; là il s'occupa de ses fermes et métairies (comme c'était sa coutume), pendant tout le temps que lui laissaient les soins du gouvernement, jusqu'à l'arrivée de son successeur Mami-Arnaute, qui eut lieu au mois de mars de l'année suivante 1583 (2).

---

(1) Cette date est fausse : voir la note précédente.
(2) Même observation qu'à la note précédente.

Hassan Vénitien partit d'Alger au mois de mai, ayant gouverné environ un an ; il s'embarqua avec douze vaisseaux, huit à lui, et quatre de ceux qui avaient escorté Mami ; il fut ensuite Pacha de Tripoli, en Barbarie, où il resta deux ans (1). Depuis, le Sultan le fit grand Amiral ; il montra dans cette charge autant d'habileté et de valeur que son maître Ochali, et on peut dire qu'il fit encore plus de mal que lui à la Chrétienté ; il quitta Alger très mécontent d'être privé si rapidement du profit que lui rapportait ce gouvernement, ce qu'il donna bien à entendre à son départ, disant avec beaucoup de doléances que jusque là il n'avait pas su ce que valait Alger. Il mourut depuis à Constantinople, empoisonné, comme son maître Ochali, par Cigala (2) qui était envieux de lui, et désirait lui succéder dans sa charge d'Amiral, comme cela arriva, en effet, après sa mort.

---

(1) En juillet 1588, un an après la mort d'Euldj-Ali. — En réalité, Hassan ne fut que le Khalifa de ce Pacha, qui conserva jusqu'à sa mort le titre de *Beglierbey d'Afrique*. (Voir les *Négociations*, passim). Quant à Hassan lui-même, il gouvernait encore Alger au mois de novembre 1587. (*Négociations*, déjà cit., t. IV, p. 619).

(2) Ce Cigala était fils du vicomte Scipion Cigala, Génois. Il avait été pris tout jeune par les Turcs en même temps que son père, à la bataille des Gelves, et s'était fait musulman. Il fut Pacha et généralissime sous le nom de Sinan-Pacha, épousa une des filles du Sultan Achmet, et parvint aux plus hautes dignités de l'empire.

CHAPITRE XXIV

Mami Pacha Arnaute, vingt-cinquième Roi.

§ 1er.

Mami Pacha était Albanais ou Arnaute, ce qui est la même chose ; étant enfant, il fit partie de ceux qu'on donne ordinairement en tribut au Sultan dans les provinces d'Epire, d'Albanie et de Grèce ; il appartint ensuite à Carax Ali, Corsaire et Capitan d'Alger, duquel il fut Renégat avec Morat Reïs, dont nous avons raconté les pirateries ; avec le temps, il se distingua par ses bonnes qualités, ce qui, avec l'appui d'Ochali, engagea le Sultan à lui donner le gouvernement d'Alger (1). Ce souverain fit là un bon choix ; car Mami (2) s'occupa toujours du bien commun, gouvernant en paix et à la satisfaction universelle de tout le Royaume, où chacun faisait l'éloge de sa bonne administration et de sa justice.

Au mois de mai 1582, Morat Reïs sortit d'Alger avec trois galiotes, vint à un port de la côte de Barbarie appartenant au Roi de Fez, nommé Salé ; il y fit mettre en état trois brigantins de quatorze bancs, et, s'étant procuré un pilote pratique de l'Océan, il partit, chaque galiote remorquant son brigantin, et prit la route des Canaries ; comme il arrivait dans leur voisinage, le pilote lui dit qu'il craignait qu'on ne se fût trompé de route et qu'on n'eût été trop avant ; Morat répondit que ce n'était pas

---

(1) C'est une erreur. Mami Arnaute ne fut jamais nommé Pacha d'Alger ; il n'y exerça qu'un pouvoir usurpé et de peu de durée, à la suite du refus que firent les Algériens de recevoir Ramadan.

(2) Voir chap. XIX. — Il était le chef de la Taïffe des Reïs, et s'était déjà mis à la tête de la révolte du temps d'Arab-Ahmed.

possible, et, continuant son chemin, découvrit l'Ile de Lancelot; il fit amener les voiles et mettre en panne jusqu'à la nuit, pour qu'on ne pût pas l'apercevoir du rivage. Ce brigand profita si bien de la nuit qu'il débarqua tout au matin avec deux cent cinquante Turcs mousquetaires qui saccagèrent l'Ile, y prenant plus de trois cents personnes, parmi lesquelles se trouvaient la mère, la femme et la fille du gouverneur, et un gros butin; il ne rencontra aucune résistance, se rembarqua avec ses prises et se retira à une petite distance en arborant la bannière de rachat. Le Comte, échappé aux mains des Turcs par aventure, accourut pour racheter sa famille chérie et d'autres personnes auxquelles il portait affection; cela fait, le Corsaire s'en retourna par où il était venu. Ayant appris que Don Martin de Padilla, Grand Adelantado de Castille et Général des Galères d'Espagne, l'attendait avec dix-huit vaisseaux dans le détroit, décidé à ne pas le laisser passer sans lui montrer en quel danger il s'était mis, en allant jusqu'où jamais Corsaire d'Alger n'avait osé aller, il se retira à Larache, où cette crainte le fit rester un mois environ. Une nuit très obscure et tempêtueuse, il se résolut à pousser de l'avant, jugeant (et, c'était vrai) que, cette nuit là, l'Adelantado était rentré au port pour ne pas s'exposer à la tempête; il franchit le détroit, et fit ensuite tirer le canon pour annoncer qu'il était passé, et que la croisière devenait inutile. De là, il fut au cap de Gate et y rencontra Arnaute Mami avec trois galiotes; celui-ci lui apprit qu'un de ses fils était mort, ce qui fit qu'il ne continua pas sa campagne et qu'il s'en retourna à Alger bien désolé de cette mort; il y rentra au mois de septembre.

Pendant le reste du règne du Roi Mami, il n'arriva à Alger rien de digne de l'histoire; il exerça le pouvoir sans aucun trouble pendant un peu plus de trois ans, depuis le mois de mai 1583 jusqu'en juillet 1586 (1), où il lui.

---

(1) Au mois d'août 1585, Doria fit subir un terrible désastre aux Al-

fut envoyé un successeur, nommé Amat Pacha (1), qui, mû par son envie et son mauvais naturel, exigea que Mami lui donnât trente mille écus avant de partir ; celui-ci, n'ayant pas cette somme à sa disposition, fut forcé de se sauver avec une de ses galères au Cap Matifou où un Reïs lui amena ses enfants ; en voyant qu'on les avait laissés aller librement, il se montra généreux et envoya à son successeur une cédule de vingt-cinq mille écus, donnant pour caution que cette somme serait payée prochainement Arnaute Mami (2) et Morat Reïs avec deux de ses vaisseaux ; il occupa ensuite le Pachalik de Tunis, où il resta trois ans, et plus tard à deux reprises différentes celui de Tripoli, donnant par sa bonté et son bon gouvernement la paix et la tranquillité à tous. Au moment où il partit d'Alger, c'était un homme de quarante ans, de grande taille, avec la barbe noire, très affable pour tout le monde et nullement cruel pour les chrétiens.

---

gériens : il battit leur flotte et leur prit dix-huit galères, dans le voisinage de la Corse. *(Négociations,* t. IV, p. 395.)

(1) Une preuve convaincante de la fausseté de ces dates se trouve dans le discours prononcé par M. de Lancosme à l'audience de réception d'Amurat III (15 avril 1586) ; il s'y plaint *des indignités et emprisonnements qui ont été faicts au Vice-Consul d'Alger Bionneau par Assan-Pacha.* Hassan était donc Pacha d'Alger en 1586. *(Négociations,* t. IV, p. 498.)

(2) *Sic.* S'il faut prendre ce récit au pied de la lettre, il y aurait eu un autre *Mami Arnaute ;* cela est possible ; mais j'ajoute peu de foi à tout ce chapitre, qui n'est confirmé par rien de connu. — La Chronologie de Rousseau cite un *Mami* en 1585, et, la même année, un *Moharrem,* auquel succéda en 1585 *Dali Ahmed,* le même qu'Haëdo appelle *Amat ;* mais cette Chronologie est loin d'être exacte.

CHAPITRE XXV

Amat Pacha, vingt-sixième Roi.

§ 1er.

Amat Pacha était Turc de grande famille ; il eut assez d'influence auprès du Divan du Sultan pour se faire donner le gouvernement d'Alger, qu'il désirait beaucoup ; il il y arriva au mois de juillet 1586, et défendit immédiatement à tous les Corsaires de sortir du port (1), parce qu'il désirait se mettre en personne à leur tête pour piller et faire du mal à la Chrétienté, comme l'avait fait Hassan Vénitien ; disant qu'il n'était pas moins que lui, mais bien son supérieur et qu'il pouvait être son maître, comme en effet il l'avait été. Il réunit onze galères et galiotes bien armées avec lesquelles il partit d'Alger au mois de juin de l'année suivante 1587, et s'en fut droit à l'Ile de la Galite, située à trente milles de Tabarque, et de là à Bizerte ; en mer, il prit un vaisseau de quinze cents *salmas* chargé de bois de construction ; il se dirigea ensuite vers l'île de Lustrica, en Sicile, où il fit espalmer ses galères, les pourvut de tout le nécessaire et partit un matin pour le golfe de Naples ; il arriva sur la côte de Melfi, à une ville nommé Praya, y saccagea et pilla quelques magasins de marchandises, et s'empara des personnes qui les gardaient. De là il s'en fut le plus secrète-

---

(1) Le motif de cette défense, qui fut faite, non par Ahmed, mais par Euldj Ali, nous est révélé par une lettre de M. de Lancosme :
« L'on tient que ce subject luy a faict tenter ung desseing, qu'il avoit
» de longue main, qui est d'estre faict bassa général de toute la
» Barbarie, charge qu'aucun aultre n'a eu et qui seroit de très grand
» poix ;...... L'on ne scait encores si cela réussira, etc. » (*Négociations*, t. IV, p. 517.)

ment et le plus rapidement qu'il put sur les côtes Romaines, où il débarqua quelques-uns de ses Mousquetaires Turcs pour piller et faire tout le mal possible ; mais il fut forcé de se rembarquer sans résultat, ayant été découvert par l'Amiral Jean-André Doria qui conduisait sa femme à Naples avec sept galères, et qui, ayant aperçu les galiotes Turques, leur appuya la chasse depuis midi jusqu'à la nuit. L'obscurité fut bien propice aux Algériens ; car si leurs navires eussent été rejoints par les galères du Prince (comme cela fût arrivé si le jour eût duré plus longtemps) ils eussent couru grand danger d'être pris par lui ; il avait déjà mis la main sur une galiote de vingt bancs ; elle fut sauvée par Arnaute Mami, qui la remorqua avec sa galère dont la chiourme était très forte ; mais la nuit étant arrivée, Doria cessa la chasse, et chacun poursuivit son voyage.

§ 2.

Après avoir couru cette aventure, le Pacha Amat prit le chemin de Monte-Cristo sans s'arrêter nulle part ; de là il se rendit en Corse, au golfe de Saint-Florent, où il saccagea un bourg nommé Faringola ; il y prit deux cent quarante personnes, avec lesquelles il gagna l'île de Rosa, et de là le pays de Gênes, où il débarqua pendant la nuit quelques Mousquetaires Turcs qui brûlèrent un petit nombre de maisons d'un bourg nommé Pra, situé à six milles de Gênes ; ils prirent un homme et une femme. Sans faire plus de mal sur cette côte, il alla jusqu'aux îles d'Hyères, en France, et s'y empara d'une frégate qui venait d'Espagne avec quatre mille écus ; cette somme fut répartie entre tous les Janissaires présents ; de là, il se dirigea vers les côtes d'Espagne sans pouvoir faire aucun mal, parceque les habitants étaient avertis de son arrivée ; voyant cela, Amat se résolut à rentrer à Alger avec sa flotte, et y débarqua à la fin d'août, étant resté environ deux mois et demi en course. Ce fut le premier et dernier voyage qu'il fit pendant son règne, qui dura un peu plus de trois ans, du mois de juin 1586 au mois d'août 1589 (1); il ne cessa pendant ce temps d'envoyer ses galiotes en course, et elles revenaient toujours chargées de butin et de captifs. Après trois ans de règne, il lui fut envoyé un successeur, et il partit avec neuf vaisseaux pour aller gouverner Tripoli, où il fut tué dans une escarmouche qu'eurent les Turcs avec les Mores de ce Royaume, comme nous le raconterons en son lieu. Quand il partit d'Alger, il avait soixante ans, était grand justicier, et, tout orgueilleux qu'il fût, il gouverna d'une manière satisfaisante.

---

(1) Voir chap. XX.

CHAPITRE XXVI

Heder Pacha, vingt-septième Roi.

§ 1er.

Heder Pacha était Turc; il obtint le gouvernement d'Alger par les moyens usités parmi les Mores et les Turcs pour acquérir les charges, c'est-à-dire l'argent et les cadeaux; il arriva au mois d'août 1589 (1), avec quatre galères données par l'Amiral.

Au même moment rentrait à Alger Morat Reïs, qui était parti en course au mois d'avril en compagnie d'Arnaute Mami et d'Ali Mami, avec quatre vaisseaux bien armés; ayant suivi la côte de Barbarie, ils étaient venus à l'Ile de la Galite, située à trente milles de Tabarque, et de là s'étaient dirigés tous ensemble, après avoir fait leurs sortilèges accoutumés, vers la Sardaigne qu'ils dépassèrent et d'où ils arrivèrent près de Monte-Cristo; là, ils aperçurent quatre galères du Pape Sixte-Quint (2); Morat voulait attaquer, mais Arnaute Mami était d'un avis contraire, considérant que les galères étaient plus fortes que les galiotes et mieux pourvues de combattants. Il n'est pas étonnant que les deux Corsaires fus-

---

(1) Il se passa à cette époque un fait assez peu connu; le Grand Seigneur autorisa les Corsaires d'Alger à courir sus aux navires de Marseille, pour punir cette ville d'avoir pris le parti de la Ligue contre le Roi de France, son allié et ami. Malheureusement l'habitude fut plus facile à prendre qu'à perdre, et Kheder lui-même devait un jour payer de sa tête la continuation d'errements auxquels on l'encourageait lors de son début.

(2) Ce Pape avait fondé un armement permanent de dix galères à Civita-Vecchia, pour protéger les côtes des États Pontificaux contre les Corsaires. (De Thou, *Histoire universelle*, t. XI, p. 265.)

sent d'avis différent, parce que, autant Morat était téméraire et disposé à affronter les difficultés, autant Arnaute était prudent et avisé; cela fut cause que Morat partit tout seul avec ses galiotes, furieux et dégoûté de ses compagnons; il alla au Phare de Messine et de là à la côte de Pulla, où il prit un vaisseau de quinze cents *salmas* avec trente canons; il l'attaqua seul avec un tel élan et un courage si désespéré, qu'il montra bien par là le mépris qu'il avait pour ses compagnons; il abandonna sa prise, qui était vide de marchandises, s'empara de l'équipage composé de quarante personnes, et de l'artillerie qui était bonne. De là, il vint croiser dans le canal de Malte, où, ayant rencontré une saëtie française qui venait de cette île, il en reçut avis qu'il était parti pour la Barbarie une galère de vingt-trois bancs, nommé la *Serena*, que le Grand Maître envoyait pour s'informer de quelques bruits de révolte contre les Turcs, qui couraient à Tripoli. Ayant reçu cet avis, Mami se dirigea vers la Lampadouse avec l'intention d'attaquer cette galère s'il la rencontrait; à cet effet, il resta quelques jours entre Lampadouse et Linosa, îles situées à quarante milles de Malte, ayant pendant ce temps-là fait des sortilèges dans son livre, comme c'est leur coutume (illusion véritablement diabolique !); il resta là jusqu'à ce qu'un matin, sortant de Linosa pour aller à la découverte, selon la coutume des Corsaires, il vit que la galère de Malte qu'il attendait était à environ dix milles de lui, remorquant un vaisseau qu'elle avait pris en Barbarie avec du butin et quelques captifs. Aussitôt qu'il l'eut aperçu, Morat, se tournant vers ses Janissaires et ses Levantins, leur dit avec beaucoup d'animation les paroles suivantes : « Frères, voici le jour où nous devons
» tous montrer notre courage et notre valeur et nous
» signaler comme de bons et braves soldats, sans crain-
» dre de mourir dans une si belle occasion; ainsi le veut
» la profession des armes; soyez donc prêts à conquérir
» l'honneur et le butin au service de notre Prophète Ma-

» homet. » A ces paroles tous s'offrirent à affronter immédiatement n'importe quel péril, et lui dirent de ne pas douter de leur bon vouloir, d'attaquer le vaisseau de ces chiens porteurs de croix, et qu'il serait à même de juger de leur courage; ils prirent tout de suite les armes, et Morat dit aux rameurs chrétiens, qui étaient restés immobiles que, si Dieu était décidé à leur donner la liberté ce jour-là, il ne s'y opposerait pas (1); il mit immédiatement le cap sur la *Serena*, qui avait pris chasse, croyant être en face de plusieurs navires ennemis; à environ quinze milles de l'Ile, le Capitaine de la galère Maltaise ordonna à la vigie de la hune de lui dire combien elle voyait de vaisseaux Turcs; celle-ci ayant répondu qu'elle n'en voyait qu'un, le Capitaine lui promit deux cents écus si cela se trouvait vrai; quand ils en furent assurés, les nôtres, tenant la victoire pour certaine, tournèrent la proue contre la galiote, qui faisait feu de son canon de coursive; au moment de l'abordage, notre galère eut une si mauvaise chance que les premiers combattants tués furent les canonniers, ce qui causa sa perte par le défaut de cette défense si importante; il y eut encore une grande tuerie des autres soldats, qui se défendaient vigoureusement, et enfin la victoire resta à ce chien de Morat, qui fit captifs le peu de Chrétiens qui restaient vivants et donna la liberté aux Mores et aux Turcs de la chiourme. Il retourna en Barbarie avec cette prise, ayant la plus grande partie de ses Janissaires tués ou blessés; à un cap voisin de Collo, il prit encore un brigantin de quatorze bancs qui venait de Mayorque avec un équipage de quarante-cinq hommes; de là il alla en deux jours à Alger, emmenant avec lui la malheureuse galère *Serena* et la frégate Mayorquine, traînant derrière lui leurs étendards et leurs drapeaux, comme c'est la coutume des

---

(1) En effet, dans le cas où le combat lui eût été défavorable, la chiourme Chrétienne eût été délivrée, et les Turcs eussent pris sa place, selon l'usage.

Corsaires, quand ils font quelque prise comme celle-là. Le Roi Heder, qui était arrivé depuis huit jours à Alger, lui envoya son cheval et une escorte de Janissaires pour l'amener à son palais en grande pompe.

§ 2.

En ce temps-là, un More du Royaume de Tripoli, nommé le Marabout Sidi Yahya, se souleva contre la tyrannie des Turcs, pour délivrer le Royaume de leur joug et de leur cruelle domination. Il réunit une armée de trente mille cavaliers Mores, et cinq cents captifs Chrétiens armés de mousquets, qui, pour conquérir leur liberté, s'engagèrent à bien le servir dans cette guerre ; il se laissa diriger par eux, leur demandant conseil en toute occasion, et ils eussent sans doute réussi à chasser les Turcs de Tripoli, si le More eût reçu des nôtres l'aide qu'il en attendait ; pour avoir du secours par mer, il avait prié le Vice-Roi de Sicile, qui était alors Don Diégo Enriquez de Guzman, Comte d'Albe de Lista, de lui envoyer les galères du Royaume avec celles de Malte, promettant de remettre Tripoli à la discrétion du Roi d'Espagne ; il ne fut pas très heureux dans sa demande ; on ne lui envoya aucun secours de Sicile, et il ne reçut de Malte qu'une frégate chargée de poudre, de plomb et d'autres munitions, qui lui servirent un peu dans cette guerre ; le Sultan, sans perdre de temps et pour couper court à ce danger, envoya immédiatement son grand amiral Hassan Pacha pour apporter un remède opportun à cette révolte ; celui-ci partit de Constantinople en juillet 1589 (1) avec soixante galères, et, avant son départ, dé-

---

(1) Ce fait est confirmé par une lettre de M. de Maisse à Henri III, du 8 juillet 1589 : « Le G.S. a faict sortir Assan-Aga, avec LX gallaires, et prenant les gardes de l'Archipelago, en fera cent ou six-vingt. Il va en Tripoly de Barbarie, où il doit estre maintenant, et

pêcha deux galiotes bien armées, pour aviser Morat Reïs et les principaux Corsaires d'Alger et de Bizerte de venir se joindre sous Tripoli à la flotte Turque, qui arriva à la fin de juillet. Peu de temps après, Morat Reïs la rejoignit avec quatre galiotes sur lesquelles se trouvait une bonne troupe de Janissaires, et tous les Corsaires de Bizerte se conformèrent également à l'ordre de l'Amiral. Après avoir réuni ces forces, Hassan jugea bon d'envoyer quelques vaisseaux vers les côtes Chrétiennes pour s'informer de ce qui s'y passait, afin de pouvoir ensuite avec plus de sécurité exécuter les ordres du Sultan; à cet effet, il délégua quatre Corsaires très habiles : Hadji Bali, auquel il donna le commandement, Amat Reïs, Suff Remolar et le Castellano d'Ali (1) avec cinq galiotes; ils gagnèrent la Sicile, près de laquelle ils prirent un navire de quinze cents *salmas* chargé de blé, qui venait de Pulla et un caramuchal chargé de vins de Calabre, capturant quatre-vingts personnes environ qui étaient dans les deux vaisseaux. Après le départ des corsaires, l'Amiral débarqua ses troupes, au nombre de douze mille hommes à pied et à cheval, et livra plusieurs combats aux troupes du Marabout; l'habileté militaire des Turcs l'emporta toujours sur la mobilité de la cavalerie ennemie, quoiqu'elle fut supérieure en nombre, comme nous l'avons dit. Ensuite, l'Amiral, voyant que le temps favorable pour la navigation des galères se passait, parce que l'hiver arrivait, se montrant très dur et dangereux, se décida à se retirer avec ses vaisseaux, se fiant sur l'inconstance des révoltés, et pensant qu'avec le temps, et en laissant là un bon nombre de mousquetaires, la rebellion se calmerait, comme cela arriva en effet. Il partit à la fin d'octobre, licenciant les galiotes d'Alger et de Bizerte, et laissant à Tripoli l'armée de Tunis, qui était forte de

---

mettra en despense le roy d'Espagne du costé de deça. (*Négociations*, t. IV., p. 734).

(1) Sic.

deux mille mousquetaires, avec d'autres Mores à pied et à cheval, qui, dans cette guerre, s'étaient mis du côté des Turcs ; il y eut, quelques jours après, entre eux et les révoltés, une bataille générale dans laquelle la victoire resta aux Turcs. Et comme les Mores sont naturellement de peu de foi et très changeants (comme toutes les races viles), se voyant vaincus, ils commirent, pour obtenir leur grâce, une grande trahison ; ce fut le meurtre du Marabout Sidi Yahya, qui fut exécuté par ses propres amis, ceux auxquels il se fiait le plus et qui l'avaient choisi pour chef. Lui ayant coupé la tête, ils la portèrent aux Turcs, et le Royaume se trouva pacifié, et soumis de nouveau au pouvoir des Ottomans, dont la domination y fut plus solide que jamais. Amat Pacha fut tué dans cette guerre, d'un coup de lance ; il avait été, comme nous l'avons dit, pourvu de ce gouvernement en quittant Alger, et cette nomination fut la cause de sa mort.

§ 3.

En l'année suivante, 1590, le Roi de Labès se souleva contre les Turcs, et, leur refusant l'obéissance, contraignit Heder Pacha à réunir une armée pour apaiser cette révolte ; à cet effet, il mit sur pied douze mille mousquetaires et mille spahis à cheval. Il partit pour Labès au mois de décembre de ladite année, réunissant le long de la route quatre mille cavaliers Mores, ses amis, qui l'avertirent que le Roi de Labès l'attendait avec trente mille cavaliers, que sa grande richesse et sa puissance lui avait permis de mettre en campagne ; cette grosse armée ne le rendait pas aussi fort que la position même de la ville de Labès, qui est élevée et très difficile à gravir ; c'est là qu'il avait concentré ses troupes ; Heder Pacha se résolut à aller l'y attaquer ; tout d'abord il ordonna que lorsqu'on serait arrivé au pied de la montagne sur laquelle est située la ville, et que les Turcs ne pouvaient gravir qu'un à un, à cause de l'altitude et des difficultés du terrain, on construisit, pour faciliter l'assaut, un bastion de terre et de troncs d'arbres, qui tiendrait bloqué le Roi révolté, et empêcherait son armée de recevoir des approvisionnements et autres secours ; il y eut plusieurs escarmouches, mais peu importantes ; car les assiégés n'osaient pas tenir en rase campagne contre les Turcs, qui faisaient de notables dégâts sur leurs terres, brûlant et détruisant leurs villages et leurs arbres sans aucune pitié ni miséricorde. Le succès final était douteux, lorsqu'un More très influent, qu'on appelait le Marabout, se posa en médiateur entre les deux Rois, représentant que c'était une grande honte et un énorme péché envers Dieu de se faire la guerre entre Princes Musulmans, ce qui les affaiblissait d'autant au profit des Chrétiens, leurs ennemis naturels ; il les convainquit si bien par ses discours que la paix fut conclue, moyennant trente mille écus, que paya le Roi de Labès à celui d'Alger. Les deux armées se retirèrent et cela mit fin à cette guerre, qui avait duré deux mois.

Avant son départ, le Pacha avait armé quatre galiotes pour la course, et les Reïs n'ayant pas de Janissaires pour les équiper (parce qu'il avait été défendu à tous d'aller en course en ce moment-là, où leurs services étaient nécessaires pour la guerre contre le Roi de Labès), s'étaient vus forcés d'embarquer comme soldats des Mores de la campagne, des garçons de boutiques et des marins de commerce, qui, partis d'Alger et arrivés en Sicile, furent surpris par une grosse tempête ; deux bâtiments se perdirent ; l'un s'échoua à l'île des Mangueses, près d'Agusta, et l'autre se brisa sur un écueil près du Goze de Malte ; les deux autres se sauvèrent au cap Passaro et retournèrent à Alger bien chargés de Chrétiens pris en Calabre et en Pouille.

Au mois de mai 1591, Arnaute Mami, Morat Reïs et Dely Mami partirent d'Alger avec neuf galiotes et se dirigèrent sur Lustrica, île située à soixante milles de la Sicile; là ils rencontrèrent huit galères de ce Royaume; ni les uns ni les autres n'eurent le courage d'attaquer, et ce ne fut pas un petit bonheur pour les galiotes, qui étaient très dépourvues de monde pour se défendre, en sorte qu'il n'y a pas à douter que toutes, ou au moins la plus grande partie, n'eussent été prises par nos galères, si elles eussent osé combattre. Ayant échappé à ce danger, ils retournèrent à Alger, où ils arrivèrent au mois d'août sans s'être arrêtés nulle part, en grande peur de rencontrer de nouveau des galères Chrétiennes; tel fut le bonheur de nos ennemis.

Au mois d'octobre suivant, il y avait dans les prisons de Castel Novo, quatorze Reïs de galiotes et de brigantins Algériens, qui avaient été pris à différentes époques et par diverses personnes. Parmi eux se trouvait un Turc nommé Amosa, Capitan de Bizerte, où il occupait ainsi un certain rang; il était allé en course au mois d'avril 1590, avec une galiote à lui, de vingt-quatre bancs; ayant fait quelques bonnes prises sur les côtes d'Espagne, et désireux d'en faire d'autres, il était venu aux côtes Romaines, et y avait été pris avec son vaisseau par le fils du Prince Doria, qui revenait de Naples avec onze galères. Il y en avait un autre, qui était captif depuis vingt-six ans, nommé Mostafa Arnaute, célèbre Corsaire Algérien, homme puissant, marié avec une parente du Capitan Arnaute Mami, qui cherchait à le racheter; un autre se nommait Jafer, et avait été pris à Formentera, près d'Iviça, en 1586, ayant fait rencontre de dix-neuf galères Génoises qui portaient de l'argent en Italie (comme c'est l'habitude). Sept de ces galères, très fortes, attaquèrent les cinq galiotes Turques qui venaient d'arriver à Formentera; quoique les mariniers expérimentés conseillassent de se tenir tranquilles, et de ne pas quitter l'ancrage à cause du mauvais temps, leur Général les força de marcher. Ils arrivèrent sur les galiotes, et, à ce moment, survint une si grande tempête que trois de nos galères donnèrent à travers et se brisèrent en pièces;

une autre fut clouée sur un écueil, qu'on retira depuis avec un énorme travail ; des galiotes Turques, deux furent perdues ; les trois qui restaient sortirent de la baie, et voyant la confusion qui régnait parmi les équipages des navires échoués, et que chacun ne pensait qu'à se sauver à terre, quelques Janissaires débarquèrent en armes près du lieu du naufrage et s'emparèrent d'une grande quantité de ceux qui s'étaient sauvés, en les assaillant à l'improviste à coups de mousquets ; ils y gagnèrent encore une grosse somme que portaient les trois galères échouées ; en sorte que le général n'eut pas l'embarras de frapper monnaie avec l'argent des Turcs, et put se décharger de son fer (1).

Cette perte fut grande, malgré la capture que firent les Génois des deux galiotes échouées, et du Reïs Jafer, Renégat Français (2), qui était Capitaine d'une d'elles. Avec ces trois Reïs, il y avait dans le château onze autres Capitaines de moindre qualité, dont neuf avaient été pris aux Alfaques par le fils du Prince Doria, et les deux autres par les galères de Naples ; tous ces captifs désiraient recouvrer leur liberté, et cherchaient les moyens de la conquérir ; les trois Reïs qui étaient mieux gardés que les autres, comme étant de plus grand prix, prièrent le Commandant du fort, Don Alvaro de Mendoce, de les laisser se réunir aux autres pour faire leur Pâque, ajoutant qu'il y avait longtemps qu'ils ne s'étaient vus ; le Commandant leur accorda leur demande, ne croyant pas à la possibilité de ce qui arriva. Cependant les Turcs qui, n'étant pas enfermés, vaguaient librement par le châ-

(1) C'est une raillerie d'Haëdo à l'adresse de l'Amiral vaincu ; le mot *hierro*, qui veut dire *fer*, prend encore l'expression de *coin à frapper monnaie* ; l'auteur joue donc sur les mots, en insinuant que l'insuccès des Chrétiens leur rendit ces derniers instruments superflus.

(2) Rappelons à ce sujet que, d'après une lettre de M. de Maisse à Henri III, Djafer Pacha était Français et natif de Dieppe. — Peut-être s'agit-il du même personnage, ou de son frère. (*Négociations*, t. IV, p. 473).

teau, avaient porté dans la prison où étaient détenus les plus qualifiés d'entre eux, quelques cordes, pics et limes qu'ils avaient pris très secrètement aux ateliers de travail, et qu'ils cachèrent soigneusement; ils limèrent, du côté de la plage, une partie de la grille de fer de la prison dans laquelle ils étaient détenus, et y faisant un trou assez grand pour laisser sortir un homme, y attachèrent une corde par laquelle ils se laissèrent glisser; ensuite ils crevèrent avec le pic un pan de mur qui les séparait de la mer, et gagnèrent une frégate de huit bancs qui servait habituellement au Vice-Roi de Naples pour se promener en mer; ils s'y embarquèrent tous les quatorze, et se rendirent à l'Ile de Lustica où ils séjournèrent quelque temps; ils y prirent sept pêcheurs Chrétiens. A ce moment, arriva à l'Ile un brigantin Turc qui allait en Corse; ils voulurent s'y embarquer; mais le capitaine ayant exigé d'eux qu'ils lui donnassent les sept Chrétiens, ils ne voulurent pas y consentir, et le brigantin partit sans les prendre, leur laissant de très mauvaise grâce quelques provisions de bouche avec lesquelles ils partirent de Lustica sur la frégate dans laquelle ils s'étaient enfuis; après avoir affronté de nombreux périls sur mer, ils arrivèrent à Bizerte où ils furent reçus à la grande joie des Turcs, qui célébrèrent par des salves de canon, des fêtes et des festins un succès aussi merveilleux.

Le Comte de Miranda, Vice-Roi de Naples, chercha activement à découvrir si leur fuite avait été due à quelque intelligence ou à quelque aide du dehors ou de l'intérieur du fort; il fit mettre à la torture les sentinelles et les gardiens auxquels incombait la surveillance pendant la nuit de l'évasion, et il ne put rien découvrir, sinon que l'habileté et le bonheur des Turcs leur avait fait recouvrer la liberté qu'ils désiraient tant.

Au mois de juin 1592, Arnaute Mami partit en course avec un de ses neveux et trois galiotes; arrivé au cap Corse, il rencontra les galères de Florence qui étaient parties en course en même temps que lui ; celles-ci lui donnèrent une chasse si vive qu'elles prirent une galiote de vingt bancs, sur laquelle était le neveu d'Arnaute Mami ; les deux autres et le Capitaine eurent le bonheur de s'échapper, mais il s'en fallut de bien peu qu'elles ne fussent prises ; enfin, elles rentrèrent à Alger au mois d'août. En ce moment, y arrivait Chaban Pacha, qui venait de Constantinople pour gouverner Alger, ce qui causa une grande satisfaction à tous les habitants qui étaient très mécontents du gouvernement de Heder Pacha. C'était, à cette époque, un homme âgé, goutteux, peu charitable, orgueilleux, détestant les Chrétiens, maltraitant et tyrannisant tout le monde, comme nous le raconterons dans l'histoire de son second gouvernement à Alger.

CHAPITRE XXVII

Chaban Pacha, vingt-huitième Roi.

§ 1er.

Chaban Pacha partit de Constantinople pour aller gouverner Alger au mois de juin 1592 ; il y arriva dans les premiers jours d'août, et, aussitôt installé, jugea assez durement les agissements de son prédécesseur, à cause des nombreuses plaintes que lui en fit la Milice, qui, voyant venir un nouveau Roi, voulait se venger de l'ancien ; pour ce motif, elle fit assembler le Divan (c'est ainsi qu'on appelle chez eux le Conseil) et on y décida l'envoi de quelques Boulouks Bachis à Constantinople, avec un beau présent pour le Sultan, et ordre de l'informer des grandes cruautés et tyrannies de Heder ; ils choisirent comme Chef des Ambassadeurs Arnaute Mami, qui rentrait de la course ; celui-ci, auquel la fortune était contraire depuis quelque temps, accepta volontiers cette mission qui l'éloignait d'Alger, désespéré qu'il était de ses malheurs qui ne faisaient qu'augmenter ; en effet, après la perte de ses galiotes et de son neveu, il avait vu mourir un Renégat Français qu'il aimait beaucoup, et avait du emprisonner sa femme, qui se suicida quelques jours plus tard. Arnaute Mami partit d'Alger à la fin d'août 1592, avec quatre vaisseaux ; un à lui, deux qui emmenaient Heder avec sa maison, et un autre appartenant à Mami Napolitano, dans lequel s'embarquèrent les Boulouks Bachis ; en arrivant au Cap Passaro, en Sicile, il faillit être pris par les galères de Malte, dont la Capitane avait déjà investi la poupe de sa galiote ; il eut cependant l'habilité de s'échapper avec ses vaisseaux, et arriva rapidement à Constantinople. Il n'y fut pas tenu compte des accusations de la milice contre Heder Pacha, à cause de la mauvaise opinion qu'avait l'entourage du Sultan des Janissaires et du Divan d'Alger; l'ambassade s'en retourna dans deux frégates, courroucée et très mécontente du peu d'effet qu'avait eue sa démarche; Heder resta en paix, attendant l'occasion qui s'offrirait à lui de se venger. Chaban gouverna si bien qu'il satisfit tout le monde et se fit aimer et chérir. Il y eut de son temps une grande famine dans la ville et dans le Royaume (1), qu'il soulagea avec beaucoup de soin ; dans l'hiver de l'année de son arrivée, il survint une si grande tempête, avec un vent si furieux, que le môle d'Alger fut presque entièrement détruit; la galère patronne de Morat Reïs, qui était la *Serena*, prise jadis aux Chevaliers de Malte, se trouvait alors dans le port ; elle fut brisée ainsi que deux autres galères, chacune de vingt-deux bancs, et deux autres navires, l'un de douze cents *salmas* que les Corsaires avaient pris sur la côte d'Espagne, chargé de sucre, et un autre de six cents *salmas* d'huile, furent mis également en pièces ; une saëtie française, qui se trouvait là, s'étant mise à l'ancre dans la rade pour se garantir de la tourmente, il survint une vague qui la coula à pic et on ne la revit plus jamais.

En l'année suivante 1593, Chaban Pacha envoya en course une galère de dix-sept bancs, qui fut prise la veille de la Noel à l'Ile de Lustica par Don Pedro de Leïva, Général des galères de Sicile.

En 1594, Morat Reïs sortit d'Alger au mois de mars, avec quatre galiotes, en compagnie de Jafer, Renégat Génois, et de Mohammed Reïs y Fochali; il suivit la côte de Barbarie, arriva aux Iles Gelves, et ensuite à la Lampadouse, où il espérait rencontrer des vaisseaux Chrétiens, et, ayant fait là ses sortilèges diaboliques, il vint croiser devant les Sables de Barbarie, et découvrit un

---

(1) Il y eut aussi une grande peste, dite *de Tunis*. Elle dura trois ans, et désola tout le pays.

matin deux bâtiments qu'il reconnut tout de suite pour être des galères Chrétiennes ; il donna aussitôt l'ordre que deux des quatre galiotes abattissent leurs mâts, et que chacune de celles qui étaient dématées se cachât derrière une de celles qui étaient restées grées, afin de ne pas montrer ainsi plus de deux des galiotes et d'amener les Chrétiens à venir attaquer les Turcs le plus tôt possible ; sa ruse réussit, et la vigie de nos galères, croyant qu'il n'y avait que deux galiotes, ne voyant pas les deux autres qui étaient dématées, donna ce faux avis à son Capitaine, qui arriva avec la plus grande confiance pour attaquer ; quand il fut tout près, Morat fit relever les mâts et s'élança sur l'ennemi ; ces navires, la Capitane du Duc de Florence et le *Saint-Jean,* qui étaient partis en course vers la Barbarie, se voyant attaqués par quatre bâtiments, ne savaient plus s'il fallait fuir ou combattre, et passèrent quelque temps à discuter sur ce qu'on devait faire ; cela donna le temps aux Turcs d'attaquer la Capitane où s'était réuni le Conseil de guerre ; elle fut d'abord assaillie par une galiote de vingt bancs, qui étant trop basse, ne put l'aborder ; Morat, venant ensuite, attaqua à tribord avec son vaisseau, et après avoir envoyé sa bordée, sauta dedans avec ses Turcs, et y tua quelques Commandeurs de Saint-Étienne et d'autres combattants ; Jafer, Renégat Génois, et le frère de Morat attaquèrent la galère *Saint-Jean* avec les deux autres galiotes ; elle se défendit le mieux qu'elle put, tuant et blessant quelques Turcs ; mais enfin, voyant sa Capitane prise, elle perdit courage et se rendit. Morat retourna à Alger avec cette capture si glorieuse et ses prisonniers, ayant de plus délivré beaucoup de Turcs et de Mores de la chiourme de ces galères ; il arriva triomphant au mois de juillet, et repartit immédiatement avec autant de vaisseaux qu'il put en armer pour se réunir à l'Amiral Cigala, qui venait de partir de Constantinople avec cent vaisseaux Turcs, emmenant avec lui Arnaute Mami, comme pilote général de la flotte, à cause de son habileté. Cigala arriva dans les mers de Calabre au mois de septembre, saccagea et brûla une ville nommée Rijoles, profanant les temples, détruisant les jardins, et faisant tous les dommages qu'ont coutume de faire ces barbares infidèles. Ils trouvèrent la ville inhabitée ; car tout le monde s'était enfui dans les montagnes à leur arrivée, en sorte qu'ils ne firent pas de prisonniers.

Notre flotte, c'est-à-dire les galères de Naples, Sicile et Gênes, qui avait été prévenue de l'arrivée de la flotte Turque, aurait pu arriver à temps pour éviter ces maux et ceux qui suivirent ; elle n'apparut qu'au moment où les Turcs, voyant que le temps devenait mauvais, et ne voulant pas mettre leurs vaisseaux en péril, rentraient à Constantinople. Au mois de mai de l'année suivante 1595, Morat Reïs sortit d'Alger avec trois galiotes, côtoya la Barbarie jusqu'à Monastir, ville située à douze milles de Sus ; il y prit trois brigantins de Trapani, ville de Sicile, avec tout l'équipage, composé de quatre-vingt-dix marins, qui étaient partis en course. Continuant sa route vers le cap Passaro, il y eut nouvelle de cinq galères de Malte qui étaient à Zaragoça, ville de ce Royaume ; ces galères envoyèrent une frégate reconnaître les vaisseaux Turcs, qui étaient au nombre de trois, comme nous l'avons dit ; elle expédia immédiatement un cavalier à toute vitesse donner avis à nos galères que les galiotes étaient arrêtées au cap Passaro ; sur cet avis. elles partirent à la hâte pour y aller ; arrivées à Vindicar, elles virent revenir leur frégate qui leur faisait signal de ferler les voiles, parce que les galiotes étaient à sa poursuite, et ne se doutaient pas de la présence des galères de la Religion ; il faisait déjà presque nuit noire quand ils se découvrirent les uns les autres ; les navires de Malte tournèrent de suite la proue contre les Turcs, qui, se voyant attaqués par cinq bâtiments, commencèrent à fuir, poursuivis par la Capitane de *Saint-Jean,* qui ayant une grosse avance sur ses compagnes, atteignit la galiote de Morat Reïs qu'elle couvrit de feu et qu'elle mit en grand péril ; celui-ci se tira du danger en plaçant tous ses mousquetaires à la poupe, où ceux-ci se défendirent vigoureusement (encore qu'il en coûta la vie à beaucoup d'eux) ; ils tuèrent quelques-uns des Chevaliers de la galère et les canonniers qui constituaient sa principale force ; il se retira le plus vite qu'il put, et fut cependant encore attaqué par la Patrone de la Religion, à laquelle les Turcs résistèrent comme ils l'avaient fait à la Capitane ; ils la forcèrent de se retirer, ainsi que les autres ; car elles vinrent chacune à leur tour attaquer le vaisseau de Morat, qui courut ce jour là une rude aventure. De cette manière, il s'échappa après avoir perdu beaucoup de monde, et avoir été blessé cinq fois (mais légèrement) par ces lions de l'Ordre de Saint-Jean, qui ont une si bonne griffe que je ne doute pas qu'un de ces jours ils ne s'emparent de lui, comme ils cherchent à le faire. De là, Morat se rendit avec son frère à Velone ; l'autre Reïs, son compagnon, fut séparé de lui par une bourrasque ; enfin, ils rentrèrent tous à Alger au mois de septembre, chargés de captifs et de butin. Cependant, Chaban était parti en juillet pour Constantinople, ayant gouverné Alger un peu moins de trois ans. A son départ, il était âgé de quarante-deux ans, petit, d'une faible constitution, affable et bienveillant pour tout le monde.

CHAPITRE XXVIII

Mostafa Pacha, vingt-neuvième Roi.

§ 1er.

Mostafa Pacha succéda à Chaban dans le gouvernement d'Alger (1); il n'y resta que quatre mois, de juillet à octobre 1595; pendant ce temps, il n'arriva rien qui soit digne d'être raconté. A son départ, il eut quelques désagréments avec son successeur Heder Pacha, mais il s'en vengea bien quand il revint plus tard gouverner Alger, comme nous le raconterons. Mostafa Pacha était un homme d'environ trente-cinq ans, de bonne famille, parent de son prédécesseur Chaban, ce qui fut cause des mauvais traitements que lui fit Heder en le remplaçant, comme on le verra au chapitre suivant.

---

(1) C'est à lui qu'on attribue la fondation du Sour-er-Rozlan, sur l'emplacement de l'ancienne Auzia, pour assurer les communications entre Alger et Constantine.

CHAPITRE XXIX

Heder Pacha, Roi d'Alger pour la 2ᵉ fois, trentième.

§ 1ᵉʳ.

On peut dire qu'en tout temps, les dons et les présents ont été préférés à la vertu, à la raison et au mérite pour la nomination au Gouvernement d'Alger et à tous les Royaumes soumis à l'Empire Turc; mais jamais ce mauvais état de choses n'a été tel qu'aujourd'hui parmi les Turcs et les Mores; c'en est un exemple bien frappant que Heder Pacha ait été envoyé ici une deuxième fois, quoiqu'il eut donné une si mauvaise opinion de lui et tellement mécontenté tout le monde, et que son prédécesseur Mostafa ne gouvernât que depuis si peu de temps. De ce mal, il en résulta un autre (comme c'est habituel); ce fut que Heder, aveuglé par sa haine contre Chaban, qui lui avait succédé à Alger la première fois qu'il y avait régné, à cause de sa mauvaise conduite et des plaintes que les Algériens avaient fait de sa tyrannie, chercha à se venger de son prédécesseur Mostafa, parce qu'il était parent de son ennemi Chaban. La première chose qu'il fit, en arrivant, fut de taxer Mostafa à une somme de soixante mille doubles, qui font quinze mille écus de notre monnaie; il ne lui épargna pas d'autres mauvais traitements, ce qui est l'habitude des gens vils, haineux et rancuniers; il donna à entendre que cet argent était destiné à reconstruire le môle, et à réparer le dommage causé par la tempête dont nous avons parlé, disant que Mostafa était obligé de faire ces réparations. La vérité est que telle n'était pas son intention, mais qu'il voulait garder cette somme pour lui, ce qu'il fit. Mostafa fut forcé d'en passer par là, et partit immédiatement pour Constantinople avec l'intention de chercher à reprendre le gouvernement d'Alger, et de faire repentir son ennemi du mal qu'il lui avait fait. Heder resta cette dernière fois à Alger de septembre 1595 à septembre 1596 et il n'arriva pendant cette période rien de remarquable (1).

---

(1) Kheder paraît avoir été remplacé sur la demande de notre ambassadeur à Constantinople, et sur les plaintes de la Milice ; pendant son gouvernement, l'anarchie fut complète à Alger ; les Corsaires et les habitants s'étaient insurgés contre les Janissaires, qui avaient été forcés de venir à composition.

CHAPITRE XXX

Mustapha Pacha, Roi d'Alger pour la 2ᵉ fois, trente-unième.

§ 1ᵉʳ.

Nous avons raconté avec quel chagrin et quelle haine contre son successeur Heder Mostafa Pacha était parti d'Alger pour Constantinople, ainsi que les causes qui l'excitaient à s'efforcer d'y retourner ; il finit par réussir, grâce aux nombreuses sollicitations de ses amis et de ses parents, qui supplièrent très activement le Sultan Mohammet de lui rendre le Pachalik d'Alger, représentant le peu de temps qu'il y avait passé, pendant lequel il n'avait pas démérité d'y retourner ; ils ajoutaient que Heder Pacha s'y faisait détester de tous par sa cruelle tyrannie et son mauvais gouvernement. Tout cela, avec l'assaisonnement habituel d'une grande quantité de cadeaux et d'argent, qu'il donna à Cigala et aux Pachas du Grand Divan, fut cause que le Sultan le nomma de nouveau Roi d'Alger ; il y arriva au mois de septembre 1596, au contentement général des habitants. Il commença immédiatement à exécuter son dessein, qui était de se venger de son ennemi et prédécesseur ; pour cela, il exigea de lui trente mille écus, somme double de celle que celui-ci lui avait fait donner, annonçant que cette somme serait affectée à la reconstruction du môle d'Alger, que Heder n'avait pas fait réparer avec les quinze mille écus exigés sous ce prétexte ; pour le vexer encore davantage, il fit publier, avec menace de peines très graves, que personne ne s'avisât d'acheter ni esclaves ni autres choses appartenant audit Heder ; il fit cela pour le priver de l'argent comptant qu'il avait, ce

qui fut excessivement sensible à celui-ci, qui partit d'Alger pour Constantinople, furieux et désespéré, et Mostafa resta très satisfait de la vengeance qu'il avait tiré de son ennemi ; telle est l'habitude parmi ces infidèles (1).

FIN.

---

(1) En terminant cette traduction, nous croyons devoir faire remarquer qu'à partir de 1581, époque à laquelle l'auteur quitta Alger, l'Histoire fait presque entièrement défaut, et se trouve remplacée par des anecdotes concernant la Course et l'Esclavage. La raison en est, qu'à cette période, Haëdo est revenu à Messine, chez son oncle, archevêque de cette ville, et n'écrit plus que d'après les récits des captifs rachetés. Mais cela n'enlève que peu de chose à la haute valeur historique de ce livre, dont les allégations sont presque toujours en concordance exacte avec les documents officiels.

Alger. — Typographie Adolphe Jourdan.

www.ingramcontent.com/pod-product-compliance
Lightning Source LLC
Chambersburg PA
CBHW051912160426
43198CB00012B/1855